健康与公共卫生的科学传播

全球卫生媒体手册

苏婧 ◎ 主编　　唐昆　李光 ◎ 副主编

清华大学出版社
北　京

版权所有，侵权必究。举报：010-62782989，beiqinquan@tup.tsinghua.edu.cn。

图书在版编目（CIP）数据

健康与公共卫生的科学传播：全球卫生媒体手册/苏婧主编.—北京：清华大学出版社，2024.3
ISBN 978-7-302-65290-8

Ⅰ.①健… Ⅱ.①苏… Ⅲ.①公共卫生—传播学—研究 Ⅳ.①G206.2

中国国家版本馆CIP数据核字（2024）第035314号

责任编辑：刘　杨
封面设计：何凤霞
责任校对：薄军霞
责任印制：曹婉颖

出版发行：清华大学出版社
网　　址：https://www.tup.com.cn，https://www.wqxuetang.com
地　　址：北京清华大学学研大厦A座　　　　邮　　编：100084
社 总 机：010-83470000　　　　　　　　　　邮　　购：010-62786544
投稿与读者服务：010-62776969, c-service@tup.tsinghua.edu.cn
质量反馈：010-62772015, zhiliang@tup.tsinghua.edu.cn
印 装 者：三河市龙大印装有限公司
经　　销：全国新华书店
开　　本：185mm×260mm　　　印　张：15.5　　　字　数：308千字
版　　次：2024年3月第1版　　　　　　　　　印　次：2024年3月第1次印刷
定　　价：139.00元

产品编号：102461-01

作者简介

苏婧，本、硕、博均就读于清华大学，现为清华大学国际传播研究中心秘书长、全球发展与健康传播中心秘书长，人文学院教师。研究方向为国际传播、跨文化传播和健康传播，主持国家社科基金一般项目一项、清华大学文科自主科研项目一项，主研国家社科基金重大课题三项、国家社科基金一般项目三项。在 Lancet Public Health，Advances in Climate Change Research，Children，《国际新闻界》等国内外重要期刊发表中英文论文80余篇。在《新闻与写作》（CSSCI）长期开设学术写作和新闻写作专栏。

唐昆，清华大学万科公共卫生与健康学院副教授，博士生导师，世界卫生组织全球青少年健康指标专家委员会联席主席，世界卫生组织新冠肺炎全球研究路线图社会科学组成员。

李光，比尔及梅琳达·盖茨基金会高级新闻官，主要负责基金会北京代表处的媒体关系与项目的倡导传播工作。在加入基金会之前，李光曾任《凤凰周刊》主任记者、主任编辑，主要关注公益慈善和公共卫生，作品多次获得中国公益新闻益人奖、中国公益评论奖、安平·北大公益传播奖、中国健康好新闻等奖项，并获得世界卫生组织、国际艾滋病学会、国际防痨和肺部疾病联合会等机构颁发的媒体奖学金。

本书成果同时受到"清华大学万科公共卫生与健康学院科研基金"、清华大学大学生研究训练(SRT)计划"健康与公共卫生新闻采写典型案例分析"以及"清华大学全球发展与健康传播研究中心科研基金"的支持,也是国家社科基金一般项目"健康中国2030战略下我国社交媒体平台虚假信息传播与治理研究"(编号:22BXW069)的阶段性成果。

序言（一）

祝贺由苏婧老师等编写的《健康与公共卫生的科学传播：全球卫生媒体手册》出版。

当下世界充满着不确定性。风险的迸发成为观察世界发展的主要棱镜。非传统领域与传统领域携手，各种类型的冲突情境频繁上演。这种时空加速背后的全球不确定性，对未来的全球局势产生了更加深远的挑战。正如习近平提出的"人类命运共同体"所昭示的，健康与发展是人类命运的最大公约数，也是在不确定性中寻找确定性的可能突破口。谈论健康、疾病与生命，不再仅是个体的维度，不再仅仅关乎无法相通的喜与悲，而是能与全球发展和人类命运、不确定性和确定性的张力、南南合作和地方知识的兴起勾连，我想这是未来无论是全球卫生领域的新闻传播从业者，还是研究者的突出命题。

作为最早的读者之一，我认为《健康与公共卫生的科学传播：全球卫生媒体手册》至少有以下三个突出特点：

第一，实践性。 清华大学新闻与传播学院自2002年建院伊始，便确立了"素质为本，实践为用，面向主流，培养高手"的人才培养理念，《健康与公共卫生的科学传播：全球卫生媒体手册》作为学院开设的"健康与公共卫生新闻采写"课程的主要成果，充分体现了这一人才培养理念。正如苏婧老师在书中所言，全球健康与全球发展是一片蓝海，随着中国走到世界舞台中央，积极参与全球对话与全球治理，未来新闻界将被赋予愈发重要的报道职责。《健康与公共卫生的科学传播：全球卫生媒体手册》以实践性为主要特色，其编写团队成员大都拥有媒体报道的实战经历，基于对记者需求的调研和了解，形成了兼具实用的报道原则技巧和丰富的全球卫生案例的手册内容。尤其是，书中精选了12个全球公共卫生领域突出的报道议题，为记者提供了集知识介绍、资源分享和报道点评为一体的多维信息，相信会成为已经从事和未来将要从事相关领域报道记者的手边工具书。

第二，专业性。 据我所知，目前国内新闻院系中，开设"健康与公共卫生新闻采写"这类聚焦某一垂直领域深度特稿写作课的凤毛麟角。然而，这类兼具全球视野与本土关切、融汇专业性和可读性的新闻报道却又是当前我国媒体界的稀缺产品和抢手作品，应成为新闻院系培养学生业务能力的发展方向。我同意苏婧老师在书中所言，"新闻的专业性绝不应仅仅体现在新闻采写本身的规范、准则与约束，更应体现出记者在某个领域的专业素养"。随着人工智能的发展和网络平台化的升维，低水平的新闻生产、5W式的新闻采写是没有竞争力的。传统媒体、科班记者如何胜出？我相信绝大多数人都认同要在报道深度上下功夫，而不仅是掌握一堆融媒体的采编技巧。媒体要在分众领域成为有品质的媒体，记者也要向专家型记者成长，希望这本书的出版，能够引领更多媒体从业者关注报道全球健康新闻，也能够给兄弟院校开设新闻采写类的课程以及学生培养一些启发。

第三，建设性。 建设性是全球发展与全球健康报道的生命力之一。进入21世纪第三个十年以来，气候变化、大流行病、粮食危机等诸多关乎人类命运的发展与健康问题日益凸显，给全球带来了巨大的威胁和前所未有的挑战。传播对于促进各界对全球发展与全球健康问题的认知、动员各方资源、推动问题解决都起着至关重要的作用。这一领域的报道，不仅要为读者和决策者提供"是什么""为什么"的报道图景，更需要提供将要"做什么"的未来方向。《健康与公共卫生的科学传播：全球卫生媒体手册》充分体现了建设性的编写特色，对于12个全球公共卫生领域的难题给出了值得记者关注的方向和可资利用的资源，也特别邀请了在各个领域活跃的专家，对当前的报道给出点评、对未来的发展提出希望。建设性、积极性的新闻生产理念在全球发展与卫生健康领域比较适用，在于其提倡以公共利益为出发点，在报道中增加解决方案、行动和面向未来的视角，这也是其与传统医药健康类新闻报道的显著区别，是学院培养记者人才的引导方向。

《健康与公共卫生的科学传播：全球卫生媒体手册》也是清华大学全球发展与健康传播研究中心成立以来比较重要的成果之一。为了响应全球发展趋势和国家重大需求，积极承担历史使命，清华大学新闻与传播学院全球发展与健康传播研究中心（以下简称中心）于2021年11月成立。中心将充分发挥清华大学综合学科优势，汇聚海内外相关领域的顶尖专家学者和行业精英，整合学术机构、政府、媒体、企业、社会组织等各方资源，针对全球发展与全球健康传播领域的实际挑战，从传播的角度探索产学研领域的创新合作，开展引领性的研究与实践。

中心的目标是在充满不确定性的新一轮全球化时代打造全球发展与健康传播领域世界一流的卓越智库，致力于成为：全球发展与健康传播领域高层领导者和骨干人才培养基地；跨学科跨部门的国际合作、创新、交流、实践平台和全球发展与健康传播的新型智库。以《健康与公共卫生的科学传播：全球卫生媒体手册》这本书的出版为契机，中心未来也将组织更多的媒体交流活动和记者孵化项目，形成更多服务于全球发展与全球健康传播领域媒体发展和记者成长的成果，与业界共勉，共同成长。

清华大学新闻与传播学院院长
清华大学全球发展与健康传播研究中心主任
2024年5月1日

序言（二）

尊敬的读者们：

"全球卫生"这一概念因为新型冠状病毒感染疫情实现了破圈——它不再是仅限于少数专家学者讨论的话题，而成为广泛关注的热点。然而，人们对于全球卫生的理解仍存在一些误区。全球卫生涵盖的领域远远超过这一种新型传染病，还包括非传染性疾病、环境问题、卫生治理、卫生援助等跨学科的复杂议题。

全球卫生的各个方面都深刻地影响着人类的生活方式和生命安全。根据世界卫生组织的数据，全球每年有数百万人死于非传染性疾病，而八种主要传染性疾病（包括艾滋病、结核病和疟疾等）所造成的经济负担已占到世界经济的近十分之一。此外，环境问题和气候变化引发的连锁反应，例如空气污染和极端气候事件，对呼吸系统疾病和传染病的传播正在产生深远影响。

当前，全球卫生领域正面临着前所未有的挑战，而科技创新的发展给我们带来了无限可能。在过去 20 年里，科学前沿的扩展速度前所未有，世界在拯救生命方面取得了惊人的进展。研究人员共同努力，发明了可以预防和治疗从腹泻、肺炎到艾滋病、疟疾等致命疾病的疫苗和药物。普通人的寿命仅在过去 20 年里就延长了 6 岁，每年死亡的儿童人数也减少了一半。过去疫苗研发，通常要耗费十年左右的时间。但此次疫情期间，人类历史上第一次实现了从病毒序列确定，到疫苗大规模临床试验只用了不到一年的时间。

这一切都让我们看到科技创新在挽救生命方面的巨大潜力。然而，它的发生并非必然。疾病负担、气候变化和地区冲突，所有这些苦难冲击最甚的是那些资源匮乏的弱势人口。全球健康形势的恶化又进一步加剧了全球不平等，这是我们全人类的悲剧。历史告诉我们，唯有体贴弱势人口最深切需求、并确保创新成果可以公平地惠及全球每个人，人类的整体进步才可能实现。在提升本国国民福祉的同时，中国正在成为全球健康与发展领域中的重要推动力量。无论是为世界上有需要的人群提供包括疫苗、创新药品与工具等全球公共品，还是分享在根除疟疾和脊髓灰质炎等传染病防控领域的成功经验，中国都大有可为。

媒体在揭示全球健康领域里的挑战与机遇，呼吁凝聚社会资源中扮演着至关重要的角色。专业、准确、富有感染力的报道可以提高公众对全球健康挑战的认知、推动中国在解决自身所面临的卫生挑战的同时为世界做出贡献，并进一步促进全球健康公平。然而，全球卫生涉及领域广泛、信息纷繁复杂，做出专业、准确的报道并非易事。我们亟须培养更多愿意投身全球健康事业的倡导传播人才，并开发服务于他们的配套教材。

清华大学全球发展与健康传播研究中心编写的这本《健康与公共卫生的科学传播：全球卫生媒体手册》可谓应时而生。该手册不仅对全球卫生的概念以及如何进行新闻采写进行了整体阐释，更是邀请了多位学者和行业专家，将结核病、艾滋病、气候变化等全球卫生中的重点领域作为案例，在进行专业概述的基础上深入探讨了各个领域的热点与挑战、提供了报道案例分析以及相关的报道资源。

在全球化和信息爆炸的今天，为公众提供准确的健康信息比以往任何时候都更为重要。我期望更多的新闻媒体人、传播倡导者能够从这本手册中受益，并进一步为全球健康报道做出更多贡献，推动全球实现健康公平。

比尔及梅琳达·盖茨基金会
北京代表处首席代表
2024 年 2 月 6 日

目 录

总览篇　全球卫生：概念、议题与目标 // 2
　　　　　全球卫生新闻采写：原则与路径 // 15
　　　　　新闻写作与学术写作的借鉴与融合 // 23
　　　　　新闻写作中文献与数据库的运用 // 28

案例篇　全球卫生治理 // 36
　　　　　卫生发展援助 // 44
　　　　　艾滋病 // 55
　　　　　结核病 // 66
　　　　　被忽视的热带病 // 96
　　　　　控烟 // 122
　　　　　疫苗与预防接种 // 136
　　　　　妇幼保健 // 151
　　　　　气候变化 // 166
　　　　　环境健康 // 177
　　　　　癌症 // 191
　　　　　食品安全与营养 // 212

　　　　　后记 // 235

总览篇

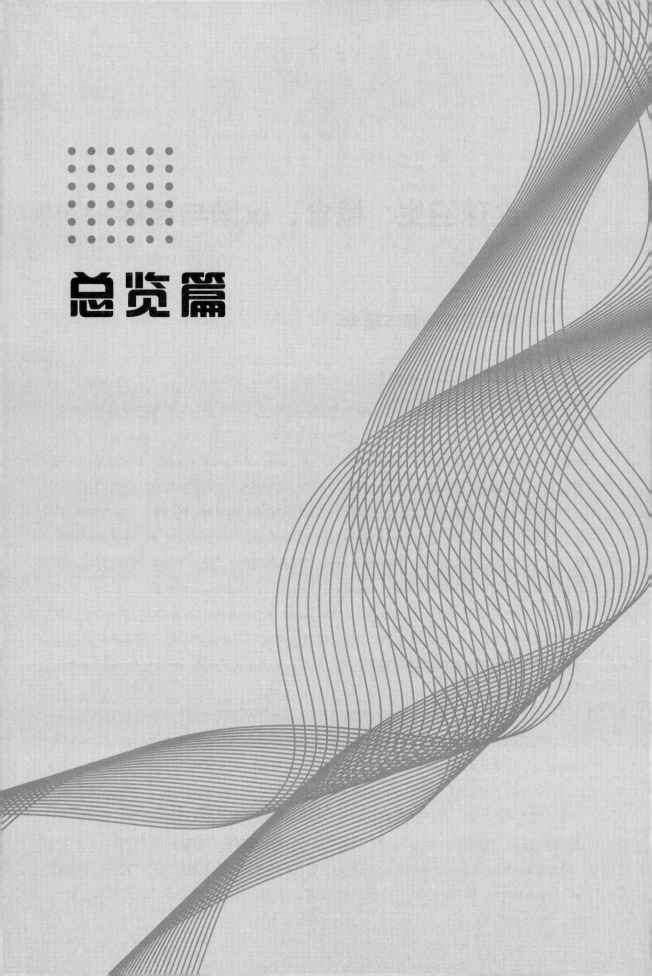

全球卫生：概念、议题与目标

一、全球卫生的基本概念

（一）全球卫生概念的兴起

"全球卫生"（global health）是伴随全球化进程出现的概念。它起源于殖民主义时期的"热带医学"（tropical medicine），在19世纪国家间经贸往来加深、国际合作机制探索建立的背景下，初步形成了"国际卫生"（international health）的概念。随着全球化程度加深，卫生治理逐渐超越了特定国家界限，转向了考虑全体人民健康需求的"全球卫生"。

"热带医学"，顾名思义，最初是为了解决欧洲国家在热带地区的殖民地应对疟疾、黄热病、鼠疫、血吸虫病、丝虫病等流行疾病的现实需求。1898—1899年，被誉为"热带医学之父"的万巴德爵士（Sir Patrick Manson）在英国建立了致力于研究热带医学的教学科研机构——利物浦热带医学院（Liverpool School of Tropical Medicine，LSTM）和伦敦卫生与热带医学院（London School of Hygiene and Tropical Medicine，LSHTM），具有里程碑意义。"热带医学"的出现意味着随着全球人口流动性的增强，健康与公共卫生问题开始跨越国界，越来越需要国家之间的合作，渐渐不再局限于热带地区，国际卫生合作逐步走向制度化。

作为"全球卫生"概念的前身，"国际卫生"承继了热带医学阶段的跨国研究传统，开启了经由国际会议、国际公约缔结各方以及建立国际组织开展制度化合作和全球卫生治理的新时期。当时全球面临的疾病风险以传染病为主。比如，第一次世界大战（以下简称一战）时暴发的全球流感疫情，不仅提前结束了一战的进程，而且其导致的死亡人数甚至超过了战争本身的死亡人数。由于传染病的暴发，极大地影响了资本主义蓬勃发展时期全球贸易的开展，国际卫生逐渐成为全球议题。1851年，在法国巴黎召开的第一次"国际卫生大会"（international sanitary conference）正是为了协调产生于欧洲黑死病大流行时期的"隔离检疫"（quarantine，即意大利语"40天"）与正常跨国商贸往来之间的矛盾。1907年在欧洲建立的国际公共卫生办公室（Office International d'hygiene Publique，OIHP）是世界上第一个国际性的卫生组织，其成立的主要目的是防止鼠疫、霍乱等传染性疾病的传播及形成国际卫生公约等。在一战结束后成立的国际联盟也下设"卫生组织"（organisation d'hygiene）。从这些定期召开会议、制定共同原则的制度化实践中，能窥见世界卫生组织的雏形。

可见，"热带医学"的概念带有浓厚的殖民历史特征，而"国际卫生"的概念则主要以防止传染性疾病的全球性暴发损害各国经贸合作为宗旨。上述两个概念都并非真正从全人类的健康福祉出发，只有"全球卫生"兴起后才做到这一点，并在价值取向上更关注健康的公平性问题。

学界通常认为"全球卫生"理念的起点是1948年世界卫生组织的建立。1945年联合国制宪会议期间，中国、巴西、挪威三国代表注意到《联合国宪章》初稿并不包含成立全球性公共卫生机构相关内容，于是中国代表施思明与巴西代表苏札共同起草并提交了《关于建立一个国际性卫生组织的宣言》。次年在纽约召开的国际卫生会议决定成立世界卫生组织。最终，1948年4月7日，世界卫生组织宣布成立，并于同年6月28日在日内瓦举行了第一次世界卫生大会。

作为第一个真正意义上的全球性国际卫生组织，世界卫生组织的主要职能是制定国际规范标准，如《国际卫生条例》（International Health Regulations，IHR）和《烟草控制框架公约》（Framework Convention on Tobacco Control，FCTC）等，以及向会员国提供全球卫生的技术支持。世界卫生组织不仅关注传统的传染病防控，也关注慢病、外伤等议题，尤其在促进贫困国家人群健康上发挥了重要的作用。

（二）全球卫生与全球化

那么，如何理解"全球卫生"的内涵？根据美国疾控中心原主任柯普兰（Jeffrey Koplan）等学者2009年发表在《柳叶刀》（*The Lancet*）上的定义：全球卫生作为一个学习、研究和实践领域，应该将全世界所有人的健康公平放在首位；应该强调跨国卫生问题、决定因素和解决方案；需要促进包括健康科学在内多个学科的跨学科合作；需要将群体层面的预防控制与个人层面的临床护理相结合。[1]

从1948年世界卫生组织成立至今，全球卫生事业之所以能够如此蓬勃地发展，离不开一个关键因素——全球化。全球化在人群、组织、环境、社会-文化等各个维度对全球卫生产生影响，带来的既有机遇，也有挑战。

比如全球化加速了人员流动，提高了信息共享效率，却也扩大了疾病的传播范围，开展跨国卫生合作则从可能升级为必要，国与国之间的依存度大大增加。

再如全球化会影响环境，进而影响公众健康。例如，工业污染、气温升高、极端天气都会导致疾病在全球层面的扩散，这也是近年来气候变化、空气污染、水和土壤、食品安全、场所健康等议题备受关注的原因之一。

社会-文化方面，在新自由主义背景下，健康不公平的现象正在加剧，医疗资源稀缺的落后经济体面临着更高的疾病负担和更严峻的公共卫生问题。此外，一些发达国家的跨国公司为了在亚非拉新兴经济体开辟烟酒、快餐市场，向后者输送不健康的生活方式，也使得人群健康状况本就堪忧的不发达国家雪上加霜。

（三）国际公认的健康权

习近平总书记指出："没有全民健康，就没有全面小康。"如今的"全球卫生"概念，已经发展成一个可持续发展的、关系到基本人权的理念。

1946年7月，60多个国家代表签署的《世界卫生组织宪章》如是宣告："享受最高而能获致之健康标准，为人人基本权利之一。不因种族、宗教、政治信仰、经济或社会情境各异，而分轩轾。"这是健康权首次在国际上得到承认。

1978年9月12日，世界卫生组织和联合国儿童基金会（United Nations International Children's Emergency Fund，UNICEF）联合在苏联（现为哈萨克斯坦共和国）城市阿拉木图（现哈萨克斯坦城市）召开国际初级卫生保健大会。会上形成的《阿拉木图宣言》肯定了并且主张推广发展中国家的经验：把健康当作一项人权来保障，同时政府（而不仅仅是卫生行政部门）应当在促进健康中起到决定性的作用。

以中国为例，如"赤脚医生"、传统医学的使用、农村的合作医疗等，用因地制宜的方式去解决医疗可及性的问题，而不是以"科学"和"市场"之名，让医疗仅是富人的专项服务。2016年开始实施的《"健康中国2030"规划纲要》中同样也延续了将健康视作基本人权的逻辑，受到国际社会的普遍赞誉。

与卫生服务公益化、均等化相对的是将卫生服务市场化，这可能导致有钱人有更好的服务，穷人则享受不到服务，加剧全球卫生的不平等、不公平状况。在《阿拉木图宣言》之后，促进全民健康权的行动一度受到了市场化因素的冲击，很多国家的公共卫生实践违背了《阿拉木图宣言》确立的原则。时至今日，人人享有卫生保健依旧是全球卫生的重要目标之一，在当前中国的新医改实践中也是长久坚持的价值取向。[2]

二、全球卫生的主要议题

（一）全球疾病负担

无论是与全球卫生有关的研究还是报道，最常用的一个维度就是全球疾病负担（global

burden of disease，GBD）——通常用伤残调整生命年（disability adjusted life year，DALY）来衡量。一个 DALY，即丧失一个健康生命年。

关于全球疾病负担，有如下若干容易被忽略的事实。

第一，高收入国家主要面临非传染性疾病的负担，而低收入国家则肩负双重负担——既存在传染性疾病的痼疾，也要直面非传染性疾病发病率的日益上升。

第二，77% 非传染性疾病死亡病例发生在中低收入国家。

第三，全球最新前 10 位死亡原因中，艾滋病已经不再榜上有名，结核病的形势依然严峻。

第四，道路交通伤害是 15~29 岁青少年第二位死亡原因。

第五，阿尔茨海默病、糖尿病、癌症在中低收入国家也呈高发态势。

第六，孕产妇死亡、新生儿死亡、老龄化以及伤害和暴力带来的全球疾病负担不容忽视。

（二）健康公平性

有英国学者指出，健康公平（health equity）意味着"在理想状态下，人人应有公平的机会来实现全部的健康潜能，并且任何人都不应因实现这种潜能而处于不利地位"。[3]

事实上，人们对健康公平的理解也经历了由机会公平（equality）到结果公平（equity）的发展阶段。后者强调的是在按社会、经济、人口统计、地理或者其他方式分层的各群体间均不存在可避免的、不公正的或可矫正的差异。换言之，这一健康公平的导向意味着全球卫生领域要将更多的资源、机会、人力、财力等投向弱势人群、脆弱人群以及欠发达地区的人群。

当前世界依旧存在较为严重的健康不公平现象。如 95% 的结核病死亡发生在发展中国家；2016 年，低收入国家平均寿命仅为 62.7 岁；99% 的孕产妇死亡发生在发展中国家。从结果公平的伦理角度来看，弱势的人应该享有更多的权利，因此全球卫生始终致力于解决中低收入国家的健康问题。而同情弱者、倡导公平，恰好与新闻媒体的价值导向是一致的，这也是记者参与全球卫生报道的责任来源和使命所在。

（三）可报道议题

全球卫生报道理应关注具有全球意义的健康与公共卫生议题。操作相关议题，要考虑到具有全球意义的健康决定因素，且最终提出解决健康问题的全球健康治理与协调方案，促进和实现健康公平。也就是说，全球卫生是一种在全球视野下、以健康公平为目的导向，更主要的手段不是医疗或治疗，而是一些在协调、促进、增进和治理层面的全球格局的努力。诸如道路安全、疫苗研发、气候变化、儿童肥胖、就业保障、酒精消费、医疗改革、女性权益等，都是全球卫生的核心议题。

下面根据疾病负担的种类分门别类地介绍一些记者可持续关注、报道的领域。

1.（新发）传染性疾病

典型的传染性疾病包括艾滋病、疟疾和结核病，这三大传染病的疾病负担虽然在全球范围内呈下降趋势，但其导致的健康问题仍然不容小觑。而且，由于全球化导致人口流动速度加快，一些传染性疾病在全球的分布区域日益扩大，从地方性疾病成为全球性疾病，如登革热、猴痘等。正如《纽约时报》在描述 2022 年夏季脊髓灰质炎病毒（以下简称脊灰病毒）死灰复燃时所打的比方，传染病离我们"不过一趟航班的距离"。

还有一些新发传染病，如新型冠状病毒感染引起的肺炎，是人类初次接触到的。这类传染病更容易造成全球突发公共卫生事件，突显全球卫生治理的重要性。近年来流行的重要新发传染性疾病有严重急性呼吸综合征（severe acute respiratory syndrome，SARS）、埃博拉出血热、人感染高致病性禽流感、朊病毒病、中东呼吸综合征、甲型 H1N1 流感、寨卡病毒病、人类猪链球菌病、新型冠状病毒感染等。

以 2022 年欧美国家出现的猴痘疫情为例。猴痘是由猴天花病毒所引起的一种自然疫源性疾病，症状类似天花。1980 年天花病毒被消灭之后，猴痘原本只在非洲中西部地区散发。《华盛顿邮报》在一篇文章中指出，2022 年夏天多种传染病集中暴发反映了全球旅行加剧病毒传播的趋势，而西方卫生部门和媒体对 2017 年尼日利亚的猴痘疫情几乎没有关注。[4]

又如由伊蚊传播的寨卡病毒和登革热。英国广播公司（British Broadcasting Corporation，BBC）援引世界卫生组织数据称，在过去 50 年里，登革热病例增加了 30 倍，从 1970 年之前严重影响 9 个国家扩大到了如今的超过 100 个国家。BBC 在一篇报道中介绍了新加坡等国正在"以蚊治蚊"：通过沃尔巴克氏菌等手段对实验室里的蚊子进行基因改良，使其不育或无害化，再将其释放回自然中。这种方法成为禁用杀虫剂双对氯苯基三氯乙烷（dichlorodiphenyl trichloroethane，DDT）后一种减少生物媒介传播的新思路。

2. 非传染性疾病

根据世界卫生组织的定义，非传染性疾病（non-communicable diseases，NCDs）持续时间较长，往往是遗传、生理、环境和行为等因素综合作用的结果。慢性病的主要类型有心脑血管疾病（如心脏病发作和中风）、癌症、慢性呼吸道疾病（如慢性阻塞性肺疾病和哮喘）和糖尿病等。当前慢性病（包括精神卫生问题）已上升为全球主要疾病负担。

容易被忽略的是，中低收入国家也面临慢性病的疾病负担。世界卫生组织网站显示，所有非传染性疾病死亡中，77% 发生在中低收入国家。

在人均寿命较低的国家，慢性病的影响也很严重。人们容易觉得癌症等这些疾病是富人病，事实上，随着不良生活方式在全球向新兴经济体扩散，阿尔茨海默病、糖尿病、癌症在中低收入国家也呈现高发态势。比如，与刻板印象不同的是，非洲许多国家青少年肥胖率偏高，而青少年阶段肥胖是导致各种慢性疾病的很重要的高风险因素。

同样作为非传染性疾病，精神健康问题也不容忽视。《世界卫生组织宪章》对"健康"的定义是："健康不仅为疾病或羸弱之消除，而系体格、精神与社会之完全健康状态。"根据《中国国民心理健康发展报告（2021—2022）》，超80%成年人自评心理健康状况良好，抑郁风险检出率约为1/10。青少年群体有14.8%存在不同程度的抑郁风险，高于成年群体，需要进行有效干预和及时调整。[5]

3. 伤害与暴力

伤害与暴力也是全球卫生议题。根据世界卫生组织2022年发布的报告《预防伤害和暴力：概览》，全球每年约有440万人死于伤害和暴力；5~29岁人群的五大死因中，有三个死因与伤害相关（道路交通伤害、他杀和自杀）。

其中，道路交通伤害是最主要的死因。在2021年11月21日"世界道路交通事故受害者纪念日"这一天，联合国秘书长古特雷斯指出，每24秒就有一人在交通事故中丧生，他呼吁所有国家反思道路安全的重要性。尤其是90%以上道路交通死亡发生在中低收入国家，非洲的道路交通伤害死亡率最高。因此，在追求实现2030年将全球道路交通碰撞死亡和伤害数量减半这一目标时，各国应该主动肩负起促进健康公平的责任。

三、全球卫生的决定因素

（一）个体健康的决定因素

一个人的健康与否受到个体与社会诸多因素的影响，可以大致分为生物遗传因素、行为方式因素、环境因素、社会因素等几大类。

1. 生物遗传因素

健康与卫生问题最初仅与生物学因素相关，但人们逐渐发现其他因素的作用同样重要。生物遗传因素决定了子代个体的健康潜力，而其能否充分发挥这一潜力受到环境因素的制约和生物遗传因素的交互作用。有些曾被认为完全由环境因素导致的疾病（如脊髓灰质炎等）可能也与遗传有关，反之亦然。总体而言，公共卫生学者相对不那么关注生物学因素，因为遗传导致的疾病往往是个体现象且难以干预。

2. 行为方式因素

错误的生活观念、不健康的行为方式都会增加个体罹患疾病的可能。除了吸烟、酗酒、暴饮暴食、久坐不动、沉迷网络、无保护性行为等常见的危害健康的行为外，错误的观念也可能间接构成对人群健康的威胁。例如，"不干不净吃了没病""掉到地上三秒之内的食物都能吃"，都是错误的饮食观。又如现代社会以苗条为美的审美观念将一些人引向节食的道路，最终导致营养不良、神经性厌食症等问题，反而危害身心健康。行为方式具有可塑性，也是健康传播"知—信—行"经典干预模式中的最终一环，媒体报道能发挥重要作用。

3. 环境因素

个体对环境的变化有自然的反应：如看到绿植可能会心旷神怡；遇到雾霾天气则可能感到身体不适。每到花粉季，过敏群体总是闻之色变。

在特定的环境下，也可能出现一些特有的"地方病"。我国藏族同胞每月必饮的砖茶曾经含氟量较高，这种生活饮食习惯使得"饮茶型地方性氟中毒"曾经一度十分普遍。西藏自治区疾控中心于2012年和2015年对西藏7市（地）、12个区（县）36~45岁成年人进行了X射线氟骨症检测，检出数据为13.37%，在4个试点县推广健康饮茶习惯科普教育后于2020年再次检测为0.79%，这说明了健康传播的重要性。

工业化、城市化的发展常常以牺牲环境为代价，而破坏环境的恶果最终仍要由人们吞下，许多发达国家的教训值得我们深思。1956年，日本水俣湾出现了一种怪病，患者出现口齿不清、手足麻痹、精神失常等症状，这种后来被称为"水俣病"的怪病正是由工业废水排放污染了水域引起的。近年来，环境因素对健康的影响越来越明显。诸如空气、水、土壤污染，化学品泄漏，气候变化，紫外线辐射在内的环境风险因素都可能增加人群患病的可能。

一些意外事故也可能加剧环境因素危害健康的风险。2011年"3·11"东日本大地震及海啸造成福岛核电站核泄漏，由此引发的核污水处置问题至今仍然令周边国家十分关切。2023年2月3日，一列货运火车在美国俄亥俄州脱轨，造成危险化学物质氯乙烯泄漏。为防止爆炸，当地应急部门将氯乙烯现场焚烧，产生的二噁英类物质极有可能通过当地被污染的农产品进入人体，在人体中积累，并对人体健康产生持久性危害。

4. 社会因素

在世界卫生组织成立初期，全球卫生对社会因素的重视程度远不如对医学技术本身。直到1978年的《阿拉木图宣言》强调"重视社会、经济和政策对健康的影响"后，各国才开始重视社会因素及其导致的健康不公平问题。20世纪90年代末至21世纪初，"健康的社会决定因素"（Social Determinants of Health）才被很多国家认知和采用。2004年的世界卫生大会首次提出建立"健康问题社会决定因素委员会"，委员会于2005年正式成立。[6] 2008年，该委员会提交了最终报告《用一代人时间弥合差距》（Closing the Gap in One Generation），指出10项影响人类健康的社会决定因素：收入和社会保护，教育，失业和工作保障，工作生活条件，粮食安全，住房、基本设施和环境，儿童早期发展，社会包容和反歧视，结构性冲突，获得负担得起的优质卫生服务。

在"健康的社会决定因素"逻辑框架中，物质环境、社会支持网络、社会心理因素等和卫生服务系统属于日常生活环境，即人们出生、成长、生活、工作、衰老的环境；社会地位、教育、职业、收入以及社会政治和经济环境等组成社会结构性因素。社会结构性因素决定人们的日常生活环境，反过来，健康和福利分配也会影响社会结构性因素，从而可以构成一个循环体系。

（二）决定健康的上中下游因素

图1是达尔格伦·怀特黑德模型（Dahlgren and Whitehead model），又被称为健康决定因素的"彩虹模型"。其中展示了从最内圈的个人生活方式，到中层的社会和社区网络，再到外圈的社会经济文化环境状况，健康的决定因素彼此相互关联，层层递进，全球卫生的决定因素可以分成上游、中游、下游3大类。

其中，上游因素对应的是社会环境因素，也被称为"决定因素中的决定因素"，如社会公平、女性地位、健康政策、新自由主义等，这些结构性的因素会影响处于社会中的绝大多数人群的健康结果。举例来看，战争地区的健康数据往往不好，因为居于上游的居住环境、经济稳定、受教育情况等各种指标都受到了冲击。

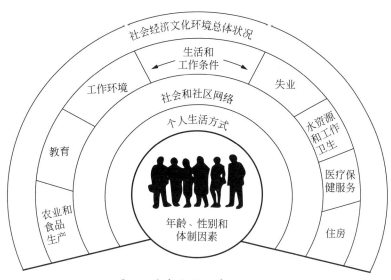

图1 健康决定因素彩虹模型

中游因素对应的是行为因素，即上文中列举的吸烟、酗酒、体力活动不足、不合理膳食等。中游因素的关键是全民参与。如《"健康中国 2030"规划纲要》提到"社会整体联动""共建共享"，强调"每个人都是自己健康的第一责任人"。2021 年，国家疾病预防控制局（简称国家疾控局）挂牌成立，这也顺应了疾病防控从"以医疗场景为中心"向"以人的全生命周期健康为中心"的转变趋势。

上游侧重从源头上预防疾病，中游侧重的是行为干预和个人责任，下游则侧重卫生保健服务、临床治疗和疾病管理等传统的医疗卫生领域的因素。如今，全球卫生已经不仅仅局限于下游的医疗环节，而是在各国实践中越来越强调上游和中游因素的作用。

四、全球卫生的目标策略

自全球卫生的概念诞生以来，以世界卫生组织为代表的国际组织制定过一系列目标和策略，主要包括：人人享有卫生保健和初级卫生保健、联合国千年发展目标（millennium development goals，MDGs）（以下简称千年发展目标）和针对健康的社会决定因素而行动、可持续发展目标（sustainable development goals，SDGs）和全民健康覆盖等。

（一）人人享有卫生保健和初级卫生保健

第二次世界大战（简称二战）结束后的很长一段时间，发展中国家的卫生条件落后，医疗保健资源极其有限。1975 年，基于国际专家长期以来对中国等发展中国家卫生工作的考察，一份名为《满足发展中国家基本卫生需求的替代方法》（Alternative Approaches to Meeting Basic Health Needs in Developing Countries）的报告发布，该报告介绍了发展中国家在有限的卫生条件下如何因地制宜地开展初级卫生保健、如何尽可能提高卫生医疗资源的可及性，并讲述了这些国家人民的智慧及宝贵的实践经验。

1977 年 5 月，第 30 届世界卫生大会通过的决议提出，各国政府和世界卫生组织的主要目标是：到 2000 年，世界上所有人的健康水平将使他们能够在社会和经济方面过上富有成效的生活——即"2000 年人人享有卫生保健"（health for all by the year 2000）目标。具体包括以下 10 点。

（1）所有人都至少可以随时获得初级卫生保健和一级转诊设施。
（2）所有人都尽可能积极照顾自己和家人并参与社区卫生行动。
（3）世界各地的社区都能与政府分担其对成员卫生保健的责任。
（4）所有政府都将对其人民的健康承担全部责任。
（5）所有人都可以获得安全的饮用水和卫生设施。
（6）所有人都可以得到充足的营养。

（7）所有儿童均接受主要传染病疫苗的接种。

（8）到2000年，传染病在发展中国家的公共卫生重要性不会比发达国家在1980年的程度更高。

（9）采用一切可能的方式，通过影响生活方式，控制生理和社会心理环境来预防和控制非传染性疾病及促进心理健康。

（10）所有人可以获得基本药物。

从总结推广发展中国家依靠有限条件满足卫生工作需求的智慧，再到将健康表述为一项基本人权，初级卫生保健的具体目标呼之欲出。1978年，在阿拉木图召开的国际初级卫生保健会议上通过的《阿拉木图宣言》正式提出了"初级卫生保健"（primary health care）的概念，并指出初级卫生保健是个人、家庭、群众与国家保健系统接触的第一环，能使卫生保健尽可能接近人民居住及工作场所；它还是卫生保健持续进程的起始一级。初级卫生保健的重要领域包括：宣传教育；食品安全与营养；安全饮水和公共卫生设施；妇幼保健和计划生育；免疫接种；预防和控制地方病；常见病的处理；提供基本药物。在实践中比较知名的例子就是英国的国民医疗服务体系（national health service，NHS）。

初级卫生保健的构想在英国等发达国家取得了成绩，其经验正是来自中国等发展中国家"赤脚医生"等基层医疗服务中实现的可及性，因此联合国将其作为20世纪80年代的核心口号。

然而，在阿拉木图会议后不久，有学者提出"有选择的初级卫生保健"，即更看重卫生保健的专科性、短期性和商业化。在新自由主义思潮的加持下，该理念一定时期内损害了卫生保健服务的完整性和健康公平，给全球推广初级卫生保健带来了挑战。2008年，世界卫生组织发表报告《初级卫生保健：从未如此重要》（Primary Health Care-Now More than Ever），指出卫生服务商业化现象十分泛滥，并强调应该回到初级卫生保健（图2）的轨道上来。

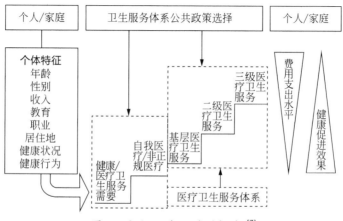

图2 初级卫生保健的概念[7]

（二）千年发展目标

2000年，189个国家的领导人在联合国千年首脑会议上签署了《联合国千年宣言》，提出了在2015年前争取实现的千年发展目标。主要内容有：①消灭极端贫穷和饥饿；②普及小学教育；③促进男女平等并赋予妇女权利；④降低儿童死亡率；⑤改善产妇保健；⑥与艾滋病毒/艾滋病、疟疾和其他疾病做斗争；⑦确保环境的可持续能力；⑧全球合作促进发展。

在以上千年发展目标之中，有3项与全球健康议题直接相关，以中国为代表的一些国家在这些指标上取得了较为突出的公共卫生成绩。然而，千年发展目标最后执行效果并未成功扭转全球卫生领域的健康不公平状况，如一些发达国家动力不足、一些健康不平等现象被掩盖、人口老龄化问题异军突起等。目前，千年发展目标已被可持续发展目标所取代。

（三）可持续发展目标

2013年召开的世界卫生组织第132届执行委员会和第66届世界卫生大会在总结千年发展目标最新进展的基础上，确定了2015—2030年的全球发展议程。2015年，联合国所有成员国正式通过了《变革我们的世界——2030年可持续发展议程》，其中包含17项可持续发展目标，力求在15年内以综合方式解决社会、经济和环境3个维度的发展问题，全球转向可持续发展道路。如图3所示，可持续发展目标3"确保健康的生活方式，促进各年龄段人群的福祉"集中体现了健康相关的目标，其中"全民健康覆盖"子目标是健康相关可持续发展目标的关键。2017年，联合国第72/138号决议宣布每年12月12日为"国际全民健康覆盖日"。

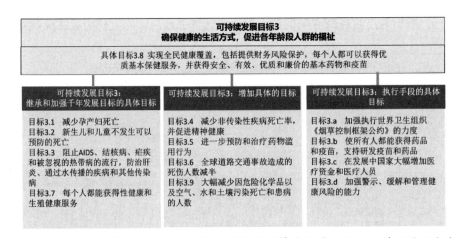

图3　2030年可持续发展议程中关于健康和福祉的可持续发展目标3及其具体目标框架[8]

五、全球卫生的中国角色

新中国成立以后，在20世纪60—70年代形成了"赤脚医生"、农村合作医疗、三级医疗预防保健网、中西医结合制度等一系列富有中国特色的卫生实践，不仅帮助我国基本控制住了传染病的传播蔓延态势、显著提高了我国的人均预期寿命，也为国际组织制定目标和策略提供了宝贵经验。

新中国成立以来，我国公共卫生事业取得了长足进步，基本消除了血吸虫病、疟疾、脊髓灰质炎，实现了乙肝控制目标，制定了"健康中国2030"行动计划。随着综合国力的增强，中国也越来越积极主动地承担起全球卫生治理和卫生发展援助的责任。

援外医疗是中国对外援助的重点工作，2023年是中国医疗援外60周年。国家卫生健康委国际交流与合作中心网站显示，自1963年我国向阿尔及利亚派出首支中国援外医疗队以来，已陆续向包括非洲、亚洲、美洲、欧洲和大洋洲在内的76个国家和地区派遣了30 000余名医疗队员，接诊超过2.9亿人次。这些援外医疗队在全球56个国家的115个医疗点工作，其中近一半的医疗点位于不发达地区。

非洲是中国医疗队最早到达的地区之一，超过15 000名中国医疗人员在47个不同的非洲国家服务。在非洲，中国医疗队开发和推广了有效的疟疾治疗方法；加强了医务人员的信息交流；分发设备和派遣医疗队，以改善整个非洲的医疗设施并培训更多的医生；增加技术支持，包括探索传统草药在预防和治疗艾滋病方面潜力的研究。[9]长期以来，提高非洲国家的公共卫生水平是中国对非援助的重点，卫生领域援助占对非援助总额的四分之一以上。

2014年，西非国家暴发埃博拉疫情，上千名中国医疗卫生人员奔赴一线与西非人民并肩战斗。在利比里亚首都的一家医院，随着疫情的蔓延，几乎所有国家的援助医生都已撤离，中国医疗队的队员却在做好自我防护的前提下继续接诊。

在新冠疫情期间，中国是国际援助的主要力量，也是对外提供疫苗最多的国家。在2023年世界卫生大会上，中国代表团指出，疫情暴发以来，中国向世界卫生组织捐款5000万美元，向"新冠疫苗实施计划"（COVAX）捐赠1亿美元，向34个国家派出38批抗疫专家组，向全球120多个国家和国际组织提供超过22亿剂疫苗。

2023年，习近平主席在给身在中非共和国的中国医疗队队员回信时指出，援外医疗是中国人民热爱和平、珍视生命的生动体现。习主席寄语勉励援外医疗队队员，希望他们大力弘扬中国医疗队精神，以实际行动讲好中国故事，为推动构建人类卫生健康共同体做出更大贡献。

中国的对外卫生发展援助有着悠久的历史。21世纪以来，中国在数次全球突发公共卫生事件中采取了强有力的应对措施，并与周边国家建立了联防联控机制，积极推动和维护全球卫生安全的国际合作。从 20 世纪中叶到今天，中国已经从全球卫生治理的被动应对者转变为积极参与者和突出贡献者。未来，在"人类命运共同体"理念和"一带一路"倡议之下，中国将会贡献更多的智慧和力量。其间的故事不应被埋没，而亟须记者来挖掘和讲述。

本文作者：苏婧　清华大学人文学院、清华大学全球发展与健康传播研究中心
　　　　　林宇轩　清华大学新闻与传播学院
　　　　　张如东　清华大学万科公共卫生与健康学院

参考文献

[1] KOPLAN J P, BOND T C, PHD, MERSON M H, et al. Towards a common definition of global health[J]. The Lancet (British edition), 2009, 373(9679): 1993-1995.

[2] 李玲, 江宇. "公益性"为医改校准价值取向 [J]. 时事报告, 2010, 256(4): 44-45.

[3] WHITEHEAD M. Equity issues in the NHS: Who cares about equity in the NHS?[J]. BMJ, 1994, 308(6939): 1284-1287.

[4] JOHNSON M. Covid, monkeypox, polio: Summer of viruses reflects travel, warming trends[N]. The Washington Post, 2022-09-01.

[5] 傅小兰, 张侃. 中国国民心理健康发展报告 (2021-2022)[M]. 北京：社会科学文献出版社，2023.

[6] 刘培龙.《全球健康教程》[M]. 北京：北京大学医学出版社，2021: 37.

[7] 刘培龙.《全球健康教程》[M]. 北京：北京大学医学出版社，2021: 39.

[8] 刘培龙.《全球健康教程》[M]. 北京：北京大学医学出版社，2021: 51.

[9] YOUDE J. China's Health Diplomacy in Africa[J]. China: An International Journal. 2010(8).

全球卫生新闻采写：原则与路径

新冠疫情的全球流行，使得健康与公共卫生领域的新闻采写报道受到空前重视。健康与公共卫生的新闻采写与传统医药领域的健康新闻报道不同，前者的报道视野更为开阔、主题更为多元、着眼于群体与社会且更具有探究性和纵深性。而如果在健康与公共卫生报道之前冠以"全球"，则是一片全新的报道领域，对我国新闻从业人员而言亟待开发。本文将结合笔者的教学与科研经历，与新闻从业人员和准记者们交流全球卫生媒体报道的原则与新闻采写的路径。

一、全球卫生媒体报道的原则：预防性与人类命运共同体

全球卫生的英文很明确，即 global health，中文有全球卫生、全球健康、全球公共卫生、全球卫生与健康等多种翻译，本文统一使用全球卫生这一能够体现中国特色的译法。《柳叶刀》指出，全球卫生着重研究跨国健康卫生问题以及产生这些问题的决定因素（social determinants of health）；其要求跨学科的合作，也往往要求提出跨学科、跨领域的实践路径与解决方案。[1] 简言之，全球卫生旨在改善全球人口健康（population health），并促进全球健康公平（health equity）。

全球卫生领域的媒体报道，需要把握以下关键概念和报道原则。第一个关键词是"卫生"。一些学者和媒体记者错误地认为，健康是卫生的升级版，卫生应当是被淘汰的概念。殊不知，相较于健康，卫生的概念不仅极具中国特色，而且更为源远流长。卫生（也可以理解为养生、摄生）即取其字面意思，是使人保持生命活力、延年益寿的理念与方法。李约瑟曾经指出，自先秦以来，卫生所蕴含的预防观念，就是理解中医医学特质的关键。[2]

最早的卫生一词出自《庄子》，其《杂篇》中有一篇，记录的是老子与南荣趎的对话。

> 南荣趎曰："里人有病，里人问之，病者能言其病，然其病病者，犹未病也。若趎之闻大道，譬犹饮药以加病也，趎愿闻卫生之经而已矣。"

老子曰："卫生之经，能抱一乎？能勿失乎？能无卜筮而知吉凶乎？能止乎？能已乎？能舍诸人而求诸己乎？"

由上述对话可知，"卫生之经"也就是让生命保持活力是时人所渴求的，老子将之与"道"结合，通过一系列的反问启发时人"卫生之经"不在于外部，而在于自身对"卫生"的追求与"道"的精神的和谐统一。这种和谐体现在中国古典的哲学中，就是一种精妙的预防观念。譬如《道德经》所言，"知不知，上；不知知，病。夫唯病病，是以不病。圣人不病，以其病病，是以不病"。又如《淮南子》所言，"良医者，常治无病之病，故无病；圣人者，常治无患之患，故无患也"。以及《黄帝内经》那句经典之经典，"是故圣人不治已病治未病，不治已乱治未乱"。

预防的确是古代中医的法宝，在医疗技术甚不发达的年代，在没有疫苗、抗生素甚至没有医院的年代，中华民族抵御瘟疫、疾病和饥荒的要义，就是防微杜渐、防患未然。民俗中，五毒盛行的端午节要喝雄黄酒、熏艾草，天寒地冻的春节要喝屠苏酒，都是预防疾病、躲避瘟疫之意。新中国成立后，我国发起了轰轰烈烈的爱国卫生运动，也是旨在通过清扫环境、消灭虫媒等方式，以爱国的名义、以预防的方式推动民众保持健康之行为。如今，这一运动距今已70载，对我国人均预期寿命的提升及全民健康的达成具有突出贡献。新冠疫情期间，习近平总书记多次指示要深入推进爱国卫生运动。

以卫生所蕴含的预防理念考察这一领域的媒体报道，即要求媒体要以预防的视角进行健康与公共卫生领域的新闻采访与写作。这也是这一领域的报道与现有医药健康新闻的最大不同。20世纪90年代以来，随着我国医疗卫生领域的改革力度不断加大、医疗技术水平不断进步、医药市场不断发展，医药健康新闻渐见气候，然而这一领域的报道更多关注医疗、医改、医药、医保的话题，记者采访的信源多是医生、医院管理者、医药行业从业者、基础医学领域专家，报道的核心关键词是如何治病及寻医问药，与预防理念相去甚远。一个颇为典型且尴尬的事实是，中华人民共和国国家卫生健康委员会（以下简称国家卫生健康委）的机关报《健康报》，拥有大健康领域近百人的采写编辑和后期制作队伍，然而常年跟踪公共卫生与疾病防控领域的记者却不足5人。

2016年，《"健康中国2030"规划纲要》的颁布与实施，成为医药健康新闻向健康与公共卫生新闻转型的政策背景与时代语境。其意味着在卫生健康领域，国家战略从以治病医疗为中心全面转向以人的全生命周期健康为中心。无论是健康素养的提升、还是全民健康生活方式的普及、抑或是建设健康环境，"健康优先"意味着必然要以预防为主。从中美两国人均国内生产总值（gross domestic product，GDP）和医疗技术水平差距显著、但人均预期寿命不相上下的现实来看，人群的养生、康健与长寿，与一个国家的经济发展水平、医疗领域的科技水平并不直接相关，[3] 而更取决于国家在健康与公共卫生领域的顶层设计以及能否真正落实"健康优先""健康入万策"的理念。新冠疫情的暴发，进一步凸显了疾病防控、预防为主对于整个国家政治经济社会发展的意义，也因此更加呼唤有质量、有深度和专业性强、能够体现预防理念的健康与公共卫生新闻。这意味着记者需要通过专家的采访、文献的调研、实地的走访等，去把握那些有可能影响全局、与大多数公众切身利益密切相关、目前在发展苗头中的公共卫生议题。在笔者教授的"健康与公共卫生新闻采写"课上，尽管学生们的笔触稚嫩、采访范围有限，但是他们围绕电子烟以社交方式侵入校园、校园交通安全与伤害成为治理盲区、身材焦虑扩散至男性群体加剧其盲目健身等话题的稿件，都不失为体现以预防为主要原则的有益卫生报道。

第二个关键词是"全球"。尽管医药健康新闻是当前国内的报道主流，健言（南方周末报社旗下公众号）、财新、丁香医生、果壳、《科技日报》等媒体，时常也可见体现预防原则的公共卫生类新闻，如《南方周末》的《电子烟的"入门效应"》、健言的《"边养生、边作死"，85后最爱买保健品》、果壳的《高校学生的心理健康：谁都不愿负责，谁都可以干预》等。然而，定位于"全球卫生"的媒体报道与新闻采写，在国内几乎是盲区。

反观美国，历届普利策奖的热门作品往往都包含全球卫生新闻。美国的大报向来不仅仅关注本土的疾病防控，非洲的艾滋病和埃博拉、中东的饥荒和各类伤害，甚至亚洲流行的慢性病都是他们报道的对象。比如，2015年《纽约时报》所有记者被集体授予普利策奖"国际报道奖"以表彰他们在报道埃博拉疫情的贡献。典型如"Ebola's deadly escape"一文，作为《纽约时报》的年度疫情报道总结，这篇报道深入分析了几内亚、利比里亚、塞拉利昂等地的疫情发展现状及存在的问题。通过调查走访，报道指明了目前非洲国家在抗击埃博拉疫情中最突出的隐患是教育问题，如利比里亚超过一半的人口不识字，这就让利比里亚卫生部等机构组织发放的传单不仅不能传播防疫知识，反而带来了人群的恐慌。

健康的社会决定因素是全球卫生领域最负盛名的基础理论，其关注非医疗性的对人群健康的影响因素，一直是指引包括世界卫生组织、各国疾控中心在内的全球公共卫生专业共同体的指导性理论框架。不难发现，这篇《纽约时报》的年度疫情报道总结就是践行这一理论视角的最佳案例。相较而言，尽管中国对非洲抗击埃博拉疫情的卫生援助可圈可点，但极度缺乏媒体深入当地、以第一视角阐述的深度报道，即便零星有些产出，也只是停留在介绍中国医生和援助队的当地表现，而几乎未能从全球卫生角度，撰写体现专业素养的深度特稿。

在当前的历史与全球语境下，中国关注全球卫生，其出发点和落脚点始终是人类命运共同体，而不仅仅是本国利益和诉求。无论是在西非抗击埃博拉疫情时积极参与全球卫生合作，还是在新冠疫情期间累计向120多个国家地区援助超过20亿剂次的疫苗，中国参与全球卫生治理的理念就是质朴的唇齿相依、命运与共、守望相助。颇为遗憾的是,尽管中国已经走入世界舞台的中央,尽管中国已经积极参与全球卫生治理,并且提出了颇具中国特色的命运共同体理念,我国媒体尚未充分认识到全球卫生新闻采写的必要性和紧迫性。甚至笔者颇为遗憾地看到,一些媒体在疫情肆虐的时候,用隔岸观火,甚至幸灾乐祸的心态报道他国的疫病情况、随意贬低他国的疫情防控举措。比如,印度政府在疫苗供应紧张、医疗资源不足的情况下,大力倡导通过传统医学阿育吠陀的各种方剂预防疾病,取得突出效果。[4] 但我国媒体始终用旁观者的眼光看之,炒作印度民众喝牛尿、涂牛粪的少数不理性行为。

二、全球卫生新闻采写的路径:专业性与建设性

随着中国在全球事务中的地位愈发重要,尤其是在全球卫生治理领域扮演越来越举足轻重的角色,全球卫生成为我国媒体亟待开发的领域。然而诚如上文所言,这一领域报道与传统意义上的健康医药新闻迥乎不同,那么我国的媒体记者要如何开展这一领域的报道呢?

笔者认为,专业性与建设性是两条主要的路径。首先,是专业性。专业性不同于西方的新闻专业主义,不是关于媒体秉承的理念问题,而是牵扯到媒体与记者在自媒体盛行的后真相时代到底以何种优势立足的问题。抛开新闻专业主义的各种争议不谈,笔者认为新闻的专业性绝不应仅仅体现为对新闻采写本身的规范、准则与约束,而更应体现为记者在某个领域的专业素养。毕竟,随着人工智能技术的发展和网络平台化愈演愈烈,低水平的新闻生产、5W模式(lasswell's communication model "5Ws" of communication)的新闻采写不是会被写作机器人取代,就是会因为各路网红大 V(微博上活跃有着大批粉丝的用户)的内卷化竞争而愈发的娱乐化、眼球化和碎片化。传统媒体、科班记者如何胜出?笔者相信绝大多数人都认同要在报道深度上下功夫,而不仅仅是掌握一堆融媒体的采编技巧。这一深度,也不应局限在时政类、社会类新闻上。媒体要在分众领域成为有品质的媒体,记者也要向专家型记者成长。

正是注意到这一趋势,国内新闻院校陆陆续续开设了专题类的新闻硕士项目或新闻采写课程,如财经新闻采写、法律新闻采写等。但根据笔者的初步考察,尽管国内一些院校开设了健康传播专业硕士项目,也普遍提供健康传播的专业课程,但是目前只有清华大学提供健康与公共卫生新闻采写的课程。这不仅从一个侧面反映出这一领域的亟待开发,还说明专业领域记者的培养是需要门槛的。但恰恰是这个门槛,可能在未来转化为记者超越自媒体的优势。

作为健康与公共卫生新闻的授课教师，笔者认为全球卫生领域新闻采写的专业性至少体现在如下方面。首先，具备全球卫生领域的基础知识。清华大学的健康传播专业硕士项目，要求所有学生必须选修清华大学公共卫生与健康学院的课程。健康与公共卫生新闻采写课程的前6周，教师主要是以讲授全球卫生知识为主、并邀请中国疾控中心等机构的专家开设专题讲座，也兼具启发学生采写选题的作用。某种意义上，相较医药健康领域，记者更有可能成为公共卫生领域的专家。因为前者的专业培养中必须包含数理化基础知识学习、实验室操作乃至医疗单位或者医药企业实习等内容，而后者实际上是偏应用的跨学科领域，通常需要流行病学、统计学、公共管理/全球治理、卫生法/国际法、国际关系、健康传播等知识储备，显然对偏文科属性的记者更为友好。事实上，清华大学自2012年起先后开设了公共卫生硕士（master of public health，MPH）和国际公共卫生硕士（international master of public health，IMPH）项目，有不少取得学位的国内和国际学生，就是媒体的从业人员。

其次，拥有持续再学习的能力。医药健康与公共卫生领域的最大特色，就是科研发表活跃，重大研究发现和突破性的技术进展层出不穷。这个领域的记者即便是公共卫生科班出身，如果从业后不再跟踪科研前沿，一样会被淘汰；反之即便不是科班出身，如果能够形成持续追踪排名靠前的学术期刊、积极参与学术会议、主动关注各类国际组织（如世界卫生组织、联合国人口基金会、比尔及梅琳达·盖茨基金会等）报告的习惯，也同样可能成为专家型记者。换言之，文献检索、数据库使用和自我学习能力在这一领域格外重要。相较于视频拍摄、画面剪辑、动画特效等融媒体技术，笔者认为以上能力的培养更有可能成为国内重点新闻院校培养记者的竞争优势。

最后，遵循全球卫生的基本伦理。全球卫生领域最为突出的价值导向是健康公平问题。[5]这一健康公平，不只是结果公平，也是过程公平。全球卫生强调通过全球范围的共同行动达到改善全球健康状况的目的，促进全球健康覆盖（universal health coverage），而达到这一目的必须首先关注边缘人群与弱势人群。以气候变化与人群健康领域为例，当发生热浪、极寒、暴雨等极端天气时，受到伤害的主要是老龄人口、妇女和儿童。[6]关注弱势人群，不仅仅是因为要表达关爱，更在于健康的一体化，人与人的命运是紧密相连的。尤其是在瘟疫暴发期间，如果弱势群体成为防疫的短板，就意味着整体防疫的失控。比如，印度和南美洲一些国家新冠疫情的反复暴发，就是因为城市中的贫民窟无人顾暇，成为疫情撕裂防线的豁口。这一领域的媒体报道，要能够深入到少数边缘人的社群中，发现被忽视的公共卫生议题。

全球卫生的新闻采写，需要践行专业性的路径，然而，毕竟即使记者再专业，也不是全球公共卫生的专家。发挥媒体作用的路径，就是落实新闻采写的建设性。有关建设性新闻的讨论这几年在国内新闻传播学术界层出不穷。新冠疫情暴发前，相关学术著作主要是引用西方概念、并尝试将之本土化。随着新冠疫情的常态化，部分学者也将之与建设性新闻关联，如以建设性新闻视角分析《人民日报》官微的报道，[7] 或者考察重大突发事件中建设性新闻对公众的情绪疏导作用。[8] 建设性新闻的理念在全球卫生领域格外适用，主要在于建设性的新闻报道提倡以公众利益为出发点，在报道中增加解决方案、行动方案和以未来的视角思考，[9] 这也是与传统医药健康类新闻报道的显著区别。

比如，1995 年普利策奖评论奖获奖作品"Babies behind a steel door"，在当时媒体普遍关注报道同性恋人群感染艾滋病故事的背景下，作者另辟蹊径地关注新生儿感染人类免疫缺陷病毒（human immunodeficiency virus，HIV）导致艾滋感染以及死亡的现象。作者发现，新生儿的死亡是完全可以预防和避免的——政府和医院往往认为 HIV 感染只会出现在性少数群体上，以至于轻视胎儿感染 HIV 的风险，同时因认为开展 HIV 检测涉及胎儿母亲的隐私问题而拒绝开展检测，对此作者旗帜鲜明地反对。千禧年前后，随着艾滋病受到全球公共领域的关注，不仅世界卫生组织等机构将母婴感染列入艾滋病感染的主要途径之一，而且全球范围内各国也陆陆续续应用 HIV 感染母婴阻断技术。以我国为例，如今已多年没有新生儿艾滋病感染的案例。可见，这篇文章的确是面向未来且给出建设性方案的新闻典范，也无愧于"For his compelling and compassionate columns about New York City"的普利策奖获奖理由。

媒体报道的建设性方案，可能会比专业机构和专家论文中的解决方案更有影响力。这在于前者有更为广泛的传播的加持，甚至可能产生舆论的蝴蝶效应，而后者往往仅仅是在学术圈内产生共鸣。正因如此，记者要更谨慎、客观、求实地阐发其调研的发现以及提出的方案。笔者认为，未来全球卫生领域的媒体报道可以开创必列参考文献的先河，以体现相关建议的科学性和专业性。同时，建设性新闻的另一特色是其积极属性，它批评消极负面报道对公众负面情绪的诱导，反对一种悲观厌世、吹毛求疵、愤世嫉俗的报道基调。这意味着全球卫生领域的媒体报道，要义不是揭露问题，而是促进解决，是为了全球人人享有健康愿景的实现。

比如，在某些慢性病防控领域，宿命论在我国一直很有市场。[10] 尤其是癌症方面，很多老年人拒绝体检、拒绝筛查，认为得病就是天意，甚至得病后拒绝治疗，认为"生死有命，富贵在天"。为了扭转人们的偏见，很多自媒体主攻癌症科普，但如今社交媒体上充斥着"三个信号说明你离癌症不远""30 岁小伙癌症去世，五大症状看看你有没有中"之类的文章，不仅没有扭转老年人的宿命论，甚至让年轻人也惶惶不安，徒添健康焦虑。相较而言，《中国科学报》的《患癌只因运气差？——＜科学＞杂志癌症"厄运"研究与报道遭痛批》就是一篇体现建设性的范例报道。该报道抓住2015年《科学》杂志的小心思——一篇被记者称为"癌症厄运"的报道与这篇报道所依据的研究成果同时发表在该杂志上，回击了"癌症宿命论"的错误，提出媒体传递的消息不应该是"癌症发生全都是随机的，我们对癌症束手无策"，而应该是"可以做一些事情预防疾病的发生"，以此来传达癌症预防的价值。这彰显了媒体记者敢于直面公共卫生问题、宣传正确思想的理念与担当。

新冠疫情暴发后，习近平总书记多次在国际舞台上阐述构建人类卫生健康共同体的重要意义，得到了国际社会的广泛认同。自20世纪80年代艾滋病腾空出世以来，人们意识到对这种没有特效药物、没有针对疫苗的传染病的防控，只能依赖于全球范围内的合作和广泛的健康教育及健康促进策略，而西方世界的全球卫生报道迄今至少已经发展了40年。在我国，健康与公共卫生新闻，尤其是关注全球卫生的新闻报道还亟待重视与耕耘，新冠疫情的出现，有望成为这一领域新闻转型的契机。健康与公共卫生新闻不同于传统的医药健康报道，其秉承预防为主和服务于人类命运共同体的原则，更彰显中国特色和中国理念，更有望发挥出科班出身记者的专业优势，并能够通过建设性新闻的路径，给予社会各界全球疫情防控和慢性病防控的信心与勇气。当理想照进现实，全球卫生媒体报道与新闻采写的中国实践，值得期许。

本文作者：苏婧　清华大学人文学院、清华大学全球发展与健康传播研究中心

注：本文的删改版已在《青年记者》（2023年10月下）全文刊发。

参考文献

[1] KOPLAN J P, BOND T C, PHD, MERSON M H, et al. Towards a common definition of global health[J]. The Lancet (British edition), 2009, 373(9679): 1993-1995.

[2] 李约瑟. 中国科学技术史，第六卷生物学及相关技术，第六分册医学[M]. 刘巍，译. 北京：科学出版社，2013: 67.

[3] 王维佳. 社会发展视角下的健康传播——重访20世纪"第三世界"的历史经验[J]. 兰州大学学报（社会科学版），2020, 48(2): 58-67.

[4] 邱永辉. 阿育吠陀：印度教传统抗疫的现状与未来[J]. 世界宗教文化，2020(3): 1-7.

[5] 任苒. 全球健康的内涵与特征[J]. 医学与哲学(A)，2015, 36(8): 1-3, 47.

[6] CAI W, ZHANG C, ZHANG S, et al. The 2021 China report of the Lancet Countdown on health and climate change: seizing the window of opportunity[J]. The Lancet Public Health, 2021, 6(12): e932-e947.

[7] 刘婵君，沈玥晨. 共识兼顾与集体取向：中国主流媒体建设性新闻实践——关于人民日报微博官方账号新冠疫情报道的分析[J]. 新闻与传播研究，2022(4): 21-37, 126.

[8] 王江蓬，李潇凝. 建设性新闻视域下的公众情绪治理——以重大突发事件为中心的考察[J].

中国编辑，2021(10): 16-19, 24.

[9] HERMAN L, GYLDENSTED C. Elements of constructive journalism: Characteristics, practical application and audience valuation[J]. Journalism, 2019, 20(4): 535-551.

[10] 黎藜, 李孟. 打破健康传播中的"无形之墙"——宿命论信念和信息传播对疫情中公众防护行为倾向的影响研究 [J]. 传媒观察, 2021(6): 44-51.

新闻写作与学术写作的借鉴与融合

现在的新闻院系往往有所谓学术型硕士和专业型硕士之分,学术型硕士主攻学术写作,专业型硕士修习新闻写作。学术与专业之线泾渭分明,可能会给学生一种错觉,即学术写作与新闻写作是风马牛不相及的两种文体,学生需要接受完全不同的培养及训练。然而,作为一名同时讲授学术写作和新闻采写的教师,笔者却认为学术写作与新闻写作,看似南辕北辙,却有着异曲同工之妙。它们之间的共性,就是文字工作者孜孜以求的目标;它们之间的差异,也就是两类文体的最大特色。笔者将结合自身的教学和科研经历,谈一谈学术写作与新闻写作的异与同,以及两种文体如何取长补短,相互借鉴。

一、学术写作与新闻写作的"同"

学术写作与新闻写作,是同大于异的。这是因为,它们首先都是一种写作形式。而写作,本质上就是一种对话。人类之所以发明语言,发明书写,其要义在于促进人与人之间的沟通和理解。写作通常是面向公共领域的,很难想象,不以沟通和对话为目的的写作会是什么。

也许会有人质疑,写日记也算是对话吗?当然是。用学术去理解写日记,就是自我传播的过程,是自己与自己的沟通,是主我与客我之间的交谈,也是本我、自我和超我之间的协商。学术写作和新闻写作当然更是对话,前者的本质是学术界就相同或相似学术议题的交流,后者的本质则是人们就同样感兴趣或者利益相关的事务的分享与交谈。

既然学术写作和新闻写作从本质上都是一种对话,读者意识或者说受众意识就应当贯穿学术写作与新闻写作的始终。从宏观的选题,到中观的结构,再到微观的行文,学术写作者和新闻写作者都始终要牢记——我的文章是给人看的,是要让人看懂的。

这意味着,对于学术写作而言,最忌讳孤芳自赏。某些初学者可能会陷入误区,认为语言越佶屈聱牙、词汇越生僻晦涩、概念越前沿时髦越好,这无疑是违背了写作的初衷。典型如《生活在树上》,第一段的一句"但面对看似无垠的未来天空,我想循卡尔维诺'树上的男爵'的生活好过过早地振翮"看似高级，却恰恰反映了作者语言的匮乏——无法用常人能够理解的词语和句子表达思维的深意。反观杨念群先生的《再造病人》，他是这样开头的"当西医传教士胡美（Edward H.Hume）在中国内地的湖南省省会长沙城内艰难地安顿下来时，他似乎并没有因成功地打入了中国最后一个'异教主义'（heathenism）的坚强堡垒而产生一种如释重负的感觉"。[1] 哪一篇更令读者有阅读的欲望，高下立见。杨念群用短短一句话不仅将读者带入近代中国中西医冲突的时空中，还激发了读者对于这一冲突后续发展的阅读兴趣。学术写作如果只能束之高阁，那无疑是作者最大的悲哀。

正如互联网大厂存在所谓"黑话"，学术"黑话"也应该早早被列入写作者的黑名单。譬如，如果在学生的习作里看到"在一定程度上是有意义的"，我就知道他自己并没有理清楚逻辑，要开始瞎编了；或者当看到学生写"相当一部分案例表明"时，我也就知道他已经把不符合情况的反例都自行剔除了，完全没有认真思考；再如，通常学生在标题里说自己要进行"浅谈"，我都会皱皱眉头，因为这往往意味着他们对自己的选题都不太感兴趣，更不要说深入地研究了；还如，当选题被冠以"互联网背景下""融媒体背景下""元宇宙视域下"等词汇时，我往往都会直接毙掉，因为其实学生增加这些词汇只是为了让标题显得长一点、学术味道浓一点，但究竟什么是元宇宙、融媒体，他们可能根本都没有想清楚。

对于新闻写作而言，同样最忌讳自娱自乐。何为新闻写作的自娱自乐？那就是一见报，就死掉，新闻无法产生传播，就如论文无人下载。自娱自乐、自以为是的新闻比比皆是。我常常跟学生说，如果你写完一篇新闻，自己都没有任何点击或阅读的欲望，那这篇新闻必"死"无疑。典型如会议报道，要不就是隆重举行，或者就是胜利召开，领导的名字排一长串，还是导语的位置，读了半天也不清楚会议到底讨论了什么。但，不妨看看以下这条会议导语：

这里不是卖菜刀之地，来这儿的企业期盼的是成为下一个腾讯。有"中国科技第一展"之称的第15届中国国际高新技术成果交易会（以下简称高交会）刚刚在深圳落幕，相比去年主会场1号馆部分展位被转租卖菜刀、面膜等与高科技不沾边的产品，今年的高交会则显得更为专业，可穿戴设备、3D打印机（3D printers, 3DP）等最新的技术及产品在高交会上亮相，令人眼花缭乱。

这条导语必然会从一众会议报道中脱颖而出。因为其不仅凸显了第15届高交会的特点，而且语言通俗鲜活，让读者有画面感和参与感。尤其是"这里不是卖菜刀之地，来这儿的企业期盼的是成为下一个腾讯"既呼应了曾经的舆情热点，也暗含了媒体对高交会的期待。足见，只要作者心中揣着读者，有对话的意愿，就能够赋予写作鲜活的生命。

二、学术写作与新闻写作的"异"

学术写作与新闻写作当然也存在显著的差异,笼统概括地说,这一差异就是前者重在说理,后者重在叙事。学术写作本质上是说理文,其要义在于就某一明确的问题,提出观点并予以论证。新闻写作则是一种讲故事的艺术,其要义在于讲述正在发生或者已经发生的事情,让读者知情甚至有意愿参与讨论并表达。

基于这一最根本的差异,学术写作最重要的三大要素在于:研究问题、学术观点和论证过程。在《学术写作如何选题》一文中,笔者谈过,选题的秘诀是找到谜题,找到让自己感兴趣,产生研究动力的那个困惑。好的文章必然是问题导向式的回答,而不是基于素材的东拼西凑。[2] 很多学生不会写论文,写什么都像是文献大综述,就是因为找不到研究问题,只能是把看过的相关文献拼凑在一起。好一点的学生无外乎是把西方的经典文献或前沿理论引用进来,但依然不能称之为写学术论文,因为这种引用是没有研究问题的,自然更谈不上说理和论证。

有研究问题,当然就要有回答。学术性的回答讲求有理有据,因此学术观点和论证过程是无法分割的,也必须是相互匹配的。譬如,如果作者提出的研究问题是统计意义上的研究假设,"社交媒体使用的时间会影响青少年的吸烟行为",那么论证过程必然是要基于实证、量化的研究,得出的结论通常是"是或否";但如果作者提出的研究问题是开放性、探索性的,"农村留守儿童的吸烟行为受到什么影响",那么论证过程则应当纳入一些质性的研究,如用一些深度访谈和田野调查,来反映农村留守儿童吸烟行为背后的心理动机和社会结构性因素。

反观新闻写作,其作为一种讲故事的艺术,最重要的三大要素则是:人物、场景和行动。人物是新闻写作的灵魂,没有人物的新闻,就是没有灵魂的新闻。需要强调的是,新闻中的人物必须是"活"的人物,而不能是"死"的人物。比如,很多会议新闻,除了开头或者结尾提到了某某人物出席之外,就再无这一人物的任何信息,这就是把人写"死"了,新闻也自然失掉了灵魂。让人物活起来其实并不难,增添直接引语就是最重要的手段,引语只要能够贴合人物的性格和特点,一两句话,人物就会活灵活现。

新闻也必须放置在一定的场景中。场景是新闻故事发生的方式。譬如,新闻的开头是一名农村孩子刻苦学习的镜头,如果镜头拉远,故事的场景被放置在又破又烂、四面漏风的农村学校,那么读者自然会想到农村校舍建设及教育公平的议题;但如果镜头拉远,故事的场景被放置在一个家徒四壁、只有老人和孩子的农村家庭中,读者则会想到留守儿童、空巢老人以及城乡发展的议题。行动则是新闻故事前进的方向,还是上例,如果是关于农村校舍建设的议题,那么读者一定会关心,农村校舍为什么这么破?我们已经做了什么?

我们还需要做些什么？如果是关于留守儿童的议题，读者也一定会关心，如果家长外出打工，能做些什么缓解留守儿童的各种成长问题，有没有什么方式，能够让家长即使不外出，也一样能够养活家庭？

三、学术写作与新闻写作的相互借鉴

学术写作与新闻写作并不是泾渭分明的，它们之间也可以相互借鉴，取长补短。

新闻写作可以从学术写作中借鉴什么呢？笔者认为是文献意识和论证精神。笔者在清华大学讲授"健康与公共卫生新闻采写"这门课程，我在课上会明确要求同学们撰写习作时必须阅读和引用一定数量的学术文献。将文献工作纳入新闻写作的好处起码有两个方面：第一，督促作者对所写的议题有更深入的理解和思考。"健康与公共卫生新闻采写"是专业性很强的新闻领域，如果学生想要报道中国的控烟议题，那么他们起码要搞清楚什么是烟草控制框架公约、中国控烟的进程、中国控烟的成绩与难题，这些知识和信息与其等老师塞给他们，不如由他们自己获得。事实上，这就是记者工作的常态，不停地学习，从小白晋升为某个领域的专家。第二，增强新闻报道的专业性和说服力。当前，越来越多的媒体会在深度报道后面附上参考文献列表，越来越多的科普专家会在科普文章后附上经典的学术文献，这都是提升新闻报道品质的有益举措，能够让读者感受到写作者的诚意与能力，对于新闻传播环境的改善也大有裨益。

随着数据新闻的兴起和新闻专业化的发展，研究型新闻报道也成为一种趋势。既然新闻是不可能纯粹客观的，那么作者在表达观点的时候，用更严谨求实的态度进行论证，就应当是被鼓励的。譬如，同样是写控烟的报道，同样是提出提高烟草税的建议，A同学只是采访了一位专家，并将这位专家的建议表达了出来，读者的感受就是这可能是一种选择；而B同学则在收集了多国烟草税数据和吸烟数据的基础上，作出了烟草税提高、吸烟人数减少的数据模型，并辅以他国经验和对我国控烟官员的访谈，得出了提高烟草税既能够有效遏制新增吸烟人数，又能够减少已有吸烟人数，且总烟草税调整后可能国家纳税总额并未减少的结论，读者的感受一定是十分信服的，这篇报道也能够对决策者形成影响。

那么，学术写作可以从新闻写作中借鉴什么呢？我认为是故事思维。学术写作不一定都要讲故事，但讲故事的三大要素可以启发学术写作者，将学术论文发挥出更大价值。首先，没有人的学术写作是难以想象的。这些人物绝不仅仅是文献综述中林林总总的国内外学者，更重要的是，学术写作者（尤其是人文社科领域）应当有一种情怀，即自身的研究应当对人们的生活和工作产生价值。譬如，作为一名健康传播或者说公共卫生的研究者，笔者的价值取向很明确，就是关注各个健康议题下的弱势群体，思考用传播赋能他们的可能性。因此，我的研究选题包括低度酒市场对未成年人的营销策略、青少年性教育的误区、留守儿童的媒介使用和吸烟行为倾向等。其次，学术研究必然要放置在某一场景中，而不能是空中楼阁。这些年，很多文章指出学术界早年在引入西方概念时的去语境化，强调本土化、在地化和中国特色，就是对学术研究脱离场景的一种反思。学术研究时，无论是提出研究问题、还是进行研究假设，无论是进行研究设计、还是选择学术棱镜，不将语境纳入思考范围都是危险的。比如，健康传播领域的经典学术范式是知信行理论（Knowledge，Attitude/Belief，Practice，KAP）强调知识和信息是人们形成健康行为的基础和条件，这几乎是所有健康传播研究模型不证自明的前提。然而在这次新冠疫情肆虐下，我们却看到，尽管中国当前的居民健康素养刚刚超过25%，也就是说每4个人之中具备健康知识素养的只有1人，与西方等发达国家相比有很大差距，但是我们国家的居民却更能够积极佩戴口罩、遵从防疫规定、接种新冠疫苗，这说明知识和信息未必都是人们健康行为的依据和前提。在中国的语境下，什么会影响人们有关健康的行为，值得深入探究。

最后，学术研究还应当有行动的方向。有些学者认为，在研究中提出建议会显得很不学术，此言差矣。某些学术研究中的建议的确是不值得一提的，这是因为这些研究费了半天劲，最后得到的结论却是众所周知的常识，再基于常识给一些极为笼统概括的建议，当然不能体现任何学术水平。反之，真正的学术研究应当是提出了令人眼前一亮，具有新鲜感的新发现、新观点、新论据，在这基础上当然可以有的放矢地提出建议，促进现实问题的解决。

亚里士多德曾将写作或者说修辞，定义为说服的艺术。从这一定义出发，不难看出学术写作与新闻写作，本质上都是一种沟通对话和公共书写，并且它们的目标都在于说服，晓之以理，动之以情。学术写作者不应当躲进象牙塔和故纸堆中做冷冰冰的研究，新闻写作者也不应当随心所欲、自说自话、自以为是，学术写作和新闻写作可以有所融合、互有借鉴。

本文作者：苏婧　清华大学人文学院、清华大学全球发展与健康传播研究中心
　　　　　戴润韬　清华大学新闻与传播学院
注：本文的删改版已在《新闻与写作》2024年第2期全文刊发。

参考文献

[1] 杨念群. 再造病人：中西医冲突下的空间政治（1843—1985）[M]. 北京：中国人民大学出版社，2006: 1.
[2] 苏婧. 学术性写作如何确定选题 [J]. 新闻与写作，2021(5): 101-105.

新闻写作中文献与数据库的运用

笔者在上一篇中提到,学术写作与新闻写作并不是泾渭分明,新闻写作可以从学术写作中借鉴文献意识和论证精神。尤其是对于具备一定专业属性的新闻写作主题而言,如健康与公共卫生新闻、环境新闻、法律新闻等,文献与数据库的有机运用,既是新闻写作的重点,也是新闻作品的亮点。本文将结合笔者的教学与实践经历,谈一谈新闻写作中文献与数据库的运用。

一、文献是新闻线索的重要来源

"新闻线索在哪里?"这可能是新闻采写的初学者和初入行者最头疼的事情。而资深记者之所以资深,往往也是在于敏锐的新闻捕捉能力,能够更及时、准确、有效地发现新闻线索。一些初学者错误地认为,新闻线索的获得只能依靠采访,甚至有一些初入行的记者每天寻找新闻线索的方式就是泡在微博上、抖音上找灵感,如是新闻只能愈发的娱乐化、琐碎化。

新闻线索的获取,至少可以有以下 3 种途径:采访、观察和文献。

采访获取新闻线索的方式最为主流,但通过采访获取新闻线索也存在一些弊端。比如,要求记者具有较强的人脉资源和社会关系网络,这对于初学者和初入行者其实是颇有难度的;而且,过于倚仗信源提供的信息也容易让记者不由自主地受到信源的影响,甚至可能沦为被信源利用的工具,不自知地卷入某种舆论商战。因此,对于初入行的记者而言,稳妥可行的采访方式往往是继承一些"跑口"资源,通过参与政府或企业的新闻发布会、新闻通气会获得一些新闻线索,但这样恐怕很难生产独家新闻。

观察也是获取新闻线索的方式,敏锐独到的观察力以及抽丝剥茧的分析力往往是记者的看家本事。但通过观察获取新闻线索也同样存在一些弊端。比如,这非常依赖记者的人生阅历,甚至要求记者成为社会活动家,如果记者见识浅薄或者生活单调,那么也很难观察到值得报道的新闻线索;而且,以观察作为获取新闻线索的主要方式,也容易让记者陷入证实性偏差（confirmation bias），即较为主观地将可能边缘的、个案性的情况当作普遍存在的问题，夸大观察到的现象的新闻价值。因此，初入行的记者如果通过观察发现潜在的新闻线索，恐怕需要跟资深记者、编辑们沟通商讨，避免陷入自身的信息茧房。

容易被忽视的是通过文献检索、阅读与分析找到新闻线索，但这其实很可能是对初学者和初入行者最友好的一种方式。其对记者的人脉资源和社会网络没有什么要求，文献呈现的是客观的科研发现和研究结果，记者也避免陷入自身的主观偏差。这种方式主要考验的是记者的文献能力，而对于新近毕业、科班出身的新闻院系学生而言，这可能就是他们相较于前辈们的能力优势。尤其是，对于一些本身具有较强专业属性的领域，如公共卫生与医学新闻采写、环境新闻采写、财经新闻采写等，在这些领域中，重要核心期刊发表的重磅论文往往会成为引领整个行业的风向标，尤其应当成为记者获取新闻线索的主要来源。

通过文献获取新闻线索尽管适合初入行者，但也需要注意以下几点：首先，文献发表和公开发言是两回事，学者公开发表了自己的观点并不代表其一定愿意将之广泛传播于社会。记者们如果通过文献查阅发现了感兴趣的话题，建议通过邮件的方式（绝大多数公开发表的中英文论文都会有通讯作者及核心作者的电子邮箱）向作者表达采访的兴趣，甚至可以基于对文献的理解补充一些采访问题，也有望获得更为独家的视角和素材，同时还能够与专家们建立联系，通过友好且专业的互动，慢慢将之发展成自己的采访资源。其次，很多领域的前沿文献是英文文献而不是中文文献，最为典型的就是医学与公共卫生领域，该领域的专家们如果产出了重大科研成果，往往是在英文领域的顶级期刊（以下简称顶刊）发表，建议记者们根据自己的专业所长和关注的领域重点选择几本英文顶刊关注，追踪这些顶刊文章的过程也是绝佳的再学习方式。最后，落实批判性思维。不对文献，哪怕是权威的文献，偏听偏信。多看多想，同一个领域、同一个专家，不妨多看几篇文章，再决定采访的角度和引用方式。避免争议，不引用争议性较大的学术文献、数据。选择时效性强、权威核心期刊的文献。医学与公共卫生等专业性较强的领域，可以选择集体合作文章或者顶刊的专题特稿文章。

二、善用数据库，做专业原创新闻

文献是集合名词，理论上任何被记者引用到新闻中的文章、资料和数据都属于文献的范畴。尽管新闻写作并不要求像学术写作一样标注出处来源，但记者务必要确保引用的准确性。如今部分媒体的特稿也开始标注文献出处，这无疑是新闻行业更专业化的有益趋势。

总体来看，新闻写作中可能使用到的文献主要包括以下几类：论文（学位论文、期刊论文、会议论文）；报告（政府工作报告、公司年度报告、企业工作简报）；文件（政策、批文、通知、财务报表、合同);专业报告和行业报告(中国肿瘤登记年报、居民膳食营养指南);网站材料和数据(政务信息公开材料、世界卫生组织网站公布的各类报告、免疫规划不良反应数据)等。说到文献使用,相对容易理解的是检索和获取完整的文章,如各种学术论文、专业报告和行业报告,容易被忽视的是从数据库检索并获取有价值的数据。数据也是新闻写作中可资运用的一种文献资料,各类专业数据库的查找和使用不应当成为记者的盲区。下面笔者将以自己在健康与公共卫生新闻采写课上指导的一实例来说明新闻采写如何善用数据库资源。

A 同学的报道选题是有关新中国公共卫生领域的建设成就。教师邀请了中国疾控中心的某位专家来进行交流,他提到我国人均预期寿命自新中国成立初期到改革开放前快速提升,这意味着经济发展并不一定是公共卫生取得成就的前提。A 同学对这一点非常感兴趣,想将之作为报道的主要切入点,但问题在于这位专家并没有在交流时明确给出我国人均预期寿命的逐年数据,那么他要从哪里获得这一有价值的核心数据呢?

可以直接去百度检索吗?答案当然是否定的。在百度检索"我国人均预期寿命",出来的结果是非常碎片的,可能会有当前的数据、某个年份的数据,但是不会出现完整的逐年数据,更很难有新中国成立初期到改革开放前的老旧数据。更为关键的是,百度上的信息鱼龙混杂、来源不明,不能够作为专业新闻报道的来源出处。

那么,可以去知网检索吗?答案也是否定的。即便知网的来源是可信的,在知网以主题词的方式检索"我国人均预期寿命",选择学术期刊这一文献类型,尴尬的结果是只有 18 篇论文,除了一篇《中国人均预期寿命时空变化及影响因素分析》有粗颗粒的 1981—2015 年人均预期寿命增长指数之外,[1] 其余文章都没有太多的纵贯数据。

那么,补充采访专家可行吗?恐怕也不太可行,即便能够找到这个领域最核心的专家,恐怕他也不可能背下 1949 年以来我国人均预期寿命的逐年数据。而且,依赖于某个人的记忆,也不及专业数据库来得可靠。

这意味着记者们需要了解专业数据库的使用方式。关于我国人均预期寿命数据,有两个比较推荐的数据库资源。首先是 EPS 全球统计数据/分析平台,在其经济合作与发展组织(Organization for Economic Co-operation and Development,简称 OECD,世界主要经济体)子库中有非常详尽的各国预期寿命数据,其中总体出生预期寿命(年)有 1960—2021 年的全部数据,基本可以满足要求。此外,在世界银行(World Bank)子库中也有 1960—2020 年的全球人均预期寿命,在中国统计年鉴的子库中亦有国家统计局公布的 1980—2020 年的逐年数据。

并且,专业数据库一般也有自带的统计图表生成功能,可以满足基础的数据新闻采写需求。同样是在 EPS 数据库,在左侧边栏选择国家和时间等维度后,可以看见我国预期寿命增长趋势图，不难发现，我国人均预期寿命从 1960 年的 40 余岁增长到 1978 年的将近 70 岁，这意味着一国人均预期寿命的提升不一定取决于医疗技术的绝对水平，而是跟国家的整体卫生政策有关。预防为主、服务人民、群众运动和中西医并重是我国取得以人均预期寿命为代表的公共卫生成就的主要法宝，并在 1978 年世界卫生组织的《阿拉木图宣言》中得到认可。[2]

另一个比较推荐的数据库资源是联合国数据平台（UN data）。而且，这一数据平台是全网可查的，并不像 EPS 全球统计数据/分析平台一样需要机构或者个人购买。在联合国数据库中以"life expectancy"检索，可以找到 Life expectancy at birth for both sexes combined（years）的专题数据库，数据时间从 1950 年至今。同样在左边栏选择国家和时间段，可以查到上述 EPS 数据库中没有的 1950—1959 年的数据。不过，常识告诉我们，这一统计数据可能存在偏差，于是当进一步检索《联合国统计年鉴》（UN Statistical Yearbook）可以看到，早期的联合国是用台湾省代替了全中国的数据，这意味着 20 世纪 50 年代的我国人口预期寿命数据还需要进一步挖掘。

由此也可见，使用数据库检索时，最好可以进行多重复核。比如，用联合国数据库、世界银行数据库等与专业数据库 EPS 进行数据对照，如果没有偏差就可以使用；另外，需要注意数据的来源和统计的口径，以免出现数据使用的偏差。

通过专业数据库获取数据来源，相较于阅读学术文献找到新闻线索，更有可能产生具有原创性的新闻。因为即便数据是全网公开的，但是如何呈现数据、解读数据、使用数据，依然要依赖于记者的选题构思及其采访专家的独到报道角度，在数据新闻生产与分发愈发受到国内外新闻界重视的背景下，像做学术论文一样做专业的新闻采写，已经成为现实。

三、一则使用多国数据库资源的报道实例

本文的合作者（二作）在美国攻读新闻学研究生时，多名教授在不同课堂上都曾反复强调记者应具备对文献和数据库的应用意识，并熟练运用文献检索和数据库来丰富自己的报道，打破新闻报道只建立于采访信源上的局限性，从而达到"讲述故事背后的故事"的目的。以下将以合作者的研究生毕业作品为例，详细讲述在一篇调查报道中，记者如何运用数据和文献在报道中发掘更多信息和线索，使得新闻故事更具深度。

这篇文章的报道主题是美国公共卫生危机之一——枪支泛滥及枪击案件频发。这一美国社会痼疾经常被美国国内媒体报道。媒体已经将枪支泛滥与犯罪、心理问题、种族问题、美国宪法第二修正案等相关议题联动报道，导致可继续挖掘的角度偏少。在进行预采访后，合作者发现美国媒体忽视了第一代移民——尤其是在母国较少接触枪支的亚裔群体——对

于枪支态度的报道。鉴于此,选择将报道重点聚焦于在美国的中国移民对于枪支的态度的议题。

美国当地时间2017年10月30日晚,一名在盐湖城犹他大学学习的中国留学生郭宸玮遭遇枪击,不幸逝世。在到达盐湖城后,记者首先需要厘清郭谋杀案的全部经过和细节,记者尝试拜访了当地警察局和法院,但二者都拒绝接受采访。合作者后来通过向以上两部门提交美国信息自由法案信息公开申请(Freedom of Information Act request)得到了警方的出警记录和现场勘查记录,其中详细记载了案件发生的地点、时间、犯罪嫌疑人的作案过程,以及郭死于子弹击中颈动脉导致的失血过多。在无法通过采访当事人取得信息时,警方和法院记录作为文献的一种,成了公正且详细的信源,可帮助记者在报道时掌握更多细节,提升写作质量。

在参加完郭的葬礼并采访过他的父母及朋友后,记者发现一种不安全感在当地留学生和华人社群中蔓延开来。这些人都成长于无枪环境下的中国社会,但抵达美国后,多位受访者表示想要或者已经购买枪支来保护自己和家人。在采访中,一位波士顿枪支教练提到,当地华人社区在近年出现了拥枪热潮,原因在于美国全国步枪协会(National Rifle Association of America)在当地的组织宣称,麻省(即马萨诸塞州)的犯罪率在连年上涨,针对亚裔的种族犯罪和暴力犯罪逐渐增多。为验证这一说法,记者查阅了美国联邦调查局(Federal Bureau of Investigation,FBI)犯罪数据库(Uniform Crime Report,UCR)和美国疾控中心凶杀犯罪数据库。然而,这两个数据库展示的结果却是麻省自2006年起犯罪率逐年下降;麻省是全美凶杀犯罪率最低的几个州之一。可见,以数据库作为信息来源,可以更客观准确地呈现事实,有效避免依赖信源导致的证实性偏差。

记者在后续报道中比较了导致中美枪支政策差异的历史和现实原因。在历史原因方面,通过搜集中美两国与枪支有关的法律历史文献,包括美国的宪法第二修正案到2005年《保护合法武器贸易法案》,新中国成立初期的"全民皆兵"政策到1996年《中华人民共和国枪支管理法》,系统梳理了两国在立法司法层面对于枪支管控的历史演进脉络。合作者随后用时间线(timeline)的形式可视化了文献研究结果。

在比较现实原因层面,记者在考察中美两国涉枪案件数量时,查阅了日内瓦国际关系及发展高等学院(Geneva Graduate Institute of International and Development Studies)下属的小型武器调查(Small Arms Survey)数据库。通过计算数据得到,在美国受到枪击并死亡的概率大约相当于道路交通事故死亡概率,而中国受到枪击死亡的概率大约相当于飞机失事的概率,这一数据足以形象地说明美国枪击案件的普遍性。考虑到道路交通事故、枪杀等的非正常死亡是属于公共卫生领域的"伤害"类型,记者还使用了隶属于悉尼公共卫生学院(Sydney School of Public Health)的研究机构"枪支政策组织"(Gun Policy

Organization）的数据。

在考察美国境内近些年发生的大规模枪击事件数量和地点时，记者进一步运用美国媒体Vox和《华盛顿邮报》大规模枪击事件数据库，以及非政府组织"枪击暴力档案"（Gun Violence Archive）数据库交叉比对以上信息。而后以美国疾控中心官方数据综合验证两家媒体数据，最后得到较为精确的数据集。

从上述报道案例中可以看到，文献和数据库的使用在很大程度上可以弥补报道中视野较窄、深度不够的问题。通过对数据库和文献的合理使用，记者在报道中更容易探究到新闻事件背后的系统性、大范围问题，并通过数据可视化的手段全局性地展示新闻故事背后的社会议题。在使用数据库和文献时，记者除了可以借助常用的官方数据和文件外，也可以将目光放在社会组织、研究组织和其他权威媒体上，从而达到丰富报道内容及核实信源的目的。

本文作者：苏婧　清华大学人文学院、清华大学全球发展与健康传播研究中心

　　　　　石韬　清华大学新闻与传播学院

注：本文的删改版已在《新闻与写作》2023年第8期全文刊发。

参考文献

[1] 郭玉玲. 中国人均预期寿命时空变化及影响因素分析[J]. 中国卫生政策研究, 2018, 11(8): 44-49.

[2] 王维佳. 社会发展视角下的健康传播——重访20世纪"第三世界"的历史经验[J]. 兰州大学学报（社会科学版）, 2020, 48(2): 58-67.

案例篇

全球卫生治理

一、概述

随着全球化进程不断深入，人与人之间的交往突破了国家的界限，许多传染病也由此得以在国际社会迅速传播，对全球的经济、政治及卫生发展产生了长远的影响。[1] 因此，卫生问题也不再局限于单一国家或单一学科，而是成为全球发展问题下的重要议题之一。这一广泛共识促成了世界卫生组织的成立，并在制定及完善全球卫生治理体系及全球卫生规范方面发挥了重要作用。[2] 2019年，新型冠状病毒疫情暴发，其带来的全球政治、经济等不安定因素给全球卫生治理带来了严峻挑战，如何应对这些挑战也成为当下全球卫生治理的重要议题。[3]

（一）认识全球卫生治理

全球卫生治理指在全球化进程中，以保护和促进全体人类的健康为目标提出的理念及行动。[3] 全球卫生治理的行为主体既可以是各国家政府组织，也可以是国际机构、非政府组织（Non-Governmental Organization，NGO）、跨国公司及基金会等，[4] 采用的手段形式较为多样，既可以建立正式的规范或制度，也可以签订协议，确立相关程序。

（二）全球卫生治理的发展历程

从时间和参与主体上来看，卫生治理主要可分为3个阶段。

第1阶段为国家卫生治理阶段。在19世纪前，卫生治理的主体为各城邦国家，治理手段主要为设立相关机构、制定相关制度。[4] 虽然黑死病等传染性疾病早在14世纪便开始肆虐欧洲等地，诸多国家受到疫情冲击，但由于生产力和交通等条件限制，公共卫生国际合作尚未出现。[5]

第2阶段为国际卫生合作阶段。自19世纪至冷战结束前，国家间的卫生合作兴起，许多协议及公约在此阶段达成，1948年世界卫生组织的成立使得国家间的卫生合作开始制度化、规范化。[6] 但各国出于自身利益的考量，许多协议和条约在具体实践过程中并未被严格执行，国际卫生合作效果较为一般。

第3阶段为全球公共卫生治理阶段。在冷战结束后，随着全球治理理论的提出与不断完善及艾滋病、甲型流感等传染性疾病的传播，公共卫生领域被纳入全球治理范畴[7]，国际卫生合作走向全球化，更多机构开始参与公共卫生治理的各个环节，公共卫生治理的主体愈发多元，跨国公司、基金会等主体开始参与卫生治理。其中，2005年《国际卫生条例》的修订标志着全球卫生治理体系逐步趋于稳定。[8]

（三）全球卫生治理的重要性

健康一直是人类福祉的核心，可以说，人类的终极利益是生命与健康，人类社会发展的终极目标是人的健康发展。[9] 全球卫生治理是人类实现这一目标的重要关键词。具体来看，一方面，通过建立健康领域多边协作机制，开展国际合作，全球卫生治理能有效应对以传染病为代表的多样公共卫生安全问题以及日益严重的卫生安全威胁问题；另一方面，通过制定、实施具有约束力的国际规制，全球卫生治理能有助于减少甚至避免公共卫生安全问题导致的溢出效应。[10]

全球卫生治理的重要性在处理突发公共卫生事件中尤为明显。近年来，在"非典"（SARS，2003年暴发），甲型流感（H1N1，2009年暴发），埃博拉病毒（Ebola，2014年暴发）及寨卡病毒（Zika，2015年暴发）等突发公共卫生事件中，以世界卫生组织为中心的全球卫生治理有效机制动员了诸多国家参与行动，通过援助物资、派遣医疗人员等方式对事件采取有效控制，为减少疾病传播、保障国际贸易正常运行与减轻经济损失做出了重要贡献。[3]

（四）全球卫生治理典型行为体

有学者认为，全球卫生治理的特点之一是行为体多元化。[1] 就全球治理行为体来看，目前主要可分为国家行为体及非国家行为体。在国家行为体中，主权国家是治理的主要力量；[1] 在非国家行为体中，政府间国际组织因其具有的专业技术的优势及制定规范的权力，在协调各国政府有效参与全球卫生治理这一方面发挥了重要作用。其中，世界卫生组织在全球卫生治理中处于中心地位。[6] 非政府组织则因其具有的资金筹集优势、信息获取的能力和专业能力积累，在全球卫生治理中扮演越来越重要的角色。[1] 其中，以比尔及梅琳达·盖茨基金会为代表的基金会在卫生治理领域投入了大量的资金，在疫苗免疫、紧急救援等方面建立公私合作机制，对推进全球卫生治理水平提升产生了深刻的影响。

1. 世界卫生组织

世界卫生组织是全球卫生治理领域的权威性机构，根据《世界卫生组织组织法》（Constitution of the World Health Organization）第二章，世界卫生组织的主要职能包括但不限于指导和协调国际卫生工作（to act as the directing and coordinating authority on international health work）；与联合国、专门机构及政府卫生行政部门等组织建立联系，有效合作（to establish and maintain effective collaboration with the United Nations, specialized agencies, governmental health administrations, professional groups and such other organizations as may be deemed appropriate）；推动消灭流行病、地方性流行病及其他疾病工作（to stimulate and advance work to eradicate epidemic, endemic and other diseases）；就国际卫生事务提出公约、协定和条例并提出建议，并履行可能赋予本组织并与其目标相一致的职责（to propose conventions, agreements and regulations, and make recommendations with respect to international health matters and to perform such duties as may be assigned thereby to the organization and are consistent with its objective）等。简而言之，世界卫生组织不仅仅是不同行为体开展全球卫生治理国际合作的平台，还是制定国际卫生标准的重要组织，此外也承担提供、分配国际公共医疗资源的职能。[11]

世界卫生组织目前设有6个办事处，分别为非洲区域、美洲区域、东南亚区域、欧洲区域、东地中海区域和西太平洋区域，主要负责收集不同区域的健康数据。世界卫生组织董事会每年在世界卫生大会后第一届会议上，根据地理区域轮流原则，从各成员国中选出1名主席、4名副主席及1名报告员。目前，世界卫生组织的总干事是来自埃塞俄比亚的谭德塞·阿达诺姆博士（Dr. Tedros Adhanom）。

世界卫生组织的资金来源主要有两种：评定会费（assessed contributions, AC）和自愿捐款（voluntary contributions, VC）。近年来，评定会费在计划预算中的总体百分比有所下降，在资金来源中占比不到25%。占比更多的是自愿捐款，主要来自世界卫生组织各成员方以及其他联合国组织、政府间组织及慈善基金会等。自愿捐款根据世界卫生组织使用的灵活程度可分为可灵活使用的核心自愿捐款（core voluntary contributions, CVC）、可部分灵活使用的专题和战略参与基金（thematic and strategic engagement funds）和不可灵活使用的指明自愿供款（specified voluntary contributions）。目前，核心自愿捐款占自愿捐款总额的4.1%，专题和战略参与基金与指明自愿供款分别占7.9%和88%。

为解决日渐复杂严峻的全球卫生治理难题，世界卫生组织历任总干事均通过改革来促进全球卫生安全，曾先后发起"初级卫生保健"改革（primary health care）、"一个世界卫生组织"改革（one WHO）和"世界卫生组织 DNA"改革，对全球卫生治理工作产生了重要影响。[12] 2019 年，时任世界卫生组织总干事谭德塞发表了题为《锐意变革，发挥积极影响》（Transforming for impact）的改革宣言，并提出"3 个 10 亿"目标，即"全民健康福利覆盖人口新增 10 亿人，在发生突发卫生事件时受到更好保护的人口新增 10 亿人，健康得到改善的人口新增 10 亿人"。

2. 中国红十字会

中国红十字会成立于 1904 年，是从事人道主义工作的社会救助团体，是国际红十字运动的重要成员。中国红十字会以保护人的生命和健康、维护人的尊严、发扬人道主义精神、促进和平进步事业为宗旨，与国际组织交流合作，积极参与国际人道主义救援活动，在战争、武装冲突和自然灾害、事故灾难、公共卫生事件等突发事件中对受害者提供紧急救援，还曾多次向发展中国家和地区派遣医疗队，提高当地医疗卫生水平，改善当地医疗卫生条件。自成立以来，中国红十字会遵循国际红十字运动基本原则，认真履行职责，充分发挥其在人道领域的政府助手作用，为我国经济社会发展和公共卫生事业做出了重要贡献。

作为国内最为知名的社会救助非政府组织，中国红十字会曾经也面临一系列危机，发生了不少财务丑闻。其中，2011 年，"郭美美事件"的发生使中国红十字会的形象及公关危机管理受到严重打击。中国红十字会一度陷入了"塔西佗陷阱"，面临公信力下降的严峻问题。[13]这主要是由于国内以红十字会为代表的非营利性组织资产及预算管理能力不足，组织内部管控混乱，部分分会存在一定官僚化问题等。[14] 2018 年，国务院办公厅印发了《中国红十字会总会改革方案》，从治理结构、组织人事制度等 7 个方面提出了中国红十字会的改革措施。可以说，要想重塑公信力，在全球卫生治理等领域继续发挥重要作用，红十字会还有一段深化改革之路要走。

3. 比尔及梅琳达·盖茨基金会（Bill & Melinda Gates Foundation）

比尔及梅琳达·盖茨基金会成立于 2000 年，由联席主席比尔·盖茨（Bill Gates）和梅琳达·弗兰奇·盖茨（Melinda French Gates）对基金会工作进行指导。从 2022 年开始，比尔及梅琳达·盖茨基金会委任了 6 位理事，与两位联席主席共同组成理事会指导基金会工作。截至目前，基金会已投入 500 余亿美元，成为世界上最大的基金会之一。

在全球卫生治理领域，比尔及梅琳达·盖茨基金会的全球卫生部门（Global Health Division）通过开发新工具，研究新战略，着力于缓解发展中国家的传染病负担，降低儿童死亡风险，从而减少健康方面的不平等。基金会的主要研究方向有：艾滋病、疟疾、肺炎、肺结核等疾病预防及治疗，疫苗的开发与监测，医疗技术的创新发展及疾病模型研究等。

在面对新型冠状病毒（COVID-19）感染这一突发公共卫生事件时，比尔及梅琳达·盖茨基金会已投入超过 20 余亿美元，用于支持新冠病毒检测及追踪、疾病治疗与康复、疫苗开发和生产、疫苗供应及经济复苏等。

（五）全球卫生治理面临的挑战

首先是全球卫生问题政治化，即将卫生议题作为追求政治目标的手段，这一做法与全球卫生治理维护人类健康、促进全球卫生发展的目标背离，阻碍了国际卫生合作的开展。例如，在新冠疫情暴发后，美国个别政客利用疫情攻击中国，骗取政治资本。美国参议员汤姆·科顿（Tom Cotton）多次在没有事实依据的情况下鼓吹新冠病毒"可能来自中国武汉病毒实验室"的阴谋论，遭到了全球专家的反对。

其次是国际卫生合作效果有限。目前，由于全球卫生治理的行为体数量增加，全球卫生治理趋于零碎，在面对突发公共卫生事件时缺乏有效、高效的整体协调机制，造成国际卫生合作的效果不佳。其中，最具权威性的全球卫生治理机构——世界卫生组织由于制度惰性、政策滞后性及资金有限等问题，正面临影响力下降的风险。以 2014 年"埃博拉"疫情暴发为例。由于埃博拉病毒已在 20 世纪被发现，世界卫生组织在面对 2014 年几内亚暴发的埃博拉疫情时出现误判，应对迟缓导致疫情进一步扩散。在"埃博拉"疫情初期，许多国家虽然做出了有效的防控手段及措施，对疫情的控制起到了积极作用，但在这一过程中，各国大多各自为战，少有全球性的卫生合作，可见全球卫生治理的协调机制发挥的作用较为有限，从而限制了国际卫生合作的实际效果。

有学者认为，由于资金和知识的优势，以世界银行为代表的国际组织的全球卫生治理影响力日益增长。[15] 值得注意的是，由于这些国际组织的利益偏好及关注点不同，部分国际组织虽然在某一特定卫生议题中的影响力提升，但在全球卫生治理这一大领域中，全局性的协调机制缺失，为全球卫生合作的整体推进造成了障碍。以世界银行为例，有学者担忧，这一组织在参与全球卫生治理时并不服从世界卫生组织的领导，而是借助自身优势设置新议程，导致"竞争性议程"的形成，加剧全球卫生治理的碎片化。[15] 在 2014—2015 年埃博拉疫情肆虐非洲时，世界银行便没有与世界卫生组织对非洲受疫地区展开协同援助，而是自行组建专家小组评估疫情，并于 2016 年设立了流行病应急融资基金（Pandemic Emergency Financing Facility，PEF），用于援助流行病受灾国家，提升各国疫情应对能力。虽然这些措施有利于全球埃博拉疫情的防控，但也造成了全球卫生治理的资源分散化，不利于全球卫生资源的整合与全球卫生合作的开展。

最后是卫生不平等问题。虽然世界卫生组织等政府间国际组织及许多非政府机构投入了大量的资金用于解决中低收入国家及人群的医疗健康相关问题，但由于这些地区本身存在资金缺乏、技术有限、人才不足等问题,其卫生问题的发生率仍显著高于更为发达的地区和人群。世界卫生组织的数据显示,"最贫困家庭5岁以下儿童死亡率是最富裕家庭5岁以下儿童死亡率的两倍,低收入国家居民的预期寿命比高收入国家低16岁,全球90%的宫颈癌死亡病例发生在中低收入国家"。解决卫生不平等问题是全球卫生治理的重要目标之一,也是全球卫生治理工作面临的严峻现实考验。

二、报道点评

全球卫生治理涉及诸多国际组织、国家政府及非政府组织等之间的合作,其目的是应对全球性的健康挑战。这一领域的新闻报道体现了不同国家和地区对于全球公共卫生议题的关注度和处理方式的差异。

国际媒体对全球卫生治理的报道通常集中在如何通过国际合作应对传染病、慢性病以及环境健康问题等;国际媒体也较多关注用于全球卫生治理的资金流动,以及这些资金如何被用于改善低收入国家的公共卫生状况等;同时,全球卫生治理中的挑战也是国际媒体的焦点之一,如不平等的健康资源分配、全球疫苗接种的差距以及气候变化对全球健康的影响。这些报道揭示了全球卫生治理不仅仅是医疗和科技问题,还涉及政治、经济和社会等因素。

中国的媒体报道则更多聚焦于国内公共卫生体系的建设和发展,以及中国在全球卫生治理中的角色。这包括中国在国际舞台上的合作倡议(如"一带一路"倡议)中的健康卫生合作,以及中国对其他国家在卫生健康领域的援助和支持。此外,国内媒体也常常报道中国在应对国内外健康危机中的经验和策略,以及如何通过这些经验来加强国际合作。

总而言之,关于全球卫生治理的新闻报道反映了一个多维度、跨领域的全球性议题。不同国家和地区的媒体从各自的视角对这一议题进行报道,展现了这一主题的复杂性和重要性。整体而言,国外媒体在报道卫生发展援助等相关话题时的视野更为广阔。以下以"埃博拉病毒的致命逃逸"(节选)这篇新闻报道作为案例。

报道标题: 埃博拉病毒的致命逃逸(节选)
原文标题: *Ebola's deadly escape (excerpts)*
报道媒体: 纽约时报
报道日期: 2014年12月29日
报道简介: 这篇报道回顾了2014年埃博拉疫情在利比里亚的暴发以及抗击疫情的艰难历程。疫情始于一名女性,她前往几内亚接回了患病的姐姐,姐姐随后不久在当地医院去世,这成为埃博拉在利比里亚的首例病例。然而,当地很多医务人员对埃博拉一无所知,导致了疫情的迅速蔓延。报道指出，由利比里亚政府、联合国儿童基金会和非政府组织在疫情早期制作的传单、海报和广播广告等宣传教育不经意间强化了"埃博拉无法治愈"的错误信息，误导了公众，加深了他们对疫情的恐惧。不过，随着时间的推移，利比里亚的抗疫宣传策略不断改进，并强调预防人传人传播的重要性，鼓励患者寻求医疗帮助。在利比里亚全国和国际组织的共同努力下，利比里亚成功控制住了疫情，最终战胜了埃博拉，展现出合作的力量。

报道点评： 2015年，《纽约时报》所有记者被集体授予普利策新闻奖"国际报道奖"以表彰其在报道埃博拉疫情的贡献，本篇"埃博拉病毒的致命逃逸"即为获奖作品之一。作为《纽约时报》的年度疫情报道总结，本文深入分析了几内亚、利比里亚、塞拉利昂等地的疫情发展现状及存在的问题。

在报道的正文中，文章小标题"Struggle to Educate the Public"即点明了目前利比里亚这一非洲国度在面对埃博拉疫情的最严峻问题——教育问题。在文章的前几个段落，作者通过采访并直接引用该国最早感染埃博拉病毒的病患及负责救治的医护人员，反映出利比里亚对埃博拉病毒缺乏基本认识的普遍现状。

接下来，文章引用了世界银行的数据，从侧面点出了利比里亚面临这一问题的现实背景——利比里亚全国超过一半的人口不识字。面对这一问题，利比里亚卫生部等机构组织发放的传单并不能解决这一问题，相反，这些传单加剧了人们对疾病的恐惧。对此，文章直接引用了发放的海报传单上的内容，并结合"无国界医生"这一非政府组织的当地官员和当地医护人员的话语证明这一观点。

相比于疫情最为严重的几内亚，文章认为，利比里亚无疑是幸运的。文章介绍道，利比里亚的医疗系统未被击穿，已无报告病例，并援引了世界卫生组织的疫情报告和利比里亚CDC的官员采访作为有力证据。在结尾，文章运用了"victory was in the air"（"胜利在空气中"）这一双关，并引用了利比里亚卫生部晨会的发言原文作结，暗含作者对利比里亚疫情的乐观态度。

从整体上来看，文章素材丰富，将非洲各国埃博拉疫情的起源交代得十分清楚，也具有较好的引用多方面权威数据的意识。在节选中，文章大量的直接引语降低了文本阅读的难度，从首位患者的个人事例引入，并将其与整个国家抗击疫情的过程相结合，可读性较好。文章在写作过程中也有意识地将非洲各国进行横向比较，分析各国在抗击疫情时的长处和弊端，具有一定国际视野，是一篇极具专业性的报道。

案例撰写：谢林蓉　清华大学外文系
点评专家：唐昆　清华大学万科公共卫生与健康学院副教授

参考文献

[1] 晋继勇. 全球卫生治理的背景、特点与挑战 [J]. 当代世界, 2020(4): 42-48.

[2] 晋继勇. 新冠疫情防控与全球卫生治理——以世界卫生组织改革为主线 [J]. 外交评论(外交学院学报), 2020, 37(3): 23-44, 5.

[3] 黄葭燕, 梁笛, 陆一涵, 等. 后疫情时期中国参与全球卫生治理的SWOT分析与策略建议 [J]. 复旦公共行政评论, 2021(1): 188-205.

[4] 高立伟, 何苗. 人类命运共同体视阈下全球公共卫生治理谫论 [J]. 厦门大学学报（哲学社会科学版）, 2020(5): 163-172.

[5] 高明, 唐丽霞, 于乐荣. 全球卫生治理的变化和挑战及对中国的启示 [J]. 国际展望, 2017, 9(5): 126-146, 172-173.

[6] 刘铁娃. 世界卫生组织在全球卫生治理中的中心地位及其面临的挑战分析 [J]. 太平洋学报, 2021, 29(2): 15-28.

[7] 杨娜. 全球公共卫生难题及其治理路径 [J]. 现代国际关系, 2020(6): 11-18, 61.

[8] 劳伦斯·戈斯汀, 丽贝卡·卡茨, 孙婵. 《国际卫生条例》: 全球卫生安全的治理框架 [J]. 地方立法研究, 2020, 5(3): 1-29.

[9] 吴思, 徐静. 抗击新冠疫情, 改善全球卫生治理 [J]. 中国发展观察, 2021(Z3): 31-32, 41.

[10] 张新平, 代家玮. 上海合作组织参与全球公共卫生治理的动因、困境与路径 [J]. 和平与发展, 2021(1): 37-56, 131-132.

[11] 蔡洁, 俞顺洪. 全球卫生治理重塑中的世界卫生组织 [J]. 上海对外经贸大学学报, 2021, 28(1): 49-63.

[12] 李霞. 世界卫生组织的新困境与再改革——以国际突发公共卫生事件的应对为视角 [J]. 经济导刊, 2021(2): 70-77.

[13] 张慧玲, 赵格格. 新媒体时代非政府组织应对公关危机的策略选择——以中国红十字会"郭美美事件"为例 [J]. 山西大同大学学报（社会科学版）, 2020, 34(6): 125-128.

[14] 刘舒婷. 非营利性组织强化财务实务改革的探究——以中国红十字会为例 [J]. 中国乡镇企业会计, 2022(1): 3-5.

[15] 杨娜, 程弘毅. 国际组织的非核心职能拓展——以世界银行参与全球治理为例 [J]. 世界经济与政治, 2021(10): 4-28, 156.

卫生发展援助

一、概述

（一）卫生发展援助的定义

卫生发展援助（development assistance for health，DAH）是指对低收入和中等收入国家进行财政和实物捐助，以通过关键的卫生管理机构来维持和改善健康。卫生发展援助有利于全球经济发展、人口可持续性和政治稳定。各国在开展卫生发展援助事业时也尤其侧重减少发展中国家的贫困人群、妇女和儿童因易预防、可治疗的疾病造成的死亡和痛苦。在突发公共卫生事件中，卫生发展援助往往对自身无力控制突发事件的受灾国家在短期内最大化减少损失、恢复经济生产，避免因公共卫生问题导致的溢出效应起到了重要作用。虽然卫生发展援助的重要性得到了广泛认同，但对于谁应该承担财政责任和如何最大化利用卫生发展援助，目前国际社会尚未达成充分的共识。[1]

妇女与儿童等弱势群体一直是卫生发展援助的主要援助对象，如表1所示。20世纪八九十年代以来，随着艾滋病病毒日趋流行，艾滋病患者的人数上升，艾滋病的预防与救治也日益成为卫生发展援助的重点关注领域。此外，疟疾、肺结核等传染疾病及当地卫生部门的发展也成为卫生发展援助的重要领域。

表1　1991—2016年卫生发展援助关注的重点领域（%）[2]

领域	1991年	1995年	1999年	2003年	2007年	2011年	2015年	2016年
艾滋病	5.6	6.3	6.9	15.7	28.3	29.5	29.7	25.4
妇孕保健	26.7	24.0	19.2	12.7	9.5	9.5	9.8	10.3
新生儿和儿童健康	14.8	15.4	17.1	17.8	14.6	16.1	17.9	19.1
疟疾	0.7	0.5	1.2	1.9	4.1	5.6	6.3	6.6
卫生部门的发展	8.3	11.1	10.6	9.7	7.0	8.7	7.3	9.6
肺结核	1.0	0.7	0.8	1.8	3.1	3.4	3.4	4.0
其他传染性疾病	2.8	2.2	4.5	5.0	3.9	2.7	3.0	3.9
非传染性疾病	1.3	1.4	1.3	1.2	1.1	1.3	1.3	1.7
其他	38.8	38.4	38.4	34.2	28.4	23.2	21.3	19.4

（二）卫生发展援助的主要类型

1. 派遣援外医疗队

例1：中国自1963年开始派遣援外医疗队以来，助力亚非拉等地区的发展中国家实现全民健康覆盖。截至2018年，中国已累计向69个国家和地区派遣了超过20 000名医护人员。

例2：2015年，世界卫生组织就尼泊尔大地震协调了150余个人道主义组织和130余个外国医疗小组，紧急援助当地受灾民众。

2. 援建医院等基础设施

例1：自1970年起，中国以"交钥匙"的方式共为非洲援建了200多个医疗卫生设施的成套项目，包括综合性医院、流动医院、疟疾防治中心、中医中心、卫生培训和研究中心等卫生机构。[3]

例2：2022年7月15日，美国承诺，向巴勒斯坦奥古斯塔维·多利亚医院提供1亿美元的援助。

3. 捐赠药物和医疗仪器

例1：2020年，新冠疫情肆虐非洲，跨国咨询公司爱非盟（AfriCo）与数家中国企业自愿为埃塞俄比亚等"一带一路"国家捐赠抗疫物资，包括口罩、防护服、新冠检测试剂等。

例2：2014年，联合国安理会授权从约旦、土耳其等叙利亚邻国向叙利亚运送人道主义物资，协同世界卫生组织为战区的叙利亚平民提供救援和帮助。

除以上3种较为常见的卫生发展援助形式外，卫生发展援助还常常以医务人员交流合作、人口和生殖健康领域展开合作、公共卫生领域的援助、紧急人道主义援助和民间卫生志愿服务等形式开展。

（三）卫生发展援助现状

1. 全球概况

有研究显示，1990—2015年，全球共投入了5027亿美元的卫生发展援助资金。从整体来看，卫生发展援助的资金投入呈上升趋势，根据在《柳叶刀》上发表的一篇文章，1990—2017年，卫生发展援助增加了394.7%。[4] 但自2010年起，每年的卫生发展援助支出变化较小，总量停滞不前。[5] 有专家认为，这主要是因为部分发达国家并未能兑现援助承诺，重新分配援助方向和削减援助力度成为常态。出于自身政治利益考量，许多发达国家在承诺卫生发展援助时往往附带政治条件，但由于党派斗争、国家领导层更迭，部分不符合继任者自身政治利益的发展援助承诺最后就变成了"空头支票"。[5]

从整体来看，卫生发展援助极大地促进了全球公共卫生的发展。例如，中低收入国家的人均寿命提升，儿童病死率下降，艾滋病的应对措施增加，很多存在疟疾传播风险的国家的疫情得到了有效控制，针对被忽视的热带病、肺结核等严重影响低中收入国家的疾病的药物研发也取得进展。[1]

2. 中国概况

长期以来，中国在履行其国际义务及参与全球卫生治理特别是向其他国家和地区提供卫生发展援助方面取得了重大进展。从 1963 年开始，中国向发展中国家派遣援外医疗队和捐赠医疗设备及药品。截至 2018 年，中国已先后向 69 个国家和地区派遣过援外医疗队，累计派出医疗队员超过 2 万人次，诊治患者近 3 亿人次。

随着中国综合国力的不断提升及国际地位的不断提高，中国的卫生发展援助形式日益丰富，规模逐步提升。自 20 世纪 70 年代起，中国为发展中国家援建医院等医疗卫生设施。自 2003 年起，中国每年都会定期组织多期卫生技术培训班，吸引发展中国家的医疗卫生技术和管理人员到中国进行培训。近年来，中国卫生援助逐步扩大到了公共卫生领域，面对重大的国际健康突发事件时，中国积极主动地为疫情暴发的国家和地区提供医疗和人道救援。例如，在 2014 年埃博拉病毒肆虐非洲时，中国共为 13 个疫区和周围国家提供了 5 轮援助，包括运输生化安全移动试验室和建立并投入使用固定生化安全实验室，同时超过 1200 名医务工作者向疫区各国进行了增援和协助，来加强疫区国家公共卫生能力建设。此外，中国也积极响应世界卫生组织关于迅速有效部署全球卫生应急队伍的计划和全球登记制度，申报国际应急医疗队，参与世界卫生组织协调的援助活动。

近年来，中国对健康议题关注度不断上升，不断丰富公共卫生方面的理念内涵，为卫生发展援助等全球卫生治理行动的开展提供了理论指导。2016 年 1 月 1 日，随着《联合国 2030 年可持续发展议程》的实施，世界进入了一个新的发展阶段。在《联合国 2030 年可持续发展议程》中，健康作为可持续发展的基础，占有核心地位。中国积极响应《联合国 2030 年可持续发展议程》，推动发展中国家落实健康目标。2016 年，中国召开第 9 届全球健康促进大会、全国卫生与健康大会等重要会议，并发布了《"健康中国 2030"规划纲要》。2017 年，在党的十九大报告中，"健康中国"成为中国的发展战略。2022 年，在党的二十大报告中，再次明确要"推进健康中国建设，把保障人民健康放在优先发展的战略位置"。

（四）卫生发展援助面临的挑战

首先，卫生发展援助面临资金不足的挑战。虽然卫生发展援助的资金投入呈增长趋势，但近10年来却有增长缓慢、停滞不前的趋势。由于资金不足，卫生发展援助整体呈现时长短、援助趋向分散的特征，从长期来看不利于接受卫生发展援助的国家和地区的医疗卫生的可持续发展。

其次，出于种种原因，卫生发展援助不总能到达最需要它的地方。有时，部分援助捐助方并不仅仅出于利他的考量进行捐赠，而往往出于自身利益的考量指定捐助的对象和方式。在有些国家，卫生发展援助成为国家安全政策的一部分，用于控制传染病的传播，或加强捐助国的外交政策和实现其贸易目标，使得部分急需资金援助的国家和地区并不总能获得及时的帮助。

例如，美国的卫生发展援助政策长期与美国国家对外战略保持一致。在布什政府时期，由于"9·11"事件的发生，美国将大量的卫生发展援助投至以色列、伊拉克等与美国反恐需要密切相关的国家；[6]而在特朗普政府时期，"美国优先"的对外战略使得美国相继退出包括世界卫生组织在内的多个多边组织，并停止对多个组织机构的财政支持，影响了卫生发展援助活动的正常开展。[7]

近年来，世界卫生组织各成员国所交纳的会费占总预算的份额持续减少，而自愿捐资所占份额却在持续增加，其中带有条件、不可供世界卫生组织灵活使用的自愿捐款占比较高，且比例仍在不断上升。这在一定程度上影响了世界卫生组织运作的自主性，限制了世界卫生组织卫生发展援助活动的开展。

最后，捐助方的财政情况、捐助方和被捐助方的政治条件等问题使得援助具有不可预测性。有时，部分卫生发展援助的承诺出于种种原因，最终未能兑现。这些"空头支票"是对需要卫生发展援助的国家和地区本就堪忧的卫生发展状况的"二次伤害"，十分不利于当地医疗卫生的可持续发展。

二、资源

（一）政府数据

要查询美国相关数据资源，可登录美国健康数据网站查看美国百余年来的医疗健康数据。进入网站后可以直接搜索关键词"global health governance"或"development assistance for health"，获取卫生发展援助的相关数据信息。此外，也可以登录美国国家医学图书馆下属的美国国家生物技术信息中心。该网站不仅涵盖了诸多科学技术基因库，还有美国国家医学图书馆书籍和报告的馆藏。直接搜索关键词，并选取搜索的范围（如数据库、书籍、报告等），即可得到结果。

要查询欧洲相关的数据资源，可登录欧盟开放数据门户网站（European Union Open Data Portal）进行查询。该网站包含约7900个数据集，支持商业及非商业使用。进入网站后可以单击"Health"板块查看欧盟各机构和欧盟各成员国的卫生相关数据及科学研究，也可以检索关键词查询欧盟的卫生治理现状及相关政策。

要查询英国相关数据资源，可登录NHS健康和社会护理信息中心（NHS Health and Social Care Information Centre）。该网站提供英国国家医疗服务体系（National Health Service, the United Kingdom, NHS）的卫生相关数据，特别是200余份国家统计出版物，涵盖了英国的长期医疗统计数据。在该网站中，也可以查询到英国国家医疗服务体系卫生治理的实时政策和卫生发展援助的相关报道。

要查询中国国内相关资源，可登录国家卫生健康委网站。直接利用关键词搜索即可得到相关新闻动态、文字和视频报道、国际动态及通告公告等。

此外，关于卫生发展援助，还可以重点关注国家卫生健康委国际交流与合作中心。中心主要负责援外项目组织实施、民间国际交流项目组织实施、出国培训组团服务、国际紧急救援组织协调等，网站首页有"中非卫生合作""健康丝路""伙伴关系"等与卫生发展援助密切相关的板块，可以定期查看获取最新相关动态。

（二）国际组织资源

在世界卫生组织网站中，可以单击"健康主题"（health topics）列表中的"资源"（popular）板块，获取"冠状病毒疫情"（coronavirus disease）、"猴痘"（monkeypox）等突发公共卫生事件的发展现状及世界卫生组织的应对措施，以及"干旱"（drought）、"洪灾"（floods）等与全球卫生治理高度相关的议题的事实数据及实况报道。

要进一步了解不同区域的医疗卫生现状及卫生发展援助进展，可以单击"国家"（countries）列表中的"区域办事处"（regions）和"世卫组织与国家的合作"（WHO in countries），获取相关新闻报道。

要查看世界卫生大会的相关决议及会议文件，可单击"关于世界卫生组织"（About WHO）列表的"理事机构"（governance）中的"世界卫生大会"（World Health Assembly）板块，了解1998年起至今的会议文件。

此外，世界卫生组织的资金来源、预算支出及财政报告等均可通过英文版世界卫生组织的"About WHO"列表中的"Funding"板块查询。

联合国儿童基金会网站则主要从儿童这一群体出发，介绍面向儿童的卫生发展援助。

可在中文页面的"儿童生存"列表下的"卫生"和"艾滋病病毒和艾滋病"板块或英文页面"WHAT WE DO"下的"Health"板块中浏览实践概况、联合国儿童基金会的应对措施、相关数据资料及新闻报道等。

在经济合作与发展组织网站中，单击"Topics"列表下的"Health"板块，即可查看经济合作与发展组织在健康数据管理（health data governance）、公共卫生（public health）、全民健康覆盖（universal health coverage）等领域的文件及发布刊物，如《2022年经合组织卫生统计》（OECD Health Statistics 2022）等。此外，该网站还支持用关键词搜索该组织的国家卫生健康图表数据，包括人均医生数量、人均医疗资源等。

国际非营利组织美国北卡三角洲国际研究院（RTI INTERNATIONAL）的网站中"Practice Areas"列表下的"Health"板块提供公共卫生和福利、健康公平等主要研究领域的研究项目及成果介绍。此外，该网站还提供部分学术会议资料，如2022年美国全国健康传播、营销和媒体会议（National Conference on Health Communication, Marketing and Media 2022）。

对外援助研究与交流（Research and Communication on Foreign Aid，ReCom）是联合国大学与丹麦国际开发合作署和瑞典国际开发合作署联合创办的研究项目。该项目的主要研究方向是全球治理和发展援助，在其联合国大学世界发展经济学研究所官网中的"Health"板块下可以查询到2015年及其以前的卫生发展援助全球数据。

（三）学术研究资源

BioMed Central（BMC）是施普林格·自然（Springer Nature）旗下机构，经营的期刊包括《BMC生物学》（*BMC Biology*）、《BMC医学》（*BMC Medicine*）、《疟疾杂志》（*Malaria Journal*）及《微生物组》（*Microbiome*）等共243份期刊。BMC官方网站上详细地介绍了新型冠状病毒感染等突发公共卫生事件的最新研究，大部分为开放获取。可直接在搜索栏里输入"global health governance 或 development assistance for health"获取相关的期刊文章。

此外，华盛顿大学卫生计量与评估研究所（Institute for Health Metrics and Evaluation，IHME）致力于各类疾病的全球健康负担统计、公共卫生模型研究及数据统计，IHME的官方网站上刊登了该研究所的部分研究，包括政策分析、疫情预测等，大多附有图表，选择图表还可查看具体数据。例如，在该网站刊登的专题文章"Financing Global Health"中，即可查看2020年部分国家在卫生发展援助方面投入资金去向的图表。

国外学术期刊中，可以重点关注《全球化与健康》（*Globalization and Health*）和《健康事务》（*Health Affairs*）。*Globalization and Health*是BMC旗下的出版物，2011

年进入期刊引证报告（journal citation report，JCR）分区，属于社会科学引文索引（social sciences citation index，SSCI）和科学引文索引扩展版（science citation index expanded，SCIE）期刊，2021年期刊影响因子（journal impact factor，JIF）指数为10.432，期刊引文指标（journal citation indicator，JCI）指数为1.61，在公共卫生领域属于Q1类期刊。Globalization and Health 主要关注全球化背景下的公共卫生，与卫生治理的关联度较高。

Health Affairs 是 PROJECT HOPE 旗下的出版物，1997年进入JCR分区，属于SSCI和SCIE期刊，2021年JIF指数为9.048，JCI指数为2.75，在卫生政策领域属于Q1类期刊且排名第一，1年发表12期。Health Affairs 主要关注卫生政策和卫生服务研究，属于卫生治理领域的顶级刊物。

国内学术期刊中，可以重点关注《中国卫生政策研究》和《中国公共卫生》。《中国卫生政策研究》由中国医学科学院主办，于2008年创刊，属于核心期刊、日本科学技术振兴机构数据库（Japan Science and Technology Agency，JST）来源期刊、中国科学引文数据库（Chinese Science Citation Database，CSCD）来源期刊、期刊世界影响力指数（World Journal Clout Index，WJCI）期刊，2021年复合影响因子为2.487，刊载医疗保障、药物政策、卫生服务研究、全球卫生及卫生资源配置等领域研究，研究对象有中国、美国、欧盟等国家和地区，研究范围较广，文章质量较高。

《中国公共卫生》由中华预防医学会和辽宁省疾病预防控制中心主办，于1985年创刊，属于核心期刊、化学文摘（Chemical Abstracts，CA）、JST、CSCD、WJCI期刊，2021年复合影响因子为2.318，刊载流行病学、公共卫生等领域研究，对艾滋病和传染病的研究较为深入，为全球卫生治理及卫生发展援助的相关科研提供了中国医疗卫生科研者的独特视角。

三、报道点评

（一）国外

虽然"全球卫生治理"的概念于20世纪90年代才被提出，但1948年世界卫生组织的成立与发展已经将"全球卫生治理"的概念运用于实际中，两者的宗旨高度一致。在报道与卫生发展援助这一与全球卫生治理高度相关的领域时，许多国外媒体将目光对准了世界卫生组织开展的一系列调研及活动，积极联系世界卫生组织的官员进行采访，引用该组织的调研数据。

时至今日，许多国外媒体与世界卫生组织保持着良好的关系，在报道相关新闻时会大量选择使用世界卫生组织的图表和数据，许多新闻媒体的官方网站甚至在互联网报道中插入了世界卫生组织的官方链接及捐款渠道链接。可以说，国外在报道这一领域的相关新闻时，充分体现了世界卫生组织在卫生发展援助中的核心职能与作用。此外，许多主流媒体也并没有一味肯定与赞扬世界卫生组织的行动，而是具有一定的批判性，例如，2015年，法新社等具有一定影响力的媒体纷纷披露世界卫生组织在西非埃博拉疫情中判断失误和防控不力，彰显了国外主流媒体在公共卫生领域的责任担当。

值得注意的是，外国媒体在报道卫生发展援助领域的新闻时有时会受到意识形态及文化思想的影响，将其与人权问题、国际政治问题相关联。由于这一领域与"全球卫生发展""可持续发展"等领域高度相关，有些媒体也会将"卫生发展援助"与可持续发展问题相关联。整体而言，国外媒体在报道卫生发展援助等相关话题时，公共医学的专业度较高，内容的类型也相对多元。以下以"一位埃博拉患者的生存奇迹"新闻报道作为案例。

报道标题：一位埃博拉患者的生存奇迹
原文标题：*An Ebola survival miracle*
报道日期：2020年1月20日
报道简介：该报道讲述了一名六岁男孩奈利在刚果民主共和国布特姆博的埃博拉治疗中心经历的生命奇迹。奈利感染埃博拉后，病情急速恶化，医生几乎失去了对他的信心。然而，在经过35天的紧急治疗和护理后，奈利成功康复，成为一名埃博拉幸存者。报道还介绍了治疗中心内的"摇篮曲"工作者杰曼。他曾感染埃博拉病毒并已产生了抗体，通过陪伴和支持帮助奈利渡过难关。这个感人的故事展现了联合国儿童基金会医护团队的不懈努力及其在埃博拉疫情防控中的重要性。奈利的幸存故事是对生命的庆祝，也是对埃博拉幸存者和护理者的感人致敬。

报道点评：这篇刊载于联合国儿童基金会官方网站的新闻报道篇幅并不长，但语言动人，情感真挚。

文章的出发点十分独特，主要篇幅讲述了一个小男孩的故事，以小见大，讲述了联合国儿童基金会抗击埃博拉病毒的动人故事。不同于大部分采取宏观叙事角度的报道，这类聚焦"小人物"的报道虽然弱化了全球卫生治理的宏观作用，削弱了卫生发展援助的存在感，但能够让读者更加真切地感受到埃博拉疫情对人们生活的影响，从一个更直观的角度增强对全球卫生治理概念的了解。

文章主要分为两部分。第一部分是小主人公奈利的故事，在第一段就通过倒叙将读者拉回医院的场景，制造悬念。然后作者将奈利被感染的缘由娓娓道来，其间还介绍了当地较为独特的"摇篮曲"("lullaby")工作人员。这些工作人员感染过埃博拉病毒并产生了抗体,在治疗中心负责舒缓患者的情绪。文章插叙了一段工作人员杰曼的经历和对奈利的祝福,烘托出一种温情氛围。接下来,作者介绍了奈利的患病情况,并对埃博拉感染者的不同时期的症状进行了科普。其中,奈利的埃博拉晚期诊断及相关症状既呼应了第一段的悬念,也与后文奈利康复形成反差,扣合"一位埃博拉患者的生命奇迹"的标题。文章并没有过于详细地描写治疗过程,而是对联合国儿童基金会在当地发挥的作用进行了简单的阐释。在这一部分的最后,文章直接引用了康复后的奈利天真的话语,并从家人及医护人员的反应等多个侧面烘托氛围,为这个故事画上了完美的句号。

在第二部分,文章列举了大量与抗击埃博拉疫情有关的数据,如康复人数等,是联合国儿童基金会向刚果民主共和国等非洲国家提供紧急卫生发展援助有效应对埃博拉病毒这一突发公共卫生事件的重要证据。最后,新闻又回归温情,直接引用杰曼的话语,既是对这一新闻事件的总结,也表达了以杰曼为代表的当地人民抗击埃博拉病毒的态度决心。杰曼的"But he made it"("但他做到了")既是对奈利的坚强意志的褒扬,也是对联合国儿童基金会当地援助工作的肯定。

整体来看,这篇新闻报道传递了积极向上的援助精神,没有太多华丽的辞藻,却胜在情感细腻真挚,体现了联合国儿童基金会的人文关怀与责任担当。

(二)国内

在国内关于"卫生发展援助"等领域的相关报道中,国内对非洲许多国家的卫生发展援助占了较大的比重。目前,报道整体局限于国内卫生发展援助的开展情况,对国外卫生援助的报道严重不足,与国际卫生发展援助的互动较少。从选题上来看,媒体对援外医疗队的关注远高于其他卫生发展援助形式,且偏好塑造援助医疗队典型个体或人群,以真挚情感打动读者。值得注意的是,媒体对于中非友谊的塑造及对非洲人民的生活习惯的夸张易于强化读者对"非洲"的刻板印象。

事实上,自新中国成立以来,中国便积极向各发展中国家提供包括中医药在内的各种形式的援助,先后投入了大量的资金与人才储备参与援助有需要的国家和地区。更重要的是,中国在进行卫生发展援助的实践中逐步探索出与西方并不完全相同的卫生发展援助指导理念。1964年,周恩来总理提出了"国际经济技术援助的八项原则",对中国的国际援助具有方针性的指导作用。[3] 2013年,习近平总书记提出的"构建人类命运共同体"的理论是新时代卫生发展援助工作者们的信念支撑。因此,媒体在报道相关事件时,也应注意发掘中医药援助等具有中国特色的援助形式和内容的亮点,充分展现中国卫生发展援助的理念与思想。

此外，在报道突发公共卫生事件时，媒体还应承担给疾病"祛魅"的工作，用客观严谨的文字和经过查证的专业知识，破除民众对疾病的误解，引导读者建立对疾病的正确认知，避免不必要的恐慌情绪，建立对全球卫生治理体系的信心，树立人类命运共同体意识。以专访报道《专访援助西非埃博拉中国专家：6大原因导致疫情蔓延》为例，看看《生命时报》如何给埃博拉病毒"祛魅"。

报道名称： 专访援助西非埃博拉中国专家：6大原因导致疫情蔓延
报道媒体： 生命时报
报道日期： 2014年10月24日
报道简介： 这篇报道专访了多名中国专家，既介绍了疫情现状及其社会影响，同时也普及了埃博拉的传播途径、感染症状及防控措施。报道指出，疫情在几内亚、利比里亚、塞拉利昂等地失控，病毒传播已经超过历史上的任何一次暴发，死亡人数迅速上升。疫情导致当地社会动荡，当地食物和生活用品短缺，许多患者死于街头。报道列出了此次疫情蔓延的6大原因，包括病毒致死率高、交通加速病毒传播、当地公共卫生条件恶劣、民众健康素养低、政府反应迟缓以及国际援助不及时等，并对大众可能产生的问题和疑惑进行了解答。

报道点评： 本文主要分为5个部分，逻辑清晰，语言简洁明了，具有专业性。

第1部分中，作者对埃博拉疫情进行了简单的介绍，引用世界卫生组织的数据，指出当前埃博拉疫情的严峻程度。

第2部分中，作者通过描写援非医生么改琦和无国界医生组织的宣传人员何丽庭的所见所闻，再现了非洲抗击疫情的场景，点出了目前埃博拉疫情对当地人民的严重影响，并通过列举世界卫生组织宣布的感染死亡人数和美国东北大学的建模数据，让读者对当地的疫情有了更加直观的体验。

第3部分中，文章主要回应了一个问题——"隐匿于非洲数十年的埃博拉病毒，为何在今年如此猖狂？"通过多方的采访及求证，文章总结出了六个原因——病毒致死率高、公共卫生太差、交通加速病毒传播、民众健康素养很低、政府不够重视、国际力量介入太晚，每个原因单独成段，每段均运用了"主题陈述＋证据"的写作方式，论证具有一定逻辑，增加了说服力。

第4部分中，文章采访了武汉大学医学病毒学研究所副所长杨占秋、北京地坛医院感染一科主任陈志海及中日友好医院感染疾病科主任徐潜，以一问一答的方式解答了大众对埃博拉可能产生的疑问。在这一部分中，多位专家的出现保证了文章的专业性，设置的疑问亦由浅入深，从最为简单的"埃博拉是什么""埃博拉如何传播"到"埃博拉会传到中国吗""如何防范埃博拉"，问题的选择巧妙地抓住了民众对埃博拉疫情的关注点，整体语言非常简洁，对读者而言几乎没有阅读障碍，在保证专业性的同时也没有牺牲可读性。

第 5 部分中，文章阐释了其他国家防范埃博拉病毒的措施。由于文章主要面对国内受众，这一部分的篇幅有限，着重从范围广度（美国、法国及德国）的角度增强民众对全球卫生治理体系的信心，并在结尾强调了我国针对埃博拉疫情的卫生发展援助的主要措施。

整体而言，这篇报道在普及埃博拉病毒相关知识方面十分用心，较好地把握了受众的心理，多名专家的访谈与采访增加了整篇文章的说服力，简洁易懂的文字也增强了文章科普的效果，是一篇广度和深度兼具的报道。

案例撰写：谢林蓉　清华大学外文系
点评专家：唐昆　清华大学万科公共卫生与健康学院副教授

参考文献

[1] JAMISON D T. Disease Control Priorities, 3rd edition: improving health and reducing poverty[J]. The Lancet, 2018(10125): 391.

[2] 高明，唐丽霞，于乐荣. 全球卫生治理的变化和挑战及对中国的启示 [J]. 国际展望，2017, 9(5): 126-146, 172-173.

[3] 王云屏，梁文杰，杨洪伟，等. 中国卫生发展援助的理念与实践 [J]. 中国卫生政策研究，2015, 8(5): 37-43.

[4] The Lancet: 1995—2015 年 188 个国家卫生支出及发展援助 [J]. 中国卫生政策研究，2018, 11(6): 80.

[5] DIELEMAN L J, SCHNEIDER T M, HAAKENSTAD A, et al. Development assistance for health: past trends, associations, and the future of international financial flows for health[J]. The Lancet (British edition), 2016, 387(10037): 2536.

[6] 周玉渊. 美国国际发展合作新战略探析——兼论其对中国的影响 [J]. 太平洋学报，2019, 27(12): 1-14.

[7] 杜炎秋，胡凯，梁笛，等. 美国近 20 年实施对外卫生援助的情况分析 [J]. 中国卫生政策研究，2022, 15(6): 60-66.

艾滋病

一、概述

(一)"艾滋病"的定义

"艾滋病"在医学领域的专业名称是获得性免疫缺陷综合征（Acquired Immunodeficiency Syndrome，AIDS），是由HIV引发的慢性传染病，1981年于美国洛杉矶首次被发现。

HIV主要侵犯人体的免疫系统，包括$CD4^+T$淋巴细胞（$CD4^+T$淋巴细胞是人体内的一种具有免疫功能的细胞，是可直接反映机体免疫力的指标）、单核巨噬细胞和树突状细胞等，主要表现为$CD4^+T$淋巴细胞数量不断减少，最终导致人体细胞免疫功能缺陷。[1]

从初始感染HIV到终末期是一个较为漫长的过程，根据感染HIV后的临床表现及症状、体征等，HIV感染的全过程大致可分为急性期、无症状期和艾滋病期3个阶段。[1] 急性期通常发生在感染HIV的6个月内，大多数患者临床症状轻微，持续1~3周后可自行缓解；无症状期持续时间一般为4~8年，可从急性期进入，或无明显急性期症状而直接进入；感染HIV后的终末阶段则被称为艾滋病期。[2] 需注意，机体最初感染HIV时只能称作艾滋病病毒携带者，虽仍具传染性，但尚不是艾滋病患者。

艾滋病的传染源同时包括HIV感染者和AIDS患者。HIV主要存在于传染源的血液、精液、阴道分泌物、胸腹水、脑脊液、羊水和乳汁等液体中。[2]

艾滋病传播途径多样，主要有经性接触（包括不安全的同性、异性和双性性接触）、经血液及血制品（包括共用针具静脉注射毒品、不安全规范的介入性医疗操作、文身等）以及经母婴传播（包括宫内感染、分娩时和哺乳传播）三种途径，[2] 其中，以经性传播为主。[3] 男男同性性行为者、静脉注射毒品者、与HIV/AIDS患者有性接触者、多性伴人群、性传播感染（sexually transmitted infections，STI）者均为艾滋病的高风险人群。[2]

（二）艾滋病的危害

艾滋病是目前人类面临的最主要的公共卫生问题之一，对人类生命健康构成了严重威胁。

联合国艾滋病规划署（The Joint United Nations Programme on HIV/AIDS，UNAIDS）统计数据显示，截至 2021 年年底，全球现存活艾滋病病毒感染者和病人（简称 HIV/AIDS 患者）3840 万，当年新发 HIV 感染者 150 万、艾滋病相关死亡者 65 万。联合国第七任秘书长科菲·安南（Kofi Annan）就曾将艾滋病形容为"真正的大规模杀伤性武器"，甚至直言："艾滋病每天都在非洲制造一次'9·11'事件。"[4] 2020 年，中国报告存活 HIV/AIDS 患者 105.3 万例，报告新增 HIV/AIDS 患者 13.2 万例。[3]

艾滋病的危害可大致划分为生理和心理两类。首先，在生理上，HIV 感染会诱发多种机会性感染和肿瘤；其次，在心理上，HIV/AIDS 患者还极可能经受多种艾滋病歧视。

1. 生理影响

1）常见机会性感染

常见的机会性感染有卡氏肺囊虫肺炎（pneumocystis carinii pneumonia，PCP）、结核病、巨细胞病毒感染（cytomegalovirus infection，CMV）等。

PCP 型肺炎是非常重要的机会感染症，是艾滋病最常见的并发症和艾滋病患者主要死亡原因之一。结核病可能出现在任何 $CD4^+T$ 淋巴细胞计数水平的 HIV/AIDS 患者中。[2] CMV 感染是 HIV/AIDS 患者最常见的疱疹病毒感染。[2] CMV 属疱疹病毒，为 DNA 病毒，可侵犯患者多个器官系统，包括眼、肺、消化系统、中枢神经系统等，其中 CMV 视网膜脉络膜炎最为常见。[2]

2）艾滋病相关肿瘤

艾滋病相关肿瘤主要包括非霍奇金淋巴瘤及卡波西肉瘤二者。肿瘤的确诊需要依赖病理活检；肿瘤的治疗则需要根据病情给予个体化综合治疗，包括手术、化疗、靶向治疗、免疫治疗、介入和放疗等。肿瘤诊治需提倡多学科合作诊治模式（muti-disiplinary team，MDT）的应用，应与肿瘤科、介入科、病理科、外科专家一同制定诊治方案。在治疗过程中要注意预防各种并发症尤其是感染的发生。[2]

2. 心理影响

艾滋病不单是公共卫生问题，更是社会问题。HIV/AIDS 患者有可能经受多种艾滋病歧视。

UNAIDS《识别 HIV/AIDS 相关歧视草案》(2000)中将"HIV/AIDS 相关歧视"定义为"根据确定或可疑的 HIV 血清学或健康状况在同样情况下给予不公平的区别对待"[5]，并称 HIV/AIDS 歧视是"恣意歧视（arbitrary discrimination）"。[6]

艾滋病歧视在很大程度上将会增强 HIV/AIDS 患者的自杀概率，同时减少 HIV/AIDS 患者和高危人群参与自愿咨询、检测及获取卫生服务的意愿。此外，艾滋病歧视还会降低 HIV/AIDS 患者抗病毒治疗的依从性（也称顺从性、顺应性，指病人遵照医嘱行动的程度），对艾滋病预防工作的开展构成阻碍。有数据显示，在曼谷的艾滋病患者中，非自然死亡者占 16.4%，[7] 中国的 HIV/AIDS 患者自杀意念和自杀未遂的发生率则分别高达 34.1% 和 8%。[8]

艾滋病歧视按主体划分可大致有以下三类，即 HIV/AIDS 患者的内化歧视、非 HIV/AIDS 患者的个人歧视和医务工作者的职业歧视。

HIV/AIDS 患者的内化歧视主要指他们接受与 HIV/AIDS 有关的消极信念和感觉，[9] 从而产生羞耻、内疚和无价值感。

非 HIV/AIDS 患者对于 HIV/AIDS 患者的歧视通过 3 种主要方式体现，对 HIV/AIDS 患者的负面情绪、感受及个人偏见，通过偏见行为表达歧视和以 HIV/AIDS 患者群体为基础的刻板印象及刻板印象的信念。[10] 有研究提示，超过 30% 的人认为感染了艾滋病的儿童不应该与其他孩子在同所学校学习，超过 2/3 的人不愿意与 HIV/AIDS 患者同室生活，50% 的人不愿意与其共同进食。[11]

职业歧视则主要体现为医务工作者拒绝为 HIV/AIDS 患者提供治疗、区别对待、在不知情的情况下检测 HIV、拒绝将 HIV 测试结果通知本人，就医限制及强制性扣留或隔离，向性伴和亲属强制性通知 HIV/AIDS 状况和泄密。[9] 土耳其的一项研究成果表明，医生和护士是对 HIV/AIDS 患者侮辱和歧视的主要源头。[12]

（三）艾滋病防治

艾滋病防治任重而道远。UNAIDS 在 2014 年提出了到 2030 年全球终结艾滋病流行的目标，确定了在 2020 年将全球新发感染数降低到 50 万，艾滋病相关死亡降低到 50 万，实现艾滋病检测发现、治疗覆盖和病毒有效抑制达到 90% 的 3 个阶段性目标。然而，根据最新的报告，2020 年的这些重要目标却未能如期实现，这无疑反映了艾滋病防治的复杂性、艰巨性和长期性。[3]

1. 预防措施

避免和减少易感染艾滋病危险行为，尤其是不安全性行为，是预防控制艾滋病的核心策略。[2]

具体预防措施可包括：正确使用安全套，采取安全的性行为；不吸毒，不共用针具；推行无偿献血，对献血人群进行 HIV 筛查；加强医院感控管理，严格执行消毒制度，控制医院交叉感染，预防职业暴露与感染；控制母婴传播等等。[2]

在知情同意和高依从性的前提下，对感染 HIV 的高风险人群可提供抗病毒药物来进行暴露前预防（pre-exposure prophylaxis，PrEP）和暴露后预防（post-exposure prophylaxis，PEP）。[13] PrEP 具体是指通过持续服用特定的抗病毒药物，使药物在血液中保持一定的浓度，当病毒进入身体后将其消灭，达到预防艾滋病病毒感染的目的。PEP 则是针对近期（72 小时内）发生 HIV 暴露风险的个体，通过连续服用特定的抗反转录病毒药物 28 天从而降低本次感染风险。[2]

2. 扩大检测

尽早发现感染者、尽快开展抗病毒治疗，实现病毒有效抑制是全球终结艾滋病流行的重要策略之一。这要求我们必须要扩大检测范围，促进主动检测和尽早检测，最大限度发现感染者。在"三个 90%"的艾滋病防治的基础上，联合国于 2021 年提出了在 2030 年前实现"三个 95%"目标，其中便包括 95% 的 HIV 感染者能得到确诊。[3]

未被诊断发现的 HIV 感染者，特别是急性期感染者，是导致 HIV 感染传播的重要原因。研究表明，美国约 1/3 以上的 HIV 新发感染来源于已感染 HIV 但未被诊断发现的感染者。[3] 数据显示，2020 年，全球存活 HIV 感染者中就有 16% 未被检测发现。[3]

对个体而言，及早发现 HIV 感染意味着可尽早开启抗病毒治疗。有研究结果显示，随着近年来治疗覆盖率不断提高，艾滋病相关的发病和死亡主要出现在晚发现的感染者。[3] 与此同时，知晓 HIV 感染状况还可以促使个体采取降低传播风险的行为。

对群体而言，扩大检测、早检测早治疗能够大幅降低高风险群体或社区的病毒载量水平，降低 HIV 传播力，从而预防 HIV 传播。[3]

3. 治疗和病毒抑制

HIV 感染是一种被认为慢性、可控制的疾病。抗逆转录病毒疗法（antiretroviral therapy，ART，俗称"鸡尾酒疗法"）是目前治疗艾滋病最有效的方法。抗病毒治疗不仅能提高艾滋病患者生命质量，同时也能有效降低艾滋病的传播。[3]

ART 的目标之一是重建机体免疫。启动 ART 后 1 年内，机体内的 $CD4^+T$ 淋巴细胞计数应与治疗前相比增加 30% 或增长 100 个 $/\mu L$。[2] 这将有助于降低 HIV 感染的发病率和病死率、减少非艾滋病相关疾病的发病率和病死率，使患者获得正常预期寿命、提高生活质量。

大多数患者在接受 ART 后，其机体血浆病毒载量 4 周内会下降一个 log 以上，在治疗后的 3~6 个月，病毒载量应低于检测下限。[2] "Undetectable=Untransmittable"（检测不到 = 不传播，也即"治疗即预防"）。HIV 感染者血浆病毒载量无法被检测（低于检测下限即无法被检测）意味着艾滋病病毒将不会通过性行为等被该患者传染给其他人。

4. 媒体在艾滋病防治中的作用

宣传教育是预防艾滋病的"社会疫苗"。[3] 媒体在向大众科普艾滋病知识，提升公众应对意识等方面大有可为。

有学者曾对艾滋病高危人群 PEP 的使用意愿进行研究，认为"PEP 认知对 PEP 使用意愿的影响最大"，并提出，"在艾滋病高危人群的健康教育中应充分利用网络媒体等多种渠道，有针对性地传播 PEP 知识"。[13] 在扩大检测方面，学者认为，除应普及基层检测点、开展快速检测外，还应大力宣传个人健康责任等理念。还有学者指出，新媒体的出现将有助于提高感染者的治疗依存性，从而提升治疗效果。[3] 他们在中国招募了 120 名艾滋病感染者，并开展了随机对照试验，对干预组实施短信提醒服务 4~9 个月。试验结果证明，手机短信提醒的方式可以有效提高这一人群的抗病毒治疗的依从性。[14]

此外，在提升公众的思想意识、消除艾滋病内化歧视、个人歧视和职业方面，媒体依旧可有所作为。例如，现阶段，国内媒体关于内化歧视的报道数量较少，而且较多仅从单一角度分析内化歧视的影响因素，仍有可提升之处。[9]

5. 小结

迄今为止，针对艾滋病，人类尚未研发出可用于人体预防接种的疫苗。同时，虽说 ART 疗法可以降低 HIV 病毒感染者血浆病毒载量、重建机体的免疫系统，有效降低艾滋病的传播和延长患者生存时间，但毕竟难以根治。因此，在临床效果有限的前提下，公共卫生领域的相关措施在艾滋病防治工作中应得到足够的重视，需明确艾滋病防治中媒体宣传的重要地位。此外，艾滋病仍在全球蔓延。欲顺利实现 UNAIDS 提出的到 2030 年终结艾滋病全球大流行的目标，需要国际社会联合起来，积极促进国际合作的展开。

二、资源

（一）机构

1. 世界卫生组织

联合国下属的世界卫生组织是国际上最大的政府间卫生组织，总部位于日内瓦。
在世界卫生组织官网选择"Health Topics"搜索"HIV/AIDS"即跳转至"艾滋病"

专栏，读者可在该网页中浏览全球艾滋病感染、死亡数据，查阅部分国家的艾滋病状况，以及查看世界卫生组织在艾滋病问题上的应对措施、指导意见，等等。

2. 联合国艾滋病联合规划署

UNAIDS 是由世界卫生组织、联合国儿童基金会、联合国开发计划署、联合国人口基金、联合国教科文组织和世界银行 6 个联合国组织联合组成，总部位于瑞士日内瓦。

UNAIDS 的主要任务为协助各国制定艾滋病防治的政策措施，在研究和医疗技术方面给予相应合作，并更加有效地指导和协调有关国际机构对艾滋病的预防和调查研究工作，降低个人和社区（及特殊人群）对艾滋病的脆弱性和易感性，减轻艾滋病流行所造成的影响。

在 UNAIDS 官方网页中，读者可获知该机构的基本情况、现有行动（包括发布"全球艾滋病防治进展报告"等）及目标等，同时读者亦可在主页上发现全球艾滋病感染、死亡等实时数据，并获取部分资源（包括出版物、新闻报道等）。

另，UNAIDS 中国站的网址为：http://www.unaids.org.cn。

3. 国际艾滋病协会

国际艾滋病协会是一个由艾滋问题专家组成的独立机构，从不同的方面应对艾滋病问题，是国际艾滋病大会和国际艾滋病协会关于艾滋病病毒的感染、治疗和预防会议的主办机构，成员主要包括科学家、临床医生、公共卫生政策专家和战斗在艾滋病疫情最前线的工作者。官方网址为：https://www.iasociety.org。

4. 中国疾病预防控制中心性病艾滋病预防控制中心

中国疾病预防控制中心性病艾滋病预防控制中心简称"艾防中心"，是中国疾病预防控制中心下属的一个二级单位，前身是中国预防医学科学院所属卫生部艾滋病预防控制中心，于 1998 年 7 月成立，是经国务院批准的艾滋病预防控制专业机构。官方网址为：https://www.chinaaids.cn。

5. 中国性病艾滋病防治协会

中国性病艾滋病防治协会 1993 年 11 月 30 日成立于北京，成立初衷是动员社会力量配合有关单位实行综合治理、齐抓共管，实现预防与控制的目的。

该机构的主要职责是：①组织协调多部门、多行业、多领域的社会团体和各界人士，协助政府积极开展性病、艾滋病的社会防治；②积极开展防治性病、艾滋病的科学知识的普及工作，提高公民防护意识；③面向社会开展健康教育及咨询服务；④开展性病、艾滋病防治学术交流活动；⑤组织重点学术课题的研究与科学考察；⑥开发推广性病、艾滋病防治的新技术新方法，提供信息及技术咨询服务；⑦编辑出版性病、艾滋病专业期刊、书籍、科普读物、宣传品及音像资料；⑧为政府部门制定性病、艾滋病防治措施、政策与法规提供咨询意见和科学依据；⑨评审奖励性病、艾滋病防治工作的先进工作者、优秀科技成果及论著；⑩维护性病、艾滋病患者的合法权益，使其免受社会歧视；⑪发展建立国际合作，促进国内外学术交流等。

官方网址为：http://www.aids.org.cn。

（二）其他网站资源

1. 全国艾滋病信息资源网络

全国艾滋病信息资源网络（China HIV/AIDS Information Network，CHAIN）是一个全国性的、政府的、非政府组织和国际组织共同参与的信息交流与共享平台，成立于2001年。CHAIN的工作目标是促进中国艾滋病防治领域相关信息交流与资源共享，推广最佳实践经验，加强政府组织、非政府组织、媒体、民间团体以及企业等社会多部门之间的信息沟通与合作。

2. U=U 社区抗击艾滋病协作网络

U=U社区抗击艾滋病协作网络（U=U China AIDS Community Network，UCAN）是中国目前一民间社会抗击艾滋病协作网络及公益平台，旨在联合社区之力，感召各方帮助受艾滋病影响的人群，加强共同倡导与协作，挽救生命，消除艾滋病和艾滋污名的双重流行。

3. 艾滋病病毒特定旅行和居住限制全球数据库

艾滋病病毒特定旅行和居住限制全球数据库是一个感染者出入境各国的一站式信息平台，收集汇总了各国对于HIV感染者出入境的相关信息。

（三）学术期刊资源

国外学术期刊方面，可重点关注《柳叶刀·艾滋病》（*The Lancet HIV*）。

该刊发表的文章为HIV感染者在临床医学、流行病学和正规操作流程方面提供了一个统一的健康认知，以全方位的视角呈现出艾滋病这一全球流行病的全貌。

国内期刊中，读者可重点关注《中国艾滋病性病》（原名为《中国性病艾滋病防治》，

2003 年更名）。

该刊是由国家卫生健康委主管、中国性病艾滋病防治协会主办的国内唯一专门介绍艾滋病预防与控制最新科研动态、成果和有关信息的学术期刊，主要刊登艾滋病及性病流行病学、病原学、诊断、预防和治疗研究的工作论文。刊物的主要任务是介绍中国国内外艾滋病性病研究进展；面向全社会宣传艾滋病性病的预防知识；介绍中国国内外有关艾滋病性病流行趋势的最新动态；推广、介绍艾滋病性病防治的新技术和新方法。

三、报道点评

（一）国外

国外媒体的艾滋病报道已进入成熟阶段，报道议题囊括研究进展、宣传防治、疫情报告与个案报道，总体而言，内容丰富。

从报道体裁来看，国外媒体深度报道、调查性报道居多，同时也更加重视对艾滋病防治的评论。从议题内容上看，国外媒体在重视防治工作与疫情报告的同时，对研究进展、政策法规、个案报道和宣传活动这 4 类议题的报道较为均衡。从消息来源上看，国外媒体除重视来自政府和专业人士的信息外，还将艾滋病感染者及家属视为重要的消息来源。在报道的图片应用方面，国外媒体较为擅长使用图片，并且图片内容多为艾滋病患者的真实生活状态。

值得一提的是，有学者认为，西方媒体在报道亚非国家时经常进行选择性报道，报道部分真实但整体失实的情况时常发生，报道内容多为负面。[15] 西方媒体对亚非国家或地区的报道数量超过了对本国艾滋病疫情现状的报道，且标题导向性明显。西方媒体对亚非国家的刻板印象彰显无遗。

报道 1

报道标题：得不到实质性援助的艾滋病患者

原文标题：Sick with AIDS and without real aid

报道媒体：纽约每日新闻

报道日期：1985 年 11 月 6 日

报道简介：美国佐治亚州一位农场主的儿子在大学时第一次意识到自己是一位同性恋者。为了在家人、朋友乃至邻里面前保守住这个秘密，他决定逃离到纽约生活。在纽约的几年时间内，有着不止一位性伴侣的他遗憾地被确诊感染艾滋病。在那个年代，他的父母都无法理解这种疾病，社会也对艾滋病缺乏相应的保障措施。这位主人公在纽约生活得非常艰难，他必须要顶着日益衰弱的躯体坚持上班以偿还数量庞大且在日益增长的医疗账单。

报道点评： 这篇评论报道从艾滋病感染者的视角切入，讲述了20世纪80年代艾滋病流行初期一位年轻人的患病经历。整篇报道虽然语言较为平和，但透露出些许伤感，能让我们切实感受到感染艾滋对个体乃至家庭而言会有怎样的冲击力。

从文章可以看出，在那个时期，艾滋病对美国公众而言是超乎科学与想象之外的，大众对艾滋病的认知处于较低水平。艾滋病感染者面临着家庭、社会等多方歧视，相关保障及福利也并未到位，生活处境较为艰难。

透过对这篇艾滋病的早期报道，我们不难感受到，虽然目前世界各国在艾滋病防治领域取得了一定成效，但艾滋病患者所面临的各类社会问题实际上并未得到解决。媒体应思考如何更好地发挥自身的宣传教育功能，在传播艾滋病防治知识的同时，也应兼顾公众情绪以尽可能避免"谈艾色变"，助力营造一个对艾滋病患者更加包容的社会环境。

（二）国内

中国在艾滋病防治领域的成绩举世瞩目，较好地遏制住了国内艾滋病的高流行。总体而言，目前国内媒体的艾滋病报道多偏向于宣传式，注重理性陈述，多以消息形式呈现，篇幅有限，缺乏对报道主题的深度剖析，议题内容多以防治工作、宣传活动为主，信息主要来源于政府部门、媒体记者，而较少关注艾滋病群体及其家属的生存状况。在报道时，图片使用较少，且内容多以宣传活动现场、领导人慰问艾滋病患者的照片为主，重点表达社会对艾滋病感染者及患者的关怀。

值得注意的是，国内媒体艾滋病相关报道"应景性"严重，媒体在新闻报道数量分布上的差异较大，多集中于12月（每年12月1日是世界艾滋病日），平常涉及关于艾滋病的报道议题偏少。[16]

报道2

报道标题： 传递党的温暖，艾滋病患者不孤独

报道媒体： 人民政协报

报道日期： 2021年12月15日

报道简介： 这篇报道是一篇艾滋病基层临床治理一线护士的口述整理稿，以第一人称的口吻讲述了我国艾滋病诊疗的发展历史，艾滋病患者的正确对待方式，党、国家和社会力量对艾滋病患者的帮助以及医患之间的感人互动故事等。

报道点评：《人民政协报》这篇文章从艾滋病医护工作者的视角切入，体现了党、国家还有社会在艾滋病防治中发挥的重要作用，渗透出浓浓的人文关怀。报道以护士王克荣自身从事艾滋病护理的工作经历为主线，通过一个个她与艾滋病患者相处的暖心故事向全社会传递了正能量。

这篇报道具有较强的宣传教育功能。它注重在生理和心理双重维度上对艾滋病患者进行关心，并顺势提出了如何对待孤独的艾滋病患者的问题。这将有助于改善大众读者对待HIV/AIDS 患者的态度，提升整个社会的意识水平。与此同时，此篇报道还涉及了我国在艾滋病防治上所取得的成就以及既有帮扶政策等，充分体现了党"以人民为中心"的执政理念，有助于提高党和国家的公信力。

但此篇报道对艾滋病患者及其家属真实生存情况所言甚少，在诱发大众对HIV/AIDS患者的共情上仍有可值得提升之处。

案例撰写：王浩旭　清华大学日新书院
点评专家：罗思童　清华大学万科公共卫生与健康学院副教授

参考文献

[1] 中华医学会感染病学分会艾滋病丙型肝炎学组，中国疾病预防控制中心. 中国艾滋病诊疗指南（2018 年版）[J]. 中国艾滋病性病, 2018, 24(12): 1266-1282.

[2] 中华医学会感染病学分会艾滋病丙型肝炎学组，中国疾病预防控制中心. 中国艾滋病诊疗指南（2021 年版）[J]. 中国艾滋病性病, 2021, 27(11): 1182-1201.

[3] 韩孟杰，金聪，李敬云，等. 扩大艾滋病检测促进早检测专家共识 [J]. 中国艾滋病性病, 2021, 27(11): 1202-1206.

[4] 高欣. 美国与全球艾滋病治理 [D]. 南京：南京大学，2013.

[5] Joint United Nations Programme on HIV/AIDS (UNAIDS). Protocol for the identification of discrimination against people living with HIV[R]. Geneva: Joint United Nations Programme on HIV/AIDS (UNAIDS) , 2000:10-23.

[6] 李现红，何国平，王红红. 艾滋病羞辱和歧视的概念及研究工具发展状况 [J]. 心理科学进展, 2009, 17(2): 414-420.

[7] PEONIM V, SUJIRACHATO K, SRISONT S, et al. Pathology of HIV seropositive: forensic autopsy study in a tertiary care hospital, Bangkok, Thailand[J]. J Med Assoc Tha, 2012, 95(8): 1059-1065.

[8] BANTJES J, KAGEE A, SAAL W. Suicidal ideation and behaviour among persons seeking HIV testing in peri-urban areas of Cape Town, South Africa: a lost opportunity for suicide prevention[J]. AIDS care, 2017, 29(7): 919-927.

[9] 陆蓉, 李静, 游晶, 等. 医疗机构中艾滋病歧视的研究进展 [J]. 职业与健康, 2022, 38(2): 279-283.

[10] NAPRAVNIK S, ROYCE R, WALTER E, et al. HIV-1 infected women and prenatal care utilization: barriers and facilitators[J]. AIDS Patient Care STDS, 2000, 14(8): 411.

[11] 孙烨, 宋波. 浅谈艾滋病歧视问题的存在与对策 [J]. 中国校外教育（中旬刊）, 2015(Z1): 515.

[12] ORNEK O K, TABAK F, METE B. Stigma in hospital: an examination of beliefs and attitudes towards HIV/AIDS patients, Istanbul[J]. AIDS Care, 2020, 32(8): 1045-1051.

[13] 李传玺, 林玉玺, 王霖, 等. 艾滋病高危人群对暴露后预防使用意愿的影响因素研究 [J]. 中国艾滋病性病, 2021, 27(10): 1096-1101.

[14] 赵好, 刘惠, 韩孟杰. 以互联网为平台开展艾滋病防治的优势和挑战 [J]. 中国艾滋病性病, 2021, 27(4): 435-438.

[15] 丁一员. 中外媒体艾滋病报道比较研究——以人民日报与纽约时报为例 [J]. 青年记者, 2020(9): 48-49.

[16] 张琴. 浅论《人民日报》艾滋病新闻框架报道 [J]. 新闻知识, 2016(6): 77-80.

结核病

一、概述

（一）什么是"结核病"？

结核病（Tuberculosis，TB），又称"痨病"，是一种由结核杆菌引起的慢性传染病，被视为人类历史上最难应对的传染病之一。结核病每年会导致全球约 150 万人死亡，是目前除新型冠状病毒外致死人数最多的单一传染病。

复旦大学高谦团队曾使用结核菌基因组学方法考察结核病历史，他指出，大约在 70 000 年前，人类社会便有了结核菌，而真正有实证的、能在人体上找到的结核菌则最早出现在新石器时期，例如，在距今 7000 年左右的德国的古人类化石中便发现有骨结核的病变。像艾滋病和鼠疫等疾病一样，结核病最早出现在动物身上，然后传染给人。大约在公元前 8000 年，人类进入新石器时代饲养动物以后，结核病便开始流行开来。时至今日，人类社会中依然还有人畜共患的结核病存在，如牛结核。

1882 年，来自德国的科学家罗伯特·科赫（Robert Koch）首次发现了结核菌，明确了结核病是由结核杆菌引起的，没有结核菌便不会有结核病。他在电子显微镜下看到的结核菌，呈火柴棍状略带弯曲，后被称为"结核分枝杆菌"。

在结核分枝杆菌里，人型结核分枝杆菌是导致人类感染与发病的最主要的菌型，还有一部分早期的牛型分枝杆菌对人也可致病，但主要是对牛致病。分枝杆菌是一个大家族，共有好几十种，除了结核杆菌以外，还有鸟分枝杆菌、龟分枝杆菌、瘰疬分枝杆菌等非结核分枝杆菌——由这些"非结核分枝杆菌"引起的疾病，在我国特别是南方地区，也时有发生——当然，结核杆菌是当中毒力最强、对人危害最大的。

结核菌侵袭人体除指甲和头发以外的绝大部分脏器，其中，肺部最容易被入侵，比率高达 80%。肺结核主要症状是咳嗽、咳痰、痰中带血或咳血持续两周、睡觉出汗（盗汗），还有可能出现发热、胸痛、疲乏无力、体重下降等，过去常把它叫作"消耗型疾病"。

值得一提的是，有结核杆菌不一定意味着会有结核病，并不是说结核菌进入呼吸道后，人就会得病。

人有免疫系统。研究发现，如果免疫力正常，近八成的人少量接触结核菌是没事的，结核菌会被人体自身的免疫系统清除，即感染清除。

对于剩下两成没有把结核菌清除掉的人而言，如果这个人的免疫力是比较正常的，体内的结核菌就会变成一种潜伏状态，即人体内有少量结核休眠菌，它不是死的，是活的，但它不活动也不繁殖，这就是"潜伏感染"。现在全球有约 20 亿人是结核潜伏感染者，我国则有 2 亿多人是潜伏感染者。潜伏感染的持续时间在几个月到终生不等。潜伏感染的人群，在一生当中有 5%~10% 的概率会发病。如果免疫力降低，会增加发病的可能，比如老年人群，或是罹患艾滋病、糖尿病的人群等；还有一些新的情况可以导致青壮年免疫力下降，如人工受孕为了保胎会服用激素，激素会降低人的免疫力；另外，有的年轻人成天泡网吧，不好好休息，导致抵抗力下降。可以说，90% 的潜伏感染病人一辈子只是带菌，既不会自己得病，也不会传染给别人。

"潜伏感染"变成"活动性结核"一般会经历两个阶段。第一阶段是亚临床结核病（Subclinical）。与新冠的无症状感染者类似，亚临床状态结核病也是没有症状的，不发烧也没有明显的咳嗽。患者基本上不会去就诊，但是如果他去查痰，能够查到结核菌，这个时候细菌已经开始活跃，可以繁殖、复制，排出来会传染他人。随着时间推进结核菌的量越来越多，对人体组织破坏越来越厉害，患者就会出现非常明显的症状，这就进入第二阶段：活动性结核病。患者从"潜伏感染"进入"亚临床状态"差不多需要 1~2 年。患者发病后身体便会开始排菌，这时菌量比较少，传染性相对较低，对人体组织破坏也不大，所以没症状；1~2 年后，患者就会开始出现明显症状，进入"活动性结核"阶段，传染性直线上升。

（二）结核病的诊断、防治及患者管理

研究显示，在我国，一般在出现明显症状后三个星期，患者才会去医院就诊（国外有就诊延误两个月甚至更长的）。当患者到医院就诊，因为没有什么特殊症状，就是咳嗽、发热、盗汗，所以多数医生会缺乏警觉，他们会先考虑你是不是肺炎、是不是上呼吸道感染或流感等。总体而言，从出现症状到真正诊断出结核病，在中国差不多要花三个星期的时间。

在中国，一旦确诊结核病，患者几天以内就会开始规范服药治疗，如果不是耐药结核病，用药以后，基本上在一个月内就会杀死大量结核菌，但是，真正想把结核病治好，哪怕是一个不耐药结核病也需要 6 个月时间。目前的标准治疗方案能保证 90% 以上的病人

可以治愈。

当前全球的结核病防控策略就是尽早发现病人，尽快治愈病人，减少直至消除结核病的传播。

1. 结核病诊断

1）结核病人的三种类型

结核病人通常会被归入三种情形当中，这一分类对如何早发现结核病人至关重要。

第一种是活动性肺结核病人。结核菌主要通过呼吸道传染，结核病的主要传染源是有咳嗽症状、可检测出结核杆菌的肺结核病人。结核病患者咳嗽、打喷嚏、大声说话时会喷出含有结核菌的微滴即唾沫星子，距离患者一米以内，可能直接吸入微滴被传染。微滴水分蒸发成为更小的微滴核，其中的结核菌仍顽强地活着，能在密闭场所、教室、公共交通工具内长时间飘浮，患者离开后其他人仍能吸入微滴核被传染。所以，结核病防治、早发现，主要针对的是活动性肺结核病人。

第二种是潜伏结核感染者（Latent TB Infection，LTBI）。一般情况下，感染肺结核是病人传染的。但对潜伏结核感染者来说，发病时找不到传染源，这叫作"内源性发病结核"。在没有艾滋病（HIV/AIDS）的时代，潜伏结核感染者一生中有 5%~10% 的概率发展成活动性结核病，但艾滋病患者（HIV/AIDS）的"内源性发病结核"概率高达 30%；世界卫生组织有一个项目叫结核病合并艾滋病，专门研究这个问题。目前通过对高危人群和重点人群的主动筛查能够比较准确地发现潜伏结核感染者。对他们进行预防性治疗，降低"内源性发病结核"的发病率，是实现"终结结核流行"的重要措施之一。

第三种是耐多药结核病人。耐多药结核是指同时对异烟肼和利福平耐药。异烟肼和利福平是治疗结核病最有效的两种药，副作用小，价格便宜。如果对这两种药都耐药，病情比普通结核严重，病死率更是远高于普通结核。耐药结核只能采用二线药物治疗，价钱昂贵，疗程长达 18~24 个月，且治愈率相当低。耐多药结核病是我国面临的重大挑战，对已经发现的病原学阳性患者全部进行耐药筛查，及早发现、及时治疗对耐多药患者极为重要。

2）发现结核病人的三种策略

早发现结核病人的第一种策略是"因症就诊"。活动性肺结核病人通常会有咳嗽、咳痰、盗汗、发热、胸痛，疲乏无力、体重下降等症状的部分或全部。有了这些症状就要去就诊，"因症就诊"是 1944 年之前就开始推行的策略。但有一半的病人是没有症状的，"因症就诊"有可能导致近一半能传播病菌的病人无法被及时发现。同时，有的人即便有症状也不去看病，有的综合医院的接诊医生对结核病缺乏警觉性。我们现在针对医生做培训，所有医疗服务提供者，只要接触病人就必须得知道什么是疑似结核病，要做好第一步的侦察兵。对疑似结核病症状者、检查提示可疑结核病的或者高风险人群进行快速结核筛查评估，及时报告、转诊，不让一个结核病人在自己的视野中"丢失"。在确诊结核病时，要尽一切努力寻求病原学证据，这是结核病发现的核心。

由于"因症就诊"的缺陷非常明显的，故世界卫生组织提出了第二种策略，即"系统筛查主动发现策略"。主动筛查的对象有：结核病患者家庭成员和其他密切接触者；在医疗机构就诊的艾滋病感染者；目前或曾经有过职业粉尘暴露的工人，这一类人易患矽肺合并结核；还有糖尿病患者，糖尿病患者比普通人更容易发生结核；65岁以上老人等。这些都是重点人群。另外，艾滋病的高发地区、高疫情的地区、特殊人群居住区（比如监狱）等可根据情况重点普查。主动筛查需要很严密的组织活动，也需要评估公共卫生经济效益。

以上讲的是历史上发现结核病人的两种策略：从因症就诊到主动发现。近几年则开始推行第三种新策略，它包括以下两个方面的工作：一是利用分子生物学技术，也就是核酸检测和基因测序，对所有病原学阳性结核病患者，全部进行耐多药结核病筛查，目的是要尽早发现耐多药结核病。我国国家卫生健康委和盖茨基金会在中国做了十年中盖结核病防治项目，其中之一是利用快速的分子诊断技术将耐多药结核病的诊断时间从两个月缩短至两小时；其二是对潜伏结核感染的主动筛查和预防治疗。中国有2.3亿潜伏感染者，潜伏感染是我国新发病人的一大来源。目前尚没有有效的疫苗，开展结核潜伏感染高危人群检测和预防治疗是降低结核病发病率的有效手段。

2. 结核病治疗

1）结核病治疗的主要方法

结核病治疗的主要方法是综合性治疗，包括化学治疗、外科手术、营养支持、免疫治疗等，其中，化学治疗是最核心的方式，指利用化学性药物长期地针对结核病进行治疗。截至目前，化学治疗是国际上公认的治疗效果最好且最精准的一种治疗方式。其他的，比如外科手术，在抗结核病药物研发之前，曾是结核病治疗的主要方式之一，但随着化学性治疗药物的发展，已经退到次要位置。营养支持：结核发病与否与营养水平密切相关，所以国际上对营养治疗也十分重视，营养治疗是重要手段之一。免疫治疗：与疫苗原理不同，是指应用一些免疫药物，比如增加微卡、细胞因子注射，增强机体免疫功能，增加机体的抵抗力，以提高结核病疗效。对于免疫治疗的基本原理和药物等现在仍有一些争议。

2）结核病治疗的特殊性

与其他疾病不太一样，比如新冠治疗时间比较短，可能只需要几天或者几周，普通结核病的治疗至少需要 6 个月，耐药结核的治疗周期则更长。结核病治疗的特殊性体现如下。

第一，结核病治疗有专门的"十字方针"，即联合、全程、适量、规律、早期。"联合"是指治疗结核病的药物必须联合在一起使用才能达到目的：强化期至少四个药联合，巩固期至少两个药联合。"全程"是强调结核病全程规范治疗的重要性，不能是症状重时吃药，症状一轻就停药，随意停药很容易导致耐药的出现，一定要全程用药。"适量"是指一定要按照病人的体重、根据公斤数来确定病人用药量，不是简单的男女老少同一剂。"规律"是指吃药一定要遵照医嘱按照一定的时间服药，比如一天一次或一天三次，切忌想起来就吃、想不起来就不吃；对结核病来讲，联合、全程、适量、规律用药非常重要，如果不遵守很容易导致耐药的出现。还有一点是"早期"，用药一定要早。这是结核病治疗最核心的治疗原则，也是特点之一。

第二，与其他传染病相比，结核病的疗效判断标准也不太一样。目前为止，国际上公认的判断标准是以细菌学作为疗效的判断标准，影像学、临床症状等只能作为一个参考。

第三，一旦耐药，治愈率会明显下降。化学治疗是结核病治疗最核心的方式。目前，如果按照医嘱服药，我们国家敏感结核的病患者治愈率在 90% 以上，该水平在国际上处于一个比较高的地位。但患者一旦耐药，治愈率会明显下降，全球以及我国耐多药患者的治疗成功率为 50%~60%。所以，结核病治疗一定要规律用药，减少耐药的出现。

3）结核病治疗药物发现和治疗方案的演进

第一个抗结核治疗的药物叫链霉素，1944 年被发明。最初使用链霉素时，药效非常好，大家非常振奋：终于有抗结核治疗药了，离控制结核病就不远了，但是，单独使用链霉素很快就出现耐药。后来又发现对氨基水杨酸，这两个药组合使用比单一用链霉素效果更好，联合用药可以减少耐药的出现，同时提高治愈率。后来，又发现了异烟肼、利福平以及其他药物。经过不断地进行各种药物组合的临床试验，发现异烟肼、利福平、吡嗪酰胺和乙胺丁醇四种药物的组合，其中异烟肼和利福平主要是杀菌药，可以快速把分枝杆菌杀死，乙胺丁醇和吡嗪酰胺主要是抑菌药物，这四种药联合，治疗效果是最好的。从 1944 年发明链霉素，到 20 世纪 80—90 年代定下四个药的联合方案，这是普通药物敏感结核药物治疗方案的历史。

再看疗程，一开始单独使用链霉素的疗程大概是两年时间，通过不同药物组合缩短到一年，到 20 世纪 80—90 年代发现可以缩短到 6 个月。今天我们用四药联合、6 个月疗程的方案是经过国际长期研究得出的结论，非常不容易。

结核病治疗面临着策略及技术两方面的主要困难。

首先，从策略上看，第一是病人发现的困难。"因症就诊"有可能导致近一半能传播病菌的病人无法被及时发现。现在我们变被动为主动，因症就诊加上对高风险人群的主动筛查。但问题也来了，如何主动筛查？如果像防新冠一样全民做核酸筛查，当然更容易发现结核，但从公共卫生经济效益来看是不合算的。所以，我们提出对结核病重点人群开展主动筛查，进而更大程度地发现结核病人。第二是支付方式的困难。需要进一步增加医保报销比例，减少病人的负担。第三则是研究方面还需做很多的工作。

再看技术方面的困难。要消除一个传染病，至少具备三个条件才有可能：第一是有好的疫苗，打了疫苗后就终生不会再得这个病；第二是有好的诊断工具，得了传染病后很快能诊断出来；第三是有好的药物，药一吃病就能好。三个条件都具备才有可能消除传染病。但是对结核病来说，这三个条件都不具备，都存在挑战。一是疫苗不能令人满意。卡介苗从1921年开始用于人体，有超过100年的历史，主要是预防儿童的重症结核，到目前为止，还没有研究出比卡介苗更好的疫苗；二是诊断工具的困难。现在的新冠检测，核酸检测3~4小时出结果。结核病诊断工具现在基层用得最多、最常见的是痰涂片与痰培养。痰涂片的阳性率只有30%，痰培养稍微高一点在30%~40%，意味着什么？意味着可能有60%的病人诊断不出来。使用这个方法三个月才能诊断出耐药结核。当然现在诊断方面比较大的进步有分子生物学方式的，比如核酸检测，速度快，敏感性、特异性更强。但由于价格的问题，这些新技术并没有被很好地使用。三是看药物。敏感病人治愈率90%，耐药病人只有50%左右的治愈率。另外，从1963年发明利福平一直到2012年，五十年没有新药。一方面结核菌不断进化，另一方面，新药却迟迟出现不了。所以，我们对结核病的治疗往往比较被动。

4）结核病新药研发和诊疗方案的进展

首先是药物方面的新进展。前面讲到从1963年到2012年，五十年没有新药。大概从2012年开始，逐渐有新药出来，但都有一个共同点，即价格昂贵：第一个药是贝达喹啉，是全世界近五十年第一个新药，这个药已经进入中国，在医疗机构可常规使用，一个月一万元左右，用6个月大概是六万多元；第二个药是德拉马尼，即将能够在我国的医疗机构使用，这个药也是一个月一万元左右。当然，还有其他的一些药物逐渐往国内进口。这几年，在新药使用方面确实比以前要进步，但进步的幅度还不是特别令人满意，希望在新药的医保报销方面能够加快速度，让更多病人用得起。

其次是新诊疗方案的研究进展。敏感结核病的研究热点是缩短疗程，目前国际上已经有研究将沿用了三十多年的6个月疗程缩短到2~4个月；耐药结核病的研究要兼顾提高疗效、缩短疗程、全口服方案取代含注射剂方案（缩短到 9 个月）。目前耐多药结核病治疗有长程方案（18~24 个月）、短程方案（9~11 个月）、超短程方案（6~9 个月），根据患者的具体情况以及药物的可及性进行选择。

3. 结核病预防及疫苗研发

1）现状：卡介苗的成效和不足

疫苗是减少甚至消灭传染病的最成功、最有效的公共卫生干预措施之一，然而，唯一获得许可的结核病疫苗——卡介苗（Bacillus Calmette-Guerin，BCG），还不足以遏制全球结核病流行。卡介苗已有一百多年历史，主要接种对象是新生儿和婴幼儿，但它并不能阻止结核杆菌的传播，也不能保护青少年和成人免受结核病的侵害。它的主要作用是为婴幼儿提供中等至良好的保护，降低患儿得重症结核的概率并降低死亡风险。

2）结核疫苗研发的难点

为什么我们没能发明一个好的结核病疫苗？有两方面的难点。第一点是结核病不存在有效的自然免疫。有一类病原体是很容易研制疫苗的，比如天花和麻疹，不管它平时伤害性多大、毒力有多强，它们都有一个共同点：具有自然免疫，通俗点说，就是这个病我得了一次之后终生就不会再得。也就是说，即便没有疫苗，病人得过天花或者麻疹，只要没在急性期被这个病毒杀死，病人就能痊愈，而且此生再也不会得这个病，病毒在人体内产生的免疫有很强的针对性，保护性很好。但结核不同，结核是患者得过这个病、痊愈了，再感染还会再得病。没有有效的自然免疫，得了以后还会再得。

第二点，我们对人类免疫系统与结核菌之间相互作用的机理还不完全清楚，目前全球没有准确答案。结核菌伴随人类几千年，虽然我们对结核菌做了很长时间研究，但到目前为止，一直没有弄清楚结核菌和人类的免疫系统之间是怎么互动的。也就是说，在科学上，并不完全清楚哪些免疫因素或者免疫因子能够给人提供合适的保护、能够引导人的免疫系统杀灭结核菌。而且，有的研究会得到相反的结论。由于对人类免疫系统与结核菌之间的互动没有准确的答案，相应地，很难研制出有效的结核疫苗。可以说，现在所有研究的结核疫苗，都是在不完全了解科学的情况下做出的一种经验性尝试。

3）结核疫苗研究的新进展和未来方向

目前全球正在验证两种最有潜力的结核病疫苗：第一种是为青少年进行卡介苗复种，第二种则是 M72/AS01 疫苗。目前卡介苗只在新生儿出生当天接种一针，有研究提示，如果在十几岁时再次接种婴儿时期接种的卡介苗，能使青少年的结核分枝杆菌的感染风险降低 45.4%。盖茨基金会和盖茨医学研究院（Gates GMRI）正在全球组织一个大规模的临床试验，实验纳入 10~18 岁 1800 人来验证接种第二针卡介苗是否可以降低感染率。这个临床试验从 2020 年开始，2021 年 3 月份完成了病例纳入，尚还在观察中。至于 M72/AS01 疫苗，当前，这个结核病疫苗已经完成了 II 期临床试验。临床试验连续观察了三年的保护效果，这个疫苗可以使结核潜伏感染者发展成为活动结核病的概率减少 50%。这一疫苗计划进行更大规模的 III 期临床试验，未来还将在未感染结核菌人群、HIV 感染者和儿童中进行临床试验。

这两支疫苗是目前发现效果最好的：为青少年进行 BCG 复种，可以把青少年感染结核分枝杆菌的风险降低一半；而 M72/AS01 则可以把结核病潜伏感染者变成活动性结核病人的概率减少一半。但是问题在于，这两支疫苗都没有完成最后 III 期大规模的临床试验。M72/AS01 的 III 期临床试验预计于 2023 年开始、2028 年左右出结果。如果这两支疫苗经过三期临床试验证实了对预防感染或发病有效，那么疫苗将成为抗击结核病的重要工具。对于中国这样的结核潜伏感染人数众多的国家而言，能够预防潜伏感染者发病的疫苗尤为重要。

4. 结核病患者的管理

1）对结核病患者管理的必要性

对结核病患者管理的必要性有以下四点。第一，肺结核的疗程较长，普通肺结核患者的服药周期通常要 6~8 个月，耐药结核则更长，需要一年半甚至更长时间，患者自己坚持规律服药很困难；第二，服用结核药部分患者会出现一些不良反应，通俗地讲，患者吃完这个药后会感觉比较难受，比如胃不舒服、皮肤瘙痒等，个别患者还会出现视力下降、肝脏转氨酶升高等其他不良反应；第三，服药两周以后一般患者病情和症状就会得到明显的缓解，患者觉得自己没问题了，就停止吃药或者不规律服药；第四，患者服药时间长了就容易遗忘。服药不规律或停药引起的结果，一是疗效受到影响，长时间不能治愈疾病；二是有可能转成耐药，变成治疗难度更大、时间更长、医疗费用更多的耐药结核病。不仅自己的疾病没有治好，而且会传播给更多的人，造成更大的社会危害。

2）结核病患者管理所采取的干预手段

肺结核患者全疗程规律服药是治疗成功的关键，患者不依从的因素有很多，大部分和个人行为相关，比如说很多人不知道规范治疗的重要性。所以，一是通过健康教育的方式，提升患者的认知，改变患者的行为；二是通过一些干预手段，提高患者服药的依从性。这里详细介绍一下在提高患者服药的依从性中所采取的干预手段。

20 世纪 90 年代，世界卫生组织推行对非住院的肺结核患者实行直接面视下的督导治疗，即 DOT（Directly Observed Treatment），是为保证患者规律用药，提高治愈率而采取的一种干预手段。随着互联网等新技术的发展和普及，出现很多新的患者管理工具，主要是三大类：

第一类，也是世界卫生组织推荐的可以替代直接面视下督导的视频督导，叫 VOT（Video Observed Treatment），原来那个叫 DOT，VOT 目前是唯一可以替代 DOT 的，因为虽然不是面对面，但通过远程视频可以提供类似面对面的督导服务。

第二类是电子服药监视器一类的工具，英文叫 Electronic medicine monitor（EMM），比如中国卫健委–盖茨基金会的结核病项目在中国推行的电子药盒就是一个成功的案例。电子药盒由语音、音乐等定时提醒装置，自动记录患者打开药盒的电子储存装置和装药的塑料盒三部分组成。每次患者取药，电子装置都会记录患者的取药时间，这样医务人员就能了解患者的服药依从性。

第三类是通过手机短信或者微信小程序适时发一条短信提醒患者服药和就诊。

这三大类工具各有优缺点。视频督导 VOT 可以替代 DOT，但是技术要求相对复杂，一是需要有视频电话和软件支持，二是需要有网络，例如山区网络不好的地方可能就用不了。同时，对年龄大的人并不是很友好，因为很多老年人不会使用手机视频。

手机短信或通过小程序发提醒，这个办法很方便、很容易实现。但缺点也很显著，比如说反馈机制不好掌握，如果不要求反馈，就只起到一个闹钟的作用，如果要求他回复一条短信，有的人回、有的人不回，不回的情况你无法处理。很多人没有给你回短信，但实际上他们吃药了。有的人即便回了你短信，也不能保证他就吃了药。还有一个不足之处，是手机短信提醒和药物是分开的，我提醒你了，但如果当时你身上没有药，你可能就没真吃，这是一个无效提醒。以上三类方法如果排序，手机短信是排在最后一位的。

重点说一下电子药盒。电子药盒的缺点在于：它只是一个间接的记录方式，患者开关一次药盒算一次服药，没有直接看见，并不能完全确认患者是否服药。优点是：我国和其他国家通过临床观察试验了解开关药盒和患者服药的关系，结果发现两者相关性在 95% 以上，意味着 95% 的患者开了药盒，就会服药。这说明一点，电子药盒的效果有依据、有效性有保障。用电子药盒来管理，相比普通方式的管理，一是患者的依从性能够提高 40%~50%；二是技术相对 VOT 简单很多，比如我们国产的药盒由工作人员设置好给到患者，患者每天只需要在闹钟提醒之下定时打开药盒吃药就能够实现；三是价格和 VOT 相比便宜很多。

3）狭义的患者管理的完整过程

狭义的患者标准化服药管理，指的是患者由定点医疗机构确诊后，定点医疗机构把这个信息传送给基层医疗卫生机构，之后开始服药管理工作。按照国家规范要求，强化期，患者治疗的前两个月，基层医疗卫生工作者需每十天去面访一次患者；继续期每个月去面访一次，每次都需按照国家规范做随访评估。最后，整个治疗结束时会进行结案评估。结案评估，我们有专门的评定标准，什么叫治愈，什么叫完成疗程，什么叫治疗失败等。基层医疗机构做的是归档资料，不做诊断。这是患者管理的完整过程。

日常管理过程中，基层医务工作人员会为每位患者准备一份服药记录表。肺结核患者服药的6~8个月里，每月都有这样的一张表。记录每天服药的情况，每天服药的时候先画一个叉子，证明这一点是需要吃药的，这天吃完药以后会在叉子上画一个圈，证明已经吃完了。如果用的是新工具电子药盒，整个表变成了电子化。除了提醒功能以外，服药记录表一个很重要的功能是会把患者的服药情况进行分析，反馈给定点医疗机构，用来支持下一步的治疗。

用电子药盒等工具还有一个好处就是可以对患者进行分类管理，大部分的患者会很规律地服药，对自己的健康很负责。通过新工具，是要找出那些依从性不好的患者进行分类管理。实际操作时分成几类，一部分是规律服药的患者，用这个工具继续监测即可；一部分是稍微差一点，经常记得，偶尔会遗忘的患者，对这种患者加强督导和健康教育能起到较好的效果；还有一部分患者依从性特别差，遗忘特别多，这种患者建议就只能人盯人，使用DOT或者VOT，由基层医务人员或者他的家人、志愿者面对面看着他吃药。这就是对患者进行分层分类的管理。以上讲的是狭义的结核病人管理。广义的结核病人管理，除了服药管理以外，第一要加上对药品不良反应的监测、处理；第二要加上对患者和家属进行健康教育，同时要有对患者的社会和心理支持。

4）实施患者管理的主体

在我国的体系中，是由基层医疗机构（社区医院、村卫生室等）负责、疾控机构参与其中。基层医疗机构一是要负责保证患者规律服药，二是要对患者进行定期随访。不管你是不是DOT都要定期去患者家里，有不同的方式，有可能是打电话，有可能是家访，也有可能是患者到村卫生室，都有可能，总之是要见面，来判断这个患者服药是不是有不良反应。主要从症状方面看有没有不良反应，如果患者出现了不良反应，帮助判断是不是需要转诊到定点医疗机构去处理。第三是要做健康教育、健康宣传及相关情况宣传。第四是做一些心理上的支持。

（三）耐药结核病——更强大的敌人

1. 耐药结核病的概念

"耐药结核病"一般指利福平耐药结核病（RR-TB），即结核病患者感染的结核分枝杆菌菌株体外试验证实对利福平耐药的结核病，包括任何耐利福平的结核病。耐多药结核病，则是指对两种最主要抗结核病药物（利福平、异烟肼）都产生耐药性的难治型结核病。根据世界卫生组织发布的《2021年全球结核病报告》，每年约有1000万名新感染结核病的患者，其中约60万人是耐药结核。我国的耐药结核负担尤为严峻，每年估算新发利福平耐药患者数6.5万，位居全球第二。我们采取原来的药物治疗耐药结核，通常不能取得疗效，结核病的死亡负担与耐多药结核病有着很大的关系。

2. 耐药结核病产生的原因

一开始，主要是治疗不当会引起细菌自身的不断进化，产生新的耐药；这里包括两种情形：第一是违背了结核治疗的联合用药原则，如使用有效药物不足的治疗方案往往更容易筛选出耐药；第二是患者治疗后期因临床症状缓解而自行停药，或者因为不良反应而自行停药等，也可能导致耐药结核菌的产生。近年来，越来越多的科学依据提示，耐药结核病的高疫情其实是因为还有大量未发现或者未治疗的耐药结核病患者作为隐藏的传染源一直在不断传播，即耐药结核病人直接传播耐药结核菌。研究证明，至少一半以上的耐药结核病人由传播导致，其中44%的病人是在感染后1~2年发病；传播主要发生在社区以及公共场所；诊断不及时是传播的主要危险因素。

3. 耐药结核病防控的三个难题

第一个难题：早期诊断和发现困难。目前我们国家每年新发的耐药结核病患者中超过四分之三的患者尚未被发现，这将造成人际传播的巨大风险，并成为我国控制结核的严峻挑战。确诊结核必须在患者体内找到病菌，也就是"查菌"。在这个过程中，找到结核杆菌还远远不够，更重要的是明确耐药性。如果不明确耐药性，而是对所有的耐药结核病给予普通的治疗，会直接造成治疗失败，并诱导出更高级别的耐药结核。在实践过程中，很多耐药结核病患者在初期因为没有确认耐药性，都曾使用治疗普通结核的一线药物治疗，但治疗普通结核病的药物对耐药结核病没有效果，由此造成病情延误。华山医院前期一项调研显示，相比敏感结核病确诊时间在1~2个月，耐药结核病患者往往需要耗费1年以上时间才能获得最终正确的诊断。

第二个难题：难以承受的灾难性医疗支出。结核病被称为"穷病"，这也通过流行病学调查得到了证实。我国流调显示，82.8%的肺结核患者家庭人均收入低于当地居民的平均收入水平。其中，普通结核病人家庭出现灾难性支出的比例超过50%，耐多药结核病家庭出现灾难性支出的比例高达80%以上。很多耐药患者和他们的家庭在面对高达10万~20万的治疗费用时，常常只能望而却步。不过，最近我国医保部门逐渐重视这部分特殊人群，提升医疗保障的覆盖，帮助患者完成治疗。

第三个难题：不尽如人意的治愈率。耐药结核病作为全球卫生领域的一大难题，总体治愈率仅为55%。在2016年以前，公认的耐药结核病治疗疗程是18~24个月，甚至更长。漫长的疗程，让结核病人很难坚持下去。而比起敏感结核，治疗耐药结核病的抗结核药物不良反应更加常见，患者难以耐受。

4. 耐药结核防治的进展与前景

首先是推广快速分子诊断，即核酸检测，实现结核病和耐药性结核的共同迅速发现。结核分枝杆菌分子生物学诊断方法的革新是近十年结核病诊断领域最突出的进展之一。可以说，快速分子诊断彻底改变了结核病的发现和诊断模式。我们现在用快速检测技术能同时检测结核分枝杆菌和利福平耐药，不仅结果准确可靠，而且结果报告时间短，通常在2小时以内就能出结果。加快实验室服务能力建设，将结核病快速分子检测整合到疾病控制中将是未来实现终止结核病流行的关键环节。

当然，有效治疗仍是耐药结核病防控的核心与基石，也是最受关注的研究领域。目前耐药结核病治疗进展主要体现在两大趋势。首先是以缩短疗程为导向的治疗策略的推广。2010年孟加拉方案出台，开启了耐药结核病短程治疗时代。该方案成功地将疗程缩短至9~11个月、治疗成功率提高至87.9%，成为世卫组织推荐的主要方案。在这个方案基础上，当前随着更多新药的面市，除了缩短疗程外，全口服方案成为第二个重要变革。2018年，WHO指南中将氟喹诺酮类、利奈唑胺、贝达喹啉正式提高到A组核心药物，代表全口服治疗时代的到来，长期以来由于备选药物有限，耐药结核病治疗离不开注射药物治疗。但随着贝达喹啉、利奈唑胺、德拉马尼、普瑞玛尼(Pretomanid)等更多强效杀菌药物的出现，全口服治疗方案得以实现。融合以上两大趋势，有望将我们国家耐药结核病患者治愈率提高至85%~90%。

（四）结核病防控的全球目标、中国进展与模式创新

1. 结核病防控的全球目标

1）全球结核病防治的历史沿革

1882年，德国科学家科赫发现结核杆菌，为人类抗击结核病明确了对象，被称为全球控制结核病发展史上的第一个里程碑事件。1895年，伦琴发现X线，开创了结核病诊断的新纪元。1921年，法国科学家卡尔梅特(Calmette)和介朗(Guérin)历经13年发明了卡介苗，这个疫苗传230代沿用至今。这三件事是结核病防治史上具有里程碑意义的事。

除了认识结核病和发明疫苗之外,结核病防治另一件重要的事是药物和治疗方案的历史演进:1928年发现青霉素,1944年发现链霉素。抗生素为治疗所有的感染性疾病创造了条件。链霉素是第一个能有效治疗结核病的抗生素,但链霉素很快出现耐药,没有办法单独用,后来瑞典发现了对氨基水杨酸(PAS)。1952年时,人类联合使用异烟肼、对氨基水杨酸、链霉素三个药,建立了标准化疗方案,疗程是12~24个月。1952年发明异烟肼、1957年发明了利福平,这两个药物是能杀死结核菌的核心药物。自异烟肼和利福平问世,就开始进入短程化疗时代,异烟肼、利福平、乙胺丁醇、吡嗪酰胺四个药联合,结核病的疗程被缩短到6个月,这又是一个里程碑。

2)世界卫生组织(WHO)推动全球结核病控制进程:从DOTS到ENDTB

在有效的抗结核药物问世并发展了化学疗法后,结核病疫情逐渐下降,一些发达国家甚至可以说基本上控制了结核病。然而随着全球人口迅速增长,人口流动加速,尤其是人类免疫缺陷艾滋病病毒(HIV)感染的流行,以及对结核病不正规的化疗产生的耐药等原因,结核病卷土重来,构成对人类健康新的危害,致使结核病再次成为全球最紧迫的公共卫生问题之一。

世界卫生组织在推动全球结核病控制当中起了重要作用。

1993年4月,世界卫生组织宣布全球处于结核病紧急状态。WHO迫切希望能通过这一不寻常的举措,唤起世界各国政府与各国际组织对控制结核疫情的高度关注。

1994年世界卫生组织提出"全球结核病控制策略"——DOTS策略(directly observed treatment of short course strategy)。DOTS策略包含五个要素:第一是"政府承诺";第二是要通过高质量的痰涂片显微镜检查细菌确诊结核(当时是利用痰涂片在光学显微镜检查下发现传染性肺结核患者);第三是要对传染性肺结核患者开展直接面视下的短程化疗;第四是要建立持续不间断的免费抗结核药物供应机制;第五则是要建立结核病的登记、报告和监测系统。其中,第三条要素"直接面视下的短程化疗"是核心。

2000年,阿姆斯特丹会议发布遏制结核病宣言。

2001年10月,全球开了第一届遏制结核病合作伙伴部长级论坛。

2004年3月24日,在印度召开了第二届遏制结核病伙伴论坛会议,强调政府承诺,要达到2005年全球结核病控制的目标。

2006年,世界卫生组织在DOTS策略基础上扩展形成的新的遏制结核病策略,以实现结核病控制策略的可持续发展。具体包括以下内容:①强调高质量的DOTS扩展和加强;②阐明TB/HIV(结核合并艾滋)、耐多药结核病和其他挑战;③加强卫生服务体系;④激励所有卫生工作者;⑤发挥患者和社区的作用;⑥促进和倡导科学研究。新遏制结核病策略强调结核病防治不仅是医学和公共卫生问题,也是社会问题、治理的问题,它指出,政府应肩负起相关责任,加强服务体系。

2007—2011年加强耐多药结核病管理,号召全球团结起来控制耐多药结核病。

2011—2015年发布全球遏制结核病计划。2012年加强艾滋病合并结核病(TB/HIV)的防治,将其作为世界上的重要问题来考虑。

2016年进入可持续发展时代之后,世界卫生组织提出终止结核病策略(2016—2035年),主要内容包括:①综合的、以病人为核心的结核病治疗和预防;②强有力的政策和支撑系统;③早诊断、高危人群主动发现、高危人群预防性治疗、新疫苗;④加强科学研究和创新。

3)全球结核病负担

根据世界卫生组织《2021全球结核病报告》,2020年全球新发结核病患者估算人数为990万,发病率127/10万;估算死亡人数128万,死亡率17/10万;TB/HIV双重感染患者估算人数78.7万,估算死亡人数21.4万。

从区域来看,大多数的结核病病例发生在东南亚区(43%)、非洲区(25%)和西太平洋区(18%),东地中海区(8.3%)、美洲区(3.0%)和欧洲区(2.3%)所占比例则较小。

各国结核病流行的严重程度差异较大。30个结核病高负担国家占全球所有估算发病病例的86%,其中8个国家新发结核病患者数占全球总数的2/3:印度(26%)、中国(8.5%,位居第二)、印度尼西亚(8.4%)、菲律宾(6.0%)、巴基斯坦(5.8%)、尼日利亚(4.6%)、孟加拉国(3.6%)和南非(3.3%)。30个结核病高负担国家中,大多数国家发病率位于10万分之(150~400)(相较之下,中国发病率偏低)。中非共和国、朝鲜民主主义人民共和国、加蓬、莱索托、菲律宾和南非等国家的发病率更是高于10万分之500。

与此同时,MDR-TB(耐多药结核)已经成为全球公共卫生危机。世界卫生组织前总干事陈冯富珍说:"'MDR-TB'是一枚定时炸弹。"治疗成功率低于60%的14个高负担国家中,中国是倒数第五。2020年,57个国家和地区的结核病发病率低于十万分之十,大多数分布在美洲区和欧洲区,少数分布在东地中海区和西太平洋区。

4)终结结核病的方案与途径

联合国最早在可持续发展目标内分项目中提及结核病。随后,2014年5月,在日内瓦召开的第67届世界卫生大会上,世界卫生组织将这个目标进一步明确,最终提出了"终结结核病战略",即将结核病发病率指标控制在十万分之十以下。

"从控制结核病流行到终止结核病流行再到终结结核病",其愿景是一个没有结核病的世界:零结核死亡,零结核发病,零结核痛苦。这是愿景,也是可实现的目标。全球总体目标是到 2035 年终结结核病，具体指标则是：与 2015 年相比，结核病死亡人数下降 95%、发病率降低 90%，结核引起的灾难性花费的受到影响的家庭为零。

但现实是，如果按照目前全球每年下降 1.5% 的速度，到 2035 年是无法实现目标的。所以，世界卫生大会在 2014 年 5 月通过了"加速降低结核病发病率的方案"，提出要优化现有各类工具，继续实现全民卫生服务覆盖和社会保障体系，争取年递降到 2025 年是 10%。要想实现 2035 年年递降为 17% 的目标还需要进一步努力，包括但不限于引进新工具，包括检测技术、疫苗，新药，更短程的化疗方案等。

2. 终结结核病，中国在行动

1）我国的结核病疫情现状及趋势

根据全国五次结核病流行病学调查显示的肺结核患病率及死亡率趋势，1979 年，我国的结核病患病率是 187/10 万，即每十万人中有 187 名痰涂片阳性的高传染性的结核病患者；而到 2010 年，这一数据为 47/10 万。从 1979 年到 2010 年全国前后五次结核病流行病学调查显示，中国的结核病患病率在缓慢下降。

2010—2019 年，肺结核报告发病率也呈明显缓慢下降趋势，年递降率是 3.2%，高于全球 1.5% 的水平。从结核病报告死亡率来看，中国也做得非常好，只有 2.19/10 万（2019 年全球平均结核病报告死亡率是 16/10 万）。

我国是结核病、耐多药结核病的高负担国家，是全球 30 个高负担国家之一。2020 年，我国估算的结核病新发患者数为 84.2 万（2019 年 83.3 万），新发病例占全球的比例为 8.5%，仅次于印度，位于全球第二；估算结核病发病率为 59/10 万（2019 年的数据为 58/10 万），相对 30 个高负担国家平均 150~400/10 万的发病率来说，中国的发病率居于低位。

结核病会出现耐药情况，也会出现艾滋病感染的情况，一些国家正面临着多重结核病的负担与挑战。中国、刚果、印度、印度尼西亚、莫桑比克、缅甸、尼日利亚、菲律宾、南非和赞比亚，这十个国家是结核病形势面临严峻挑战的国家。我国的 HIV 阴性结核病死亡数估算为 3 万；结核病死亡率为 2.1/10 万；耐多药结核病数为 65 000，占全球 13%，在耐多药结核病高负担国家中排名第二。我国高结核病负担的现状，严重威胁着人民健康。

2）我国结核病防治的总过程

早在 1933 年，中国就成立了中国防痨协会，在一些城市开设防痨诊所。1937 年，中华医学会结核病学分会成立。在那时，结核病在中国是传染病第一杀手。中国之所以曾经被侮辱性地称为"东亚病夫"，部分也是由于结核病"十痨九死"，而且在全国蔓延、流行传播很厉害。1949 年，中国肺结核患病率高达 1750/10 万，死亡率是 200/10 万。当时，全国只有12个结核病防治机构,有660余张床位,29台X光机,专业从事防痨工作的医护人员120名。结核防治的基础很薄弱。

新中国成立后,政府很重视肺结核防治,在北京先后成立了中央结核病防治研究所和卡介苗推广委员会,各级防痨机构逐步充实与发展。结核病防治可分五个时期。

第一个时期是1949—1977年,这是创业时期。1950年1月12日卫生部决定在全国城市免费推广卡介苗接种,1950年提出不住院治疗。其中,特别重要的是,异烟肼、对氨基水杨酸（PAS）还有链霉素三个药组成的、12~18个月的标准化疗方案在全国形成共识。

第二个时期是1978—1990年,这是振兴时期。1978年在柳州召开全国第一次结核病防治工作会——这是一个新起点——1984年则在成都召开第二次。1979年、1984/1985年分两段以及1990年前后,我们一共做了三次全国结核病流行病学抽样调查。这几次流调工作做得非常可靠,对中国结核病的疫情和面临的问题都做了详细分析。

1978年柳州会议之后,国务院发布1978年国务院210号文件,启动了中国结核病防治工作。之后有1981—1990年全国结核病防治规划,1991—2000年全国结核病防治规划,全国结核病防治规划（2001—2010年）。这些规划对结核病的工作做了各种各样的规定。同时,从1979年到2010年,全国做了五次流行病学调查。另外,继1978年、1984年两次全国性的结核病防治会之后,1991年、1996年又召开了两次全国结核病防治工作会。总体来说,从这个阶段开始,政府已经在领导这项工作,技术不断更新,国家对结核病防治工作非常重视。

第三个时期是1991—2000年,这是发展时期。这十年间有一件大事:推行"NTP"理念,实施为期10年的"世界银行贷款中国传染病与地方病控制结核病控制子项目",即"世行卫生五项目"。NTP的中文全称为国家结核病防治规划,它把结核病控制纳入国家卫生规划中,依靠政府、卫生机构和充足的财政、人力资源控制结核病流行。10年之久的"世行卫生五项目"奠定了我国全面实施"基于简化技术的国家结核病规程（DOTS-直接面视下的短程化疗）"的坚实基础。项目结束后,我国又实施了"卫生部加强与促进结核病项目",实现了DOTS策略在我国100%全覆盖。

第四个时期是2001—2010年,这是提高时期。2010年世行卫生十项目,全球基金结核病项目第一轮、第四轮、第五轮、第七轮、第八轮、第九轮及第一轮和第四轮、第九轮滚动整合项目等,作为国家结核病防治规划的有力补充,在支持国家规划的实施上起到了重要作用。

第五个时期是2010—2020年,这是创新时期。为期十年的中盖项目（全称为"中国国家卫生健康委员会-盖茨基金会结核病防治项目"）,创造了新的结核病综合防治模式,获得高度认可。这个项目的主要目标是验证应用创新的工具及卫生服务提供方式，建设结核病控制的新模式，为我国结核病防治规划服务。这个项目从设计、推广到结果都令人满意。

这个时期有《全国结核病防治规划（2011—2015年）》《"十三五"全国结核病防治规划》《遏制结核病行动计划（2019—2022年）》和健康中国（2019—2030年）。

3）中国结核病防治取得的成就

中国结核病防治所取得的成就是显著的。

第一，中国在2005年超额完成了WHO规定的"三大标准"，实现了向国际社会的承诺：DOTS策略覆盖率100%，新涂阳肺结核患者发现率达70%，治愈率达85%。中国是全球第一个达到这个标准的国家，促进了西太平洋地区成为全球6个地区里唯一按期达标的地区。

第二，中国在2010年提前5年实现联合国千年发展目标。患病率和死亡率在1990年基础上下降一半，发病率开始下降。中国结核病疫情下降的速度位居发展中国家前列，世界卫生组织评价："中国为全球实现联合国千年发展目标，特别是死亡率下降一半的目标做出重大贡献。"

这个成绩的取得，得益于中央政府强有力的承诺与践行，政府主导对于结核病防治来说是很重要的一件事。

4）终结结核，中国面临的挑战

欲在2035年实现终结结核的目标，中国的结核病防治面临着五大挑战。

第一，耐药结核病防控工作仍然存在"三低一高"的薄弱环节。"三低一高"具体指的是发现率低、接受治疗率低、治愈率低和耐药率高。如果不能阻断耐药传播，如果有50%的患者是耐多药，结核病传播问题就很不可控。

第二，结核病患者尤其是耐多药结核病患者的医疗费用负担仍然比较沉重。造成这一问题的主要原因是患者的家庭收入低、医疗保障水平不足、医保支付方式需要改进。国家医保局和财政部已经出文把结核治疗纳入门诊慢病和特病，提高医疗保障水平，但各地执行情况不一样，患者支付费用还是比较困难。

第三，疾病预防控制中心、定点医院和基层医疗卫生机构"防、治、管"三大支柱尚未完全实现有效协调和无缝融合。

第四，围绕结核病防治的法律框架有待进一步完善。比如，传染性患者特别是耐多药患者隔离治疗和旅行限制，这些都需要纳入法律框架来考虑。

第五，结核病研发的薄弱环节仍然突出。首先，中国研发的首要困境是缺乏统一规划；

其次是经费与人才短缺，比如，与艾滋病比较，经费与人才都差得太多；再次就是研究团队分散、研究课题不明确、原创成果少。只有解决这些挑战，才有可能实现2030年联合国可持续发展目标和2035年世界卫生组织终结结核病的目标。

3. 创新的结核病防控项目——中盖项目

1）中盖项目概况

中盖项目全称为"国家卫生健康委员会-比尔及梅琳达·盖茨基金会结核病防治合作项目"。2009年4月1日，原卫生部部长陈竺与盖茨基金会联席主席比尔·盖茨签署《中华人民共和国卫生部与美国比尔及梅琳达·盖茨基金会关于结核病防治合作的谅解备忘录》，同时启动"中国卫生部-盖茨基金会结核病防治项目"，简称"中盖项目"，项目执行期间国家卫生部先后更名为国家卫生和计划生育委员会、国家卫生健康委员会。

中盖项目的目标是秉承创新的理念，建立新的结核病防控模式，应用先进的结核病防治技术和创新的服务方式来提升中国结核病防治工作质量，并为全球结核病控制做贡献。

这个项目自2009年4月1日签署并启动到2019年12月省级层面结束，所有现场活动再到2022年2月底由国家卫生健康委层面全部关账，前后历时差不多十三年。盖茨基金会投入资金约2.6亿元人民币，并给予技术和管理方面的协助，项目覆盖11个省份，按照结核病综合防控模式的验证、示范和推广，分三期开展。

项目一期的实施周期为2009年4月—2012年12月，主要工作是验证新工具和新技术。在内蒙古、黑龙江、江苏、河南、湖南、重庆等6个省、自治区及直辖市的15个地市、73个区县开展工作。验证阶段的新技术和新方法是全方位的，包括：新的结核病诊断技术、新的患者管理工具、抗结核药物固定剂量复合制剂（FDC）、新的筹资模式以及疾控、医院、基层医疗卫生机构合作开展耐多药结核病防治新模式的可行性和有效性等。其中的结核病新诊断技术、新患者管理工具和复合制剂FDC的推广使用被国家纳入《全国结核病防治规划（2011—2015年）》。

项目二期的实施周期为2013年1月—2015年12月，二期主要做综合模式示范，将一期项目验证有效的新技术、新工具和卫生服务提供方式整合成集结核病诊断、治疗、管理与筹资为一体的结核病预防控制综合模式，其核心内容为"三新一加强"，即采用新的结核病诊断技术、新的患者治疗管理工具、新的经费筹资模式和加强的结核病防治服务体系。选择我国东部的江苏省镇江市、中部的湖北省宜昌市和西部的陕西省汉中市，共3个地市进行试点示范。项目的实施明显提升了三个地区的结核病防治体系的服务水平、效率与质量。项目中的主要干预措施均被《"十三五"全国结核病防治规划》采纳。

项目三期，2016年1月—2019年12月为推广阶段。核心是在一期、二期的基础上，优化"三新一加强"的结核病综合防治服务模式,在浙江、吉林和宁夏推广,中盖项目促进它们提前实现了全国"十三五"规划的主要目标。

2)中盖项目的主要创新点

首先是患者发现、诊断模式方面的创新。"中盖项目"启动前,我国疾控系统在诊断上普遍采用显微镜的痰涂片镜检方式,诊断的灵敏度和特异度不高,耐药结核病的诊断结果需要近两个月才能出来,这大大增加了结核病传播的风险。"中盖项目"引进分子生物学新技术,比如 GeneXpert、LAMP 和基因芯片等,这些技术明显提高了肺结核的诊断效率和准确率。在耐多药结核病的诊断上,将时间从两个月缩短至两小时。

其次是患者管理方面的创新。"中盖项目"采用电子药盒辅助患者进行服药管理、提升自我管理能力。研究发现:对大多数普通肺结核患者应用电子药盒进行服药管理,可以把患者漏服药的可能性减半,使用手机短信提醒可以明显降低患者的失访率,供需双方对应用手机短信和电子药盒技术的满意度均较高。电子药盒被世界卫生组织作为智能管理工具进行推广。

再次是药物诊疗方面的创新。2008 年比尔·盖茨和梅琳达在海南省一个村子现场拜访了几位结核病患者,发现普通结核患者每天都需要服用一大把药,具体是 13 片。药片太多往往导致患者停止服药,无法完成 6~8 个月的疗程。抗结核固定剂量复合制剂 FDC 是一种国际上使用的结核患者服用的压缩药片,能把用药量减少到每天 3~4 片。"中盖项目"验证和推广 FDC 的使用,提高患者的服药依从性,同时组织研究人员制定了我国国产 FDC 的生产质量标准和相应的检验标准、操作规范,为医生选择用药提供重要参考。

最后是耐多药防治模式的创新。2008 年在全球基金项目援助下,我国开始探索耐多药结核病的诊断和治疗。全球基金项目在项目点给患者提供了所有诊断费、药费、住院费。项目结束之后,我们国家到底如何做?普通结核一线药是国家免费提供,但对耐药患者我们国家没有什么投入,怎么办?所以,中盖一期项目在耐多药结核病防治方面做了很多创新,包括快速的诊断技术,医院和疾控系统怎么去合作管理耐药患者,如何筹资,将这些都融合了进来。项目通过简化医院、疾控中心和基层医疗卫生机构之间的合作机制,来提升诊断和治疗的质量;通过由医保经费、项目经费及个人按合适的比例共同支付的筹资模式和单病种定额支付方式来解决耐药治疗产生的高昂费用。这样做的结果是,在项目实施中将患者自付治疗费用比例由之前的 40% 降低到了 10%,一开始就接受正确治疗的耐多药结核病患者比例由 1/3 增至近 100%。医院也能将符合出院条件的患者转到当地疾控中心,改善后续治疗情况,这使 6 个月后仍在接受治疗的耐多药结核病患者数量增长了 10 倍。

3）中盖项目强化了我国的结核病防治服务体系

第一，建立了新型的结核病防治服务体系。中盖项目以地市为单位把各种服务打包成一个综合模式。建立了疾控中心、结核病定点医疗机构和基层医疗机构密切配合的"三位一体"新型结核病防治体系。该体系实现了明确职责、分工合作、分级诊疗、信息共享，实现了结核病患者服务全链条闭环管理，保证了患者从发现、治疗、管理一直到治愈都在卫生系统的有效管理之中。

第二，是建立了分级诊疗的机制。县（区）级结核病定点医疗机构负责普通肺结核患者的诊断治疗，地市级结核病定点医疗机构负责耐多药及重症肺结核患者的诊疗，该在县里看的患者就不用到地市级，这是为了减少传播。疑难重症普通肺结核患者病情稳定后须转回县（区）级结核病定点医疗机构继续治疗；县（区）级结核病定点医疗机构对于诊断明确、化疗方案确定、一般情况良好的患者须转回所在基层医疗卫生机构进行服药管理。

第三，开发了新的结核病信息系统。以前，传染病疫情报告系统是单独的系统，结核病患者有一个管理系统，艾滋病患者有一个管理系统，慢性病患者有一个管理系统。到了医院，更是每个医院都有自己的 HIS 系统（全称 Hospital Information System）。盖茨基金会和卫健委合作，按照全民健康保障工程的设计原则开发了可用于全国推广的新型结核病监测系统，把来自医院、疾控中心和地方诊所的数据连接起来，并指导试点地区建立或改造本地的医院信息系统、区域信息平台等系统，完成国家级系统和试点地区系统之间的互联互通和数据共享。信息共享让追踪结核病患者的治疗进度变得更加容易，降低了医务人员登记报告结核病患者信息的工作量，提高了监测信息的准确性和及时性。截至 2019 年 6 月，三个试点地区的数据交换成功率、传报卡建档率和病案建档率基本比较稳定并达到 90% 及以上，达到试点要求。这些数据将有助于改善结核病的诊断和治疗。

第四，体系的加强是所有该干的事情都落实到位，这背后的保障、支撑以及技术指导，一系列的事，都得培训。除了项目实施地区的培训之外，中盖项目还编写了专门教材，建立了在线培训系统，结核病定点医院医生、公共卫生医师和基层卫生人员可随时随地通过互联网学习和更新相关结核病预防、诊断、治疗和管理的知识和技能。

4）中盖项目对我国结核病防治工作的贡献

这个贡献主要体现在五个方面。一是强化了服务体系，增进了疾控机构、定点医疗机构和基层医疗卫生机构"三位一体"协作。二是推广、开发了新的诊断技术。三是规范了患者管理等诊疗服务，包括推广使用新的患者管理工具，推广标准化诊疗方案并加强了诊疗服务考核和监管。四是完善了筹资机制，建立了以政府投入为主的多渠道筹资机制，并探索针对结核病治疗的支付方式改革，积极倡导在中国实施完全免费的结核病治疗政策。

这项工作是整个项目中最难的一块工作。五是项目还在全民健保信息系统中，试点了结核病模块的信息系统建设。

可以说，为期十年立足于解决我国结核病防控工作面临的主要挑战的中盖项目，为我国构建起可持续发展的创新的结核病防治新模式提供了丰富的经验和参考依据。中盖项目实施的经验与挑战也将为其他结核病高负担国家采用创新型结核病防治模式提供借鉴。

5）中盖项目的多渠道筹资与支付改革

（1）结核病经济负担

结核病的疾病负担有两个不同的概念，一是疾病本身的负担，另一个是疾病经济负担。先说疾病本身的负担，即疾病对人类健康的影响，国际上主要从死亡率、患病率两个角度来描绘。疾病负担的另一个概念是疾病引起的社会经济负担，国际上通常用"灾难性支出"这个概念来衡量。灾难性支出有三个常用的指标，第一个指标是治疗结核病总医疗费用大于家庭年收入的10%，这就是灾难性支出。第二个指标是结核病治疗费用大于扣除食品支出后家庭年收入的40%，就称为灾难性支出。第三个指标是自付费用在总费用中占比超过了20%，这也是负担过重。一般希望降低到20%以下，甚至是零负担。

根据最新的全球国家结核病患者费用调查数据，全球有47%的结核病人医疗费用超过其家庭收入的20%。也就是说，全球近一半受结核病影响的家庭面临灾难性支出。

我国现行的结核病防治规划是提供免费的痰涂片、胸片诊断，一线抗结核药物和服药管理等基本的肺结核诊疗服务。这以外的诊疗服务费用则需要医疗保险或者病人自付负担：2016年，中盖项目的基线调查显示，如果以医疗费超过家庭收入10%为界定，有66.8%结核病家庭产生了灾难性支出；如果用扣除食物支出以后的家庭收入40%为界定，则有54%的结核病家庭有灾难性支出。

中盖项目还分析了非医疗费用支出占收入的百分比。非医疗费用指的是因看病产生的交通、住宿等支出。有20%的病人非医疗费用支出超过其家庭收入的20%，有36%的病人非医疗费用超过扣除食物支出后家庭收入的40%。这两个标准得到的结果略有差异，但可以看到20%~30%的病人非医疗费用已经造成灾难性支出。

如果按照自付费用比例占总费用不超过20%来看。在中盖项目实施之前，浙江、宁夏、吉林三省门诊结核病费用自付比例都在50%左右，通过中盖项目努力下降到30%左右，仍比国际惯例的20%要高。住院的自付比例略有下降，在20%~30%，接近国际推荐值，但相对仍然偏高。

（2）中盖项目的筹资与支付改革

筹资与支付改革的目标。第一，从经费角度，筹资就是开源。能有更多的资源投入到结核病防控上，使得资源更充足。相对地，支付改革就是节流，提高资金的使用效率和效果，控制医疗卫生费用的过度上涨。最终目标是要平衡好三方共同的经济利益：老百姓医疗负担不能过高，国家医保财务不能出风险，医疗供方不能亏本经营，否则不可持续。第二，从结核病防治角度，筹资与支付改革可以提高资金使用效率，提升服务的质量，提高服务的公平性，最终提高结核病防治的效果等。

为了实现这样的目标，就需要开发利用好一些相关政策。中盖项目进行了多渠道筹资方面的研究和政策开发，多渠道筹资机制有五个方面：一是结核病的专项经费，二是基本医疗保险，三是大病保险，四是医疗救助，五是财政兜底补助。

结核专项经费方面，中盖项目主要是更好地落实国家已有的结核免费诊疗政策，没有更多的开发性。

基本医疗保险方面，首先确定基本医疗保险的结核病服务包，然后制定它的支付方式，比如支付的起付线、封顶线，以及报销比例等，确定支付政策。在这个方面，中盖项目做了几项大的政策促进和倡导：首先是把肺结核纳入门诊特殊病种的管理。我国的基本医疗保险在过去很多年都是以住院报销为主，只有住院才能使用基本医疗的保险，而门诊看病就不得报销或者报销比例很低。把结核病纳入门诊特殊病种管理后，结核病人即使不住院，在门诊治疗也可以按照住院标准报销。这是政策上的一个突破。

其次是提高报销比例。各地对于住院、门诊都有一定的报销比例，报销比例各地不同。中盖项目提出对普通结核病门诊和住院报销比应达到70%以上，起付线应该降得非常低，甚至是零起付线。通过这样的政策开发，降低病人的疾病负担，使病人能顺利完成治疗。

最后是扩大肺结核相关医保报销范畴和目录。医保报销通常有一个服务包，如果某种药品或者服务、检查没有进入报销目录，病人用到时需要自费。项目通过实证研究帮助政府和医保部门了解——如果增加这个药品或者服务不仅可以提高服务质量、缩短病程、治好病人，而且最终医疗费用也不会超支，整体效益会更高。比如，通过对耐药结核的某些药品的研究，确认如果把这些药品纳入报销目录，不仅可以提高治疗的效果，最终还能节省费用。如果治不好，拖的时间长，最终花的钱更多：医保付的多，病人自付也多，如果老百姓付不起不治，患者就会成为传染源传给更多的人，那就是公共卫生灾难。

大病保险是另外一个层次，主要针对耐多药和贫困人群，降低起付线、提高报销比、提高封顶线，尽量减少病人尤其是贫困人口的疾病负担。

医疗救助及其他，主要是把贫困和耐多药结核患者纳入大病救助，对一些贫困人群给予交通、营养方面的补助。

财政兜底补助是普通结核病人自付比例高于30%、贫困人群耐多药患者自付比例高于10%时，倡导政府用财政进行兜底补贴。

针对以上的筹资政策，浙江、吉林和宁夏在项目当中都出台了相应政策来落实项目目标。

（3）中盖项目支付方式的创新与经验

支付方式不完全是节流、控费的问题。在国际上，支付方式改革是用来提高服务效率和服务质量非常重要的一个政策工具。

举个例子，很多国家医保的传统支付方式是按项目支付，开药、做检查或治疗手术、住院，每做一个项目就支付一个项目，服务项目越多收费就越多，这带来一个潜在问题：医疗服务机构为了挣更多的钱，趋向于提供更多的甚至是过度的服务。为避免这种情况，国际上通常采取按人头付费，人头是按一个社区来计算，这个社区一共有多少人，每个人每年支付一定费用给服务提供机构，由他们来为社区人群提供医疗卫生服务。这种按社区人头付费方式最大的优势是可以促进服务部门更多地预防疾病的发生，或者通过早发现早治疗，控制轻病转为重病。一个社区疾病越少，重病越少，所需要花费的医疗卫生支出就越少，医疗机构的结余就越多。对于结核病而言，如果结核病病人没有早期发现早期治疗，传染了更多的人，那么人头付费最后就包不住了。医疗机构就可能出现财务上的亏损。但按人头付费也有一个风险：医疗服务机构为了节约费用而压缩服务，使得服务质量有可能出问题。更为创新的做法是采取人头付费+绩效奖金，治好了或者达到服务标准才有奖金这部分支付。

另外一个支付方式是按病种支付，按照治疗病种给服务提供机构支付预先计算好的费用。病种付费与人头付费和不一样，病种付费是按每一个病人患有的疾病状况来计算付费标准和付费的。不按项目付费，而是打包付费，这样的话能控制费用，防止不合理或过度提供服务。当然这里也存在潜在的服务质量控制的问题，对服务质量的监督和管理，也必须配合这种支付方式的实施。

中盖项目尝试的第三个付费方式是捆绑付费，捆绑付费是把所有病人的费用，无论是门诊还是住院，都打包成一个，一个病人就支付一个捆绑费用标准，借此促进医疗服务部门更多地采用相对经济有效的治疗方法，比如能用门诊的，就尽量使用门诊，整体上节约医疗成本，提高效率。

这三种支付改革措施中盖项目都有采用：①人头付费方式，2009—2015年中盖项目在宁夏用社区人头付费+绩效奖金方式，这个模式的目的是促进社区早期发现、早期诊断、早期治疗，控制病人的扩散，使得当地的人头费用能够有一个经济激励机制预防结核病的发展和扩散。②病种付费，中盖项目二期、三期都用了，把门诊和住院分开进行，如果是门诊治疗，有一个病种总费用，3000元一个病人，在这个钱的总额下保证治疗好；住院的话是8000~10 000元，这样就有一个上限，使医疗部门有一个控费意识，通过控制费用，减少病人负担；这个方式有一个比较大的问题是：医疗机构可能会把病人更多放在住院治疗，因为住院可以得到 8000 元，门诊只有 3000 元。因此，中盖项目在近期和国家医保研究院合作设计第三种方式。③捆绑支付方式，把门诊和住院打包在一起，无论病人是门诊还是住院治疗都是统一的费用计价，如果门诊治好了，费用就有结余，如果住院时间过长，就会有超支。需要医院做好病人分类管理，把患者治好还有收入结余。这个如果试点成功则是对国家支付方式非常大的一个贡献。实际上创新不仅仅是药品、技术创新，政策与政策工具的开发创新也是非常重要的。

二、资源

（一）组织机构

1. 世界卫生组织

联合国下属的世界卫生组织（World Health Organization, WHO, 中文简称世卫组织）是国际上最大的政府间卫生组织，总部位于日内瓦。

在世卫组织官网（https://www.who.int）点击"Health Topics"搜索"Tuberculosis"即跳转至"结核病"专栏，读者可在该网页中浏览相关信息。

（专栏网址：https://www.who.int/health-topics/tuberculosis#tab=tab_1）

其中，自 1997 年以来，WHO 每年都会发布一份全球结核病报告（Global TB Report）。该报告对结核病流行以及全球、区域和国家层面在该病的预防、诊断和治疗方面取得的进展进行了全面和最新的评估。

（报告网址：https://www.who.int/teams/global-tuberculosis-programme/data）

2. 国际防痨和肺病联合会

国际防痨和肺部疾病联合会（The International Union Against Tuberculosis and Lung Disease, the Union）是一个致力于改善贫困地区人口健康状况的全球科学组织，主要长期关注以下三个议题：结核病、烟草控制以及肺部和非传染性疾病。

读者可在其门户网页查阅到全球各地区结核病的大致数据以及该组织在会议举办（全球肺部健康大会，The Union World Conference on Lung Health）、期刊发行、科学研究等方面的工作情况。官方网址为：https://theunion.org/。

3. 中国疾病预防控制中心结核病预防控制中心

结核病预防控制中心负责全国结核病预防控制业务工作的组织协调和指导中心，是集结核病预防控制资源协调、业务指导、疫情监测管理、项目组织实施及技术人员培训等功能于一体的国家级专业机构。官方微信公众号为"结核那些事儿",官方网址为:https://tb.chinacdc.cn。

4. 中国防痨协会

中国防痨协会是我国结核病防治唯一的国家一级科技社团,主管单位为中国科协,在民政部依法登记,获民政部中国社会组织评估登记4A,是国际防痨与肺部疾病联合会成员单位。官方微信公众号为"中国防痨协会",官方网址为:http://www.cata1933.cn。

(二)学术期刊资源

1. 国内学术期刊

可重点关注:(1)由中国防痨协会主办的《中国防痨杂志》;(2)由中华医学会主办的《中华结核和呼吸杂志》。

《中国防痨杂志》主要报道中国结核病防治的方针、政策,反映中国内外同行的最新科研成果,介绍该领域的新动态、新进展、新理论、新成果、新技术、新方法及新经验。

《中华结核和呼吸杂志》主要报道有关结核和呼吸系统疾病的预防、医疗和基础理论方面新的或者更深入的实践经验和科研成果,着重介绍新理论、新技术及新成就。

2. 国外学术期刊

可重点关注:(1)由国际防痨与肺病联合会主办的《结核与肺病杂志》(International Journal of Tuberculosis and Lung Diease, IJTLD);(2)《结核病》(Tuberculosis)。

《结核与肺病杂志》主要介绍肺部健康的临床研究和流行病研究,包括有关结核病、结核病-艾滋病毒和呼吸系统疾病(如哮喘、慢行阻塞性肺病)、儿童肺部健康以及烟草和空气污染危害的文章。

《结核病》专注于结核病的基础实验研究,尤其是细菌学、免疫学和发病机制方面,主要发表关于结核病的宿主反应和免疫学以及生物体的分子生物学、遗传学和生理学的原创研究和评论。

三、报道点评

(一)结核病防治媒体报道的现状和挑战

1. 结核病防治媒体报道现状

基于近十年以来的持续关注,我们发现结核病媒体报道呈现以下特征:第一,在内容选题方面，呈现两多两少的局面，综述类、科普类的文章比较多，深度报道、创新型的调查类报道比较少；关注宏观层面包括防治效果、公共卫生的系统性探讨比较多，从患者出发的人文性报道比较少，比如耐药结核污名化、患者歧视问题、患者疾病负担等这一类选题相对是比较少的。

第二，在报道层面，信源获取存在一定难度。首先从报道对象来看，因为结核病是一种传染病，社会上普遍存在着对疾病的歧视，患者基于隐私保护或者是免受歧视等方面的考虑，很多时候对媒体会有防范心理，导致记者在采访过程中很难获得患者层面的一手信源，报道中的故事性相对会弱一些。其次，从新闻报道的生产者，即记者、编辑的角度看。相对来讲，结核病是一个比较专业的议题，对记者的专业性提出了更高的要求。同时，结核病是一个相对小众、话题性较弱的报道领域，所以记者对结核病议题的知识储备较少，需要记者在提升报道专业性的同时保持对结核病议题的敏感度，不断寻找新的、与结核病相关的话题进行报道。最后，从信源角度来看，结核病报道需要在用好现有信源的同时，拓宽信源渠道。目前结核病报道中最常引用的两类信源是疾控机构/卫健委官员和专家学者，官员在面对媒体时会比较谨慎，往往是以少说或者不说为原则；而专家学者需要把深奥的学术知识、学术原理转化成通俗易懂的话语让大众更好地理解。因此，媒体记者需要以更多的知识储备和更专业的报道获得这两类信源的信任，从而更好地发挥他们的作用。同时，记者们还需增加结核病医护人员、患者及其家属的视角，以丰富媒体报道内容。

2. 结核病防治媒体报道的挑战

目前结核病媒体报道所面临的挑战，主要是结核病防治报道内容层面的混淆和受众层面对结核病知识的误读。这两者紧密相关，因为媒体在内容层面做不到科学清晰的报道，会导致受众层面对结核病知识的误读。

内容层面的混淆和受众层面的误读主要表现在以下几个方面：

第一类是对结核病本身的误读和混淆。其一，很多人认为结核病是早已消失了的旧社会的病，现在已经不存在了。实际上，我国的结核病负担很重，每年新发的结核病患者有80多万。其二，人们认为感染了结核菌就一定得结核病，实际上携带了结核菌并不一定会得结核病，至少不一定会出现结核病的症状，只有在身体本身的免疫机能出现下降，结核菌才会从休眠状态清醒，开始在人体里兴风作浪。其三，认为凡结核病都会传染。实际上，并不是所有结核病都会传染，只有肺结核是通过呼吸道方式传染，才是一个传染病。

第二类是对结核病诊疗的误读和混淆。其一，很多人认为得了肺结核就等于得了绝症，无药可治。实际上肺结核是可防可治的，普通结核病只要规律地服药6~8个月一般是可以治愈的，耐药结核的治愈率低于普通结核，但也是能治愈的。

其二，认为结核病症状好转后就可以减药或停药，治愈普通结核需要规律地服药6~8个月，但很多患者往往在服药2~3个月由于症状好转等原因，而擅自减药、停药，最后转变成耐药，一旦得了耐药性结核病，诊疗比普通结核病困难得多，花费是普通结核病数倍到数十倍，对家庭负担会更重。因此，结核病在治疗过程中，一定要遵医嘱，切不可擅自减药或停药。

其三，认为结核病患者可以到综合医院进行诊断治疗。对于具有结核症状的患者，建议去结核病定点医院或专科医院诊断和治疗。对于已经确诊的患者，更要去专科医院治疗，比如当地的结核病定点医院或专科医院。

其四，认为只要患了结核病就不能再正常生活和工作。实际上绝大多数结核病患者在规律服药2~3个月之后，症状已经减轻，传染性已经减弱，可以正常地生活，在完成疗程治愈后就可以正常学习和工作。

第三类是对结核病预防的误读和混淆。其一，认为只要小时候接种了卡介苗就不会再得结核病。实际上卡介苗是一个保护性不那么好的疫苗，它并不能阻止结核杆菌的传播，也不能保护青少年和成人免受结核病的侵害。它的主要作用是降低儿童患重症结核的概率并降低死亡风险。

其二，认为只有穷人和营养不良的人才会患结核病。实际上现在有大量的结核病患者并非穷人或营养不良。比如，长期熬夜导致身体免疫力下降的人群，比如学生、打工族。老年人因为身体免疫力下降，即使在城市中也有可能会患上结核病。根据2014年WHO出台的《结核潜伏感染管理指南》，结核病的高发人群和脆弱人群包括：HIV感染者、肺结核密切接触者、接受过抗肿瘤坏死因子治疗的患者和透析的患者，还有做器官移植的、矽肺患者，另外服刑人员、医务工作者、无家可归者、吸毒人员也是脆弱人群。

第四类是政策层面的关于结核病疾病经济负担的误读和混淆。其一，认为结核病诊疗费用需要患者自己全部承担，或者全部享受国家免费政策。实际上，患者在结核病定点医疗机构就诊，是可享受国家肺结核免费政策的，包括为初诊的肺结核可疑症状者免费提供1次痰涂片和普通X光胸片检查；为活动性肺结核患者免费提供国家统一方案的抗结核药物、治疗期间的痰涂片检查和治疗结束时的普通X光胸片检查；为耐药可疑者免费提供耐药筛查。此外，越来越多的耐药结核药物纳入了医保目录，并通过医保招标和谈判降低价格，让患者能用得上，用得起。

其二，认为患者的疾病负担仅指医药治疗费用。要知道，患者的疾病负担不仅仅是医药治疗费用，还有他不能继续工作的经济损失、看病往返交通的费用、亲人陪伴的住宿费用、营养等非医疗费用的支出。因此，虽然国家对于结核病提供了部分免费服务，但结核病，特别是耐药结核患者普遍存在因为患病而失去工作能力、疾病诊疗费用负担过高的问题，希望媒体朋友能够给予更多的关注。内容包括但不限于：呼吁更多的耐药结核药物纳入医保目录，提高门诊和住院报销比例；异地就诊的结核病患者，能够实现便捷的实时结算；为困难患者提供适当的医疗救助、交通和营养补助等。

（二）结核病防治媒体报道策略

1. 结核病报道常见的选题角度

我们有以下五个方面的建议：

第一个选题角度是结核病防治的重点和难点。

首先是结核病筛查和诊断的相对困难。结核病是传染病，目前在我国，从患者出现结核病症状，到确诊结核病往往需要六周左右的时间，这六周往往是排菌较多传染性很高的时期。因为结核病的症状与感冒或者其他呼吸道疾病很相似，给筛查和诊断带来了困难。现有的诊断工具中，胸片诊断的准确率不高，痰检测需要实验室进行菌种的培养，目前还没有特别创新的快速诊断工具。希望媒体能多关注结核病筛查工具和诊疗技术新进展领域的选题。

其次是耐药结核的诊疗，以及普通结核和耐药结核的区别。耐药结核病被称作"会传染的癌症"，在治疗时长、治疗成本、患者疾病经济负担，以及可治愈性方面都和普通结核有很大的差异性。目前很多人还没有意识到耐药结核的严重性，尤其是耐药结核跟糖尿病、艾滋病等其他疾病合并的双重感染，给我们国家的公共卫生体系带来的重大挑战。所以，耐药结核也是我们的记者和媒体应该着重关注的选题。

最后，结核病患者的疾病经济负担应该引起广大记者和媒体朋友的关注。这一点在过去的报道中往往会被记者所忽视，因为大家认为结核病国家有定点单位进行筛查、治疗，在整个国家体系里面被国家医保所覆盖。但实际上，国家的免费治疗比较有限。确诊了普通结核病，它的治疗时长需要 6~8 个月，耐药结核的治疗则需要更长时间，由此可能引发患者失去工作、没有收入，看病的差旅费用和需要自付的部分医疗费用对一个家庭造成致命打击，进而可能会产生因病致贫或者因病返贫。因此，结核病患者的疾病经济负担是我们希望媒体能够重点关注的选题，不仅仅是让普通公众和政策制定者关注到这一点，也让结核病患者关注到这一点，以督促他们更为规范地治疗，做好服药的依从性，一次性彻底治愈结核病，减少由于不规则服药产生的耐药性，进而减少对家庭和社会的疾病负担。

第二个选题角度是结核病防治的现状和进展。

首先，现有的结核病防治模式需要创新，已有的创新需要被推广。无论是世卫组织20世纪90年代推行的直视下短程化疗（DOTS）策略，还是现在正在中国卫健委－盖茨基金会结核项目所验证的创新防治模式，这些行之有效的成功经验都需要在更大范围内被推广。其次，结核病急需药物和疫苗领域的创新，希望记者们能够关注结核病领域的药物、疫苗的研发议题。最后，结核病急需诊断工具的创新。希望记者能够关注并呼吁有更多的科研人员和机构去进行诊断工具的创新。

第三个选题角度是结核病引发的一些公众担忧。

主要有两点：首先是对结核病患者的污名化和歧视，任何一种疾病可能都有歧视，肺结核因为具有传染性，同时治疗的时长往往需要6~8个月（普通结核、耐药结核则更长），在漫长的治疗过程中，患者的心理往往会比较脆弱，需要来自家人、朋友的关怀、支持和帮助。因此，减少对结核病患者的污名化和歧视也是媒体和记者应该着重关注的一个议题。其次，结核病患者的隐私保护，这和我们前面讲的污名化和歧视一脉相承，因为有歧视的存在，有各种各样污名化的存在，所以我们需要保护好结核病患者的隐私，方便他们在治愈之后更好地重返工作岗位或者是融入社会。

第四个选题角度是结核相关的全球战略和国家战略。

首先，从全球战略来讲，WHO提出了"终结结核"的全球战略目标，各个国家如何配合WHO全球的创新实践。这方面有很多国际上的经验或者教训值得我们国家学习，希望媒体在这方面有所关注，为国家"终结结核"战略提供一些参考借鉴。其次是和结核相关的中国国家战略，主要有三个：第一个是《健康中国2030规划纲要》，如果我们要实现"健康中国"的目标，就必须在结核病的防治上有所突破，所以我们国家如何在实现健康中国2030战略目标的大背景之下推进结核防治也是一个值得关注的点；第二个是乡村振兴战略。西部农村地区的结核病状况相较于东部发达地区要更为严重，这导致结核病是因病致贫、因病返贫的重点疾病之一，如果我们不能解决结核病的问题，可能就影响到中国的乡村振兴战略。所以媒体可以从乡村振兴角度进行结核防治的报道。第三个是"一带一路"战略。在"一带一路"沿线上有很多结核病高负担国家，加强我们国家和"一带一路"沿线国家的结核病防治合作势在必行。在这个过程中我们如何把结核病防治和"一带一路"战略结合起来进行报道也是媒体应该关注的一个领域。

第五个选题角度是我国结核病防治的重要发力点。媒体在报道中可以倡导政府在资金、政策、医保等领域对结核病防治的支持，也可以倡导加强结核病人信息化管理系统建设，加强结核病疫苗、诊断工具、药物等科学研发。

2. 结核防治报道的时间规律

结核病议题报道具有明显的周期性，即每年3月24日世界结核病日前后是一个报道的高峰。因为结核病本身是一个冷门议题，所以需要媒体更加积极地利用3月份的"世界结核病日"、10月份世界卫生组织发布"全球结核病报告"以及"世界肺部健康大会"等结核防治领域的关键时间节点来推动高影响力报道的生产。这些重要的时间节点也是记者能够更方便地联系到政策制定者和专家的时刻。

此外，一些突发的疫情事件也会引发结核病的媒体报道高峰。对突发疫情事件的高影响力的深度报道，往往能够引发对结核防治议题事项更多的关注，更好的传播效果。

同时，春夏季、每年的开学季也是结核发病和结核传染的高峰期，如果能够结合发病高发期和传染的高峰期做一些结核病科普，往往也能取得更好的让公众知晓结核病的效果。简而言之，结核报道的选题策划需要有效地利用报道时间规律，从而达到更好的结核防治媒体报道的效果。

3. 媒介报道形式的创新

与选题策划和题材创新相对应的，是要兼顾媒介报道形式的创新。上文在介绍结核报道现状时谈到，结核报道消息类比较多，深度解读、调查性报道、专题性报道比较少。未来，应该有意识地去增加深度报道、调查性报道和专访类报道，增加报道的人情味、人文情怀。同时，社交媒体的发展对媒介报道形式提出了新的要求，也提供了更多的可能性。除了利用传统媒体进行结核病防治选题的报道外，也可以利用新媒介形式进行创新性的结核报道，比如微视频、数据新闻、信息图、条漫等方式，吸引更多人的关注，加强传播效果。

案例编辑：杨子云　北京大学社会化媒体研究中心研究员
点评专家：吴燕妮　清华大学伊斯雷尔·爱泼斯坦对外传播研究中心科研主管

被忽视的热带病

一、概述

（一）认识被忽视的热带病

被忽视的热带病（neglected tropical diseases，NTDs）是一种古老的致贫疾病的统称，它们大多数拥有数百年甚至上千年的历史；这种疾病给全世界10亿多人带来极具破坏力的影响，令人虚弱、损毁外形，甚至致命，加重了人力、社会和经济负担。这种病的分布地区主要集中在热带和亚热带地区，卫生和医疗资源有限的贫困地区里最脆弱、最边缘化的人群是易感人群。大约90%的疾病都流行于人均生活水平1.25美元/天/人以下的地区。疾病与贫穷形成了恶性循环，贫困导致了这些疾病的发生，而疾病造成的经济和社会负担又加剧了贫穷。

理论上，采取及时有效的干预措施可以防控此类传染病；但是病原体复杂的生命周期、动物媒介以及贫穷所伴随的其他卫生问题使相关的公共卫生防控具有极高的挑战性。过去10年世界范围内防控NTDs效果显著，与2010年相比，今天近5亿人不再有因NTDs而罹患疾病/残疾的风险；43个国家至少消灭了一种NTDs；从2015年到2019年，超过10亿人接受了至少一种NTDs治疗。在COVID-19的大背景下，2020年仍有7.57亿人接受了NTDs治疗。世界卫生组织计划在2030年消灭NTDs。

每年的1月30日是"世界被忽视热带病日"。NTDs在149个国家很常见，影响着超过14亿人（包括超过5亿儿童），每年花费发展中国家几十亿美元的资金，让众多家庭世代陷入贫困的循环。2013年，NTDs已经造成了142 000人死亡。NTDs主要流行于热带的亚洲、非洲和拉丁美洲等149个相对贫穷和落后的国家，受威胁人口达到了27亿，感染人数超过了10亿。更为严重的是，在这些国家的多数地区常常同时存在多种NTDs的流行，其中至少100个国家流行2种或2种以上，30个国家流行6种或6种以上。中国也是其中受影响较为严重的国家之一，至少存在4种NTDs的流行，如土源性蠕虫病、血吸虫病、沙眼、登革热等。NTDs 已成为影响世界发展中国家贫穷边缘居民健康的重要公共卫生问题之一。

1. NTDs 的种类

NTDs 大多是由传染性病原体引起的，包括病毒、细菌、真菌以及寄生原虫和蠕虫，目前主要包括了 20 个种类的疾病（表1），常见的病症有狂犬病、沙眼、麻风病等。这些疾病的传播途径多样，可以经水、经土壤、经食物、经动物或昆虫的叮咬，还可以经过人体直接或间接的接触，包括了经血液或器官移植的传播。在传播的类型上，有些需要节肢动物媒介，还有些需要中间宿主。

NTDs 涉及病原体类型众多、传播类型和传播途径多样。受到经济水平、环境因素、疾病特点的影响，NTDs 易与其他感染性疾病同时出现，如经蚊媒传播的丝虫病与疟疾、艾滋病与深部真菌病等。

表1 WHO 规定的 20 种 NTDs

序号	病原体类型	病原体名称	人体感染方式	媒介	疾病名称	临床表现
1	细菌	溃疡分枝杆菌	接触	无	布鲁里溃疡	严重破坏皮肤、骨骼和软组织
2	原虫	枯氏锥虫	经昆虫叮咬、血液传播、摄入受污染食物	锥蝽虫	恰加斯病	发热、颜面水肿、贫血、心肌炎、心力衰竭、脑膜脑炎、巨食管炎、巨结肠及肺、脑栓塞、猝死等
3	病毒	登革病毒	经昆虫叮咬	埃及伊蚊、白纹伊蚊等	登革热和基孔肯雅病	流感、严重的疼痛和致残症状，甚至出现休克、出血和死亡
4	线虫	麦地那龙线虫	摄入受污染的水	水蚤	麦地那龙线虫病	腿部皮肤破溃，释放幼虫
5	绦虫	细粒棘球绦虫幼虫囊尾蚴	摄入受污染的水源和食物（狗或者野生动物粪便）	无	棘球蚴病（包虫病）	包囊占据人体器官，引起器官肿大
6	吸虫	华支睾吸虫、后睾吸虫、肺吸虫和肝片吸虫	食用被幼虫状态的寄生虫污染的鱼类、甲壳类动物和蔬菜	淡水螺	食源性吸虫病	不同寄生部位症状各异

续表

序号	病原体类型	病原体名称	人体感染方式	媒介	疾病名称	临床表现
7	原虫	冈比亚锥虫和罗的西亚锥虫	经昆虫叮咬	采采蝇（舌蝇）	非洲人类锥虫病（昏睡病）	侵入神经系统后100%致命
8	原虫	杜氏利什曼原虫登	经昆虫叮咬	雌性白蛉	利什曼病	内脏疾病、皮肤溃疡、毁容疤痕、残疾
9	细菌	麻风分枝杆菌	接触和吸入	无	麻风病	皮肤、周围神经、眼睛
10	线虫	班氏丝虫、马来丝虫、帝汶丝虫	经昆虫叮咬	按蚊、库蚊	淋巴丝虫病（象皮病）	复发性疼痛性炎症、四肢及生殖器异常增大
11	真菌	念珠菌等致病菌	接触，血行播散、上行感染	无	霉菌病、着色芽生菌病和其他深部真菌病	皮肤和皮下组织的慢性、进行性破坏性炎症疾病，影响下肢
12	线虫	盘尾丝虫	经昆虫叮咬	黑蝇	盘尾丝虫病（河盲症）	瘙痒和眼睛损伤，甚至视力障碍和永久失明
13	病毒	狂犬病病毒	动物咬伤	无	狂犬病	致死
14	节肢动物	人疥虫和其他体外寄生虫	接触	螨虫、跳蚤、虱子	疥疮和其他外寄生虫病	皮肤发痒、结节、水疱
15	吸虫	日本血吸虫、埃及血吸虫、曼氏血吸虫	接触疫水，感染期幼虫经皮肤侵入	钉螺、水泡螺、双脐螺	血吸虫病	肝脏和泌尿生殖系统病变
16	线虫	蛔虫、钩虫、鞭虫、蛲虫	经口误食及经皮肤侵入	无	土源性线虫病	贫血、维生素A缺乏、发育迟缓、营养不良、肠梗阻和发育受损
17	毒素	眼镜科、蝰蛇科、海蛇科毒蛇毒液	接触、咬伤、毒液接触眼睛等	蛇	蛇咬中毒	麻痹神经系统
18	绦虫	绦虫成虫/幼虫囊尾蚴	经口误食虫卵及自体内感染	无	绦虫病/囊虫病	营养不良、食欲不振、癫痫等神经系统疾病
19	衣原体	沙眼衣原体	接触	无	沙眼	角膜混浊和失明
20	螺旋体	雅司螺旋体	外伤接触	无	雅司病	主要影响皮肤和骨骼的慢性、毁容性细菌疾病

NTDs 通常局限于极端贫困的地区，特别是热带地区。大约 90% 的流行都发生在人均生活 1.25 美元 / 天 / 人以下的地区。世界卫生组织的报告提出目前 NTDs 主要流行于 149 个比较贫穷落后的国家，主要覆盖热带的亚洲、非洲和拉丁美洲，感染人数超过 10 亿。此外，NTDs 自身的流行常常合并出现，其中至少 100 个国家流行 2 种或 2 种以上，30 个国家流行 6 种或 6 种以上。中国也是 NTDs 流行率较为广泛的国家之一，至少存在 4 种 NTDs 的流行。同时 NTDs 自身也容易同时出现，且种类具有国别特异性。[1]

2. 被忽视的原因

（1）这些疾病持续存在于最贫穷、最落后和最边缘化的地区。在这些地区，居民的生活用水和饮用水都未进行有效的净水处理、缺乏基本的卫生设施且基本的卫生保健有限。

（2）这些疾病受到当地的气候、自然、媒介、中间宿主、生产劳动的方式以及居民的生活习惯等因素的影响，经常在局部流行，不会威胁到周边发达地区，也很少在全球传播。

（3）这些疾病不同于 SARS、新冠肺炎等传染病，不会大规模爆发，死亡率相对较低。因此，缺少了媒体和公众的关注。在全球对艾滋病、肺结核和疟疾的关注背景下，此类疾病在公共卫生议程中处于劣势。

（4）这些疾病的患者和受害者生活在社会底层，没有政治的发言权，难以向社会公众提出要求进行诊断治疗。常常被经济发达、具有变革力的国家所忽视。

（5）这些疾病对制药企业缺乏吸引力，受利益驱使的企业难以积极地、大规模地为一个回报率低的市场投入资金进行更好的药品研发。根据被忽视疾病药物倡议组织的数据，2000—2011 年间批准的新药只有 4% 是针对治疗 NTDs 的，而 NTDs 占全球疾病负担的 11%。大型制药公司将 90% 的预算用于 10% 的疾病。

3. NTDs 的危害

（1）致畸致残，给患者带来伴随终身的机能损害，包括了眼部、肢体、内脏器官等部位。削弱当地劳动力、严重影响生活质量。

（2）阻碍儿童生长发育，导致智力发育迟缓和认知障碍。增大妊娠妇女发生妊娠期并发症的风险。

（3）生理缺陷会给患者带来社会歧视和污名化的风险。

（4）增加感染其他传染病的风险，加重病情和诱发癌变的可能。加重贫血和营养不良的风险。

（5）造成经济损失，引起贫穷和疾病的恶性循环。比尔·盖茨对这一问题进行了很好的阐释："如果把所有被忽视疾病看成一种病，那它的影响就与那些严重疾病一样巨大。

总体来说，人们的负担十分沉重。"

4. NTDs 预防、控制与消除

预防、控制和消除 NTDs 主要重点在于：①在不同的地理和流行病学环境中扩大或启动战略验证田野调查；②培养国家级疾病监测和诊断能力；③优先国家启动群体控制；④调集必要的资源。具体的防控策略包括预防性化疗、病例管理、媒介控制、安全的水资源以及基本的卫生设施和卫生保健、兽医公共卫生、协调管理，加强防控被忽视热带病的技能。

（1）预防性化疗。指要求流行区域人们定期服用预防性化疗药物。主要针对有明确预防性化疗药物的疾病，如线虫病（淋巴丝虫病、盘尾丝虫病、血吸虫病和土传线虫病）。其优点是药物安全性较高；可能的缺点是受到药物捐赠的影响较大，一旦执行资金受到影响、吡喹酮等药物供应不足，干预范围则无法扩大。

（2）创新及强化病例管理。主要针对目前尚无明确预防性化疗药物的疾病，如布鲁里溃疡、恰加斯病、人类非洲锥虫病、利什曼病（皮肤、黏膜皮肤和内脏形式）、麻风病和雅司病。加强病例管理是指有效管控感染者和有感染风险的人。关键节点是早诊早治，提供治疗以减少感染和发病率，以及管理并发症。缺点是，早期感染并不会出现相关症状，容易影响诊断时间进而延误治疗。用于治疗 6 种目标疾病的药物包括：治疗恰加斯病的硝呋莫司和苯硝唑；治疗非洲人类锥虫病的喷胺、苏拉明、美拉索、鸟氨酸和硝呋莫司；治疗内脏利什曼病的二性霉素 B、帕洛霉素和米替福辛；治疗多发性麻风病的利福平、氯苯齐明和氨苯丙酮的组合；治疗伯氏杆菌病的阿司匹林青霉素。这些药品大多捐赠给世界卫生组织，用于向流行区的目标人群免费提供高质量的治疗。

（3）控制传播媒介。主要针对昆虫为主的媒介传播疾病，如登革热和恰加斯病。控制传播媒介是控制 NTDs 暴发的重要措施之一，有助于减轻预防性化疗带来的沉重负担，并在淋巴丝虫病和血吸虫病等疾病的消除阶段发挥重要作用。在预防性化疗不可行或者具有明显的可防控的传播媒介的情况下，控制传播媒介并结合媒介监测是首选的干预措施。综合病媒管理（integrated vector management，IVM）是优化资源利用的合理决策过程。提高综合防治的实施和能力监测。缺点是需要依赖杀虫剂的使用及部分国家缺少病媒防控的专业人员。可利用新型媒介控制工具减少病毒传播。例如，不育昆虫技术、不相容昆虫技术、细胞质不相容技术和种群置换技术（用沃尔巴克氏菌属置换）、新的诱捕器和杀虫剂。

（4）安全用水（water）、基本卫生设施（sanitation）和卫生保健（hygiene）（WASH）。主要针对通过被污染的水、食物传播的疾病。这也是世界卫生组织倡导的健康主题之一。

（5）兽医公共卫生服务。主要针对防控 NTDs 中的以动物为媒介传播的疾病或人畜共

患病，如人犬传播的狂犬病、囊型和泡状棘球绦虫病、肝片形吸虫病和食源性吸虫病、人畜共患锥虫病、人畜共患利什曼病。目前狂犬病的传播、猪囊尾蚴病防控已取得了明显进展。

（6）协调管理，加强被忽视热带病的技能。强调多部门协同防控（医生、护士、实验室技术员、数据管理员、病媒控制人员、兽医公共卫生工作者、流行病学家和流动小组工作人员），其中，志愿人员、社区领导人和前线卫生工作者是公共卫生提供系统和疾病监测的中坚力量；卫生工作者执行许多关键任务，包括诊断、报告和应对许多健康问题。通过制定国家级的能力建设框架、加强监测和评估能力、编写培训材料并为国家级防控管理人员、各级执行人员（包括志愿人员、社区卫生服务者、一线卫生工作者等）提供课程培训、建立纵向发展网络，从而提高各国的防控技能，提高知识传播效能，进一步提高各国卫生工作者治疗NTDs的工作能力和公信力。

（7）创新使用诊断工具。例如，盘尾丝虫病、淋巴丝虫病、雅司病和非洲人类锥虫病的快速和多重诊断检测工具；曼氏血吸虫的循环阴极抗原；其他正在研制中的诊断方法，如布鲁里溃疡的霉内酯快速诊断检测工具。

（8）丰富治疗方法。如利用伊维菌素-枸橼酸二乙氨基马嗪-阿苯达唑（IDA）治疗淋巴丝虫病，利用非西咪唑治疗非洲人类锥虫病，利用儿科吡喹酮（正在研制中）治疗血吸虫病，利用抗生素治疗布鲁里溃疡（代替外科治疗）和阿奇霉素治疗雅司病（代替注射苄星青霉素）。

（二）NTDs的公共卫生要素

1. 简介

自2012年起，世界卫生组织发布第一份预防和控制被忽视的热带病路线图（《加速开展工作克服被忽视的热带病的全球影响路线图》），用来协调成员方与不同伙伴之间工作的有效性。世卫组织强调以下事实：

（1）预防和控制NTDs干预措施是全球公共卫生中的最佳干预措施之一，对预防性化疗投资1美元，估计为受影响个人产生约25美元的净收益。

（2）NTDs是一种重要的跟踪指标，可以确定在实现全民健康覆盖和公平获取高质量卫生保健服务方面的进展差距。

在世界卫生组织的启发下，2012年发布的《关于被忽视的热带病的伦敦宣言》首次吸引了21个创始合作伙伴，包括世界排名前13的药企、非政府组织等。与制药公司合作取得的积极成果帮助数百万人接受了恰加斯病、非洲人类锥虫病、肝片形吸虫病和其他食源性吸虫病、麻风病、淋巴丝虫病、盘尾丝虫病、血吸虫病、土壤传播蠕虫病和沙眼的免费定期治疗。到目前为止，这 13 个制药合作伙伴已经捐赠了超过 178 亿美元的药品。

2. 防控收益及面对的挑战

在过去几十年的努力下，对 NTDs 的防控已取得重大进展。据世界卫生组织报告，过去 10 年间，已有 6 亿人不再需要针对多种 NTDs 的干预措施，42 个国家和地区至少消除了一种疾病。麦地那龙线虫病即将被根除，2019 年仅有 4 个国家报告了 54 例人类麦地那龙线虫病病例；淋巴丝虫病和致盲性沙眼已作为一个公共卫生问题分别在 17 个国家和 10 个国家实现消除；盘尾丝虫病已在美洲区域的 4 个国家实现消除；人类非洲锥虫病的年度病例数已从 2012 年的 7000 例下降到 2019 年的不到 1000 例，超过了到 2020 年下降到 2000 例的原定目标；大多数流行国家已在 2010 年实现消除麻风病的目标，即每万人中接受治疗的患者不到 1 例，自此之后，全球报告新增麻风病病例数继续以每年 1% 的速度下降。全球有超过 10 亿人接受了至少一次 NTDs 治疗。[2] 总而言之，防治 NTDs 有助于减轻这些疾病为世界上最贫穷社区带来的人力和经济负担。

然而，目前仍然存在一些挑战。首先，各地防控 NTDs 的能力和水平亟待加强，包括疾病诊断、监测、评估、药品和医疗产品的获取和运输、宣传和筹集资金等。在全球疾病负担研究中，吸虫、狂犬病 / 毒蛇咬伤、癫痫导致疾病负担被错误归类至癌症、伤害和神经疾病等其他疾病，低估了 NTDs 所带来的疾病负担与其随之带来的心理负担，难以在统计层面上重视 NTDs。另外，NTDs 主要分布在贫穷和偏远地区，对于居住在偏远地区的易感者来说，医疗服务可及性阻碍了 NTDs 防控工作的开展。例如，巴西和委内瑞拉的亚诺马米、刚果东部、位于赤道附近的巴布亚新几内亚，热带雨林茂密，通往偏远社区的交通通道有限，政府提供的正规医疗服务有限或根本没有。这些地区的疾病监测有效性和可信度则会大打折扣。世界卫生组织呼吁为监测和评估工作提供资金，并建立标准指标评估体系和信息化系统，确保卫生规划及各部门的数据可比性，降低防控成本、避免重复过度防控。世界卫生组织的下一步目标就是将 NTDs 防控纳入国家主流卫生系统中，以提高各方对 NTDs 防控的重视。

其次，与贫穷有关的因素阻碍 NTDs 的防控。在获得卫生保健服务、适足住房、安全供水和环境卫生设施方面持续存在不平等现象。世界卫生组织目前已出版了全球 WASH-NTDs 战略，并与 NNN 联合出品了相关工具包，该工具包为 NTDs 项目管理人员和合作伙伴提供了详细指导，指导他们如何与 WASH 社区合作，改善向许多受 NTDs 影响而服务不足的人群提供水、环境卫生和个人卫生服务。可以预见，如果不解决贫困或其他可持续发展目标，则很难消除 NTDs（表 2）。

表 2　NTDs 与可持续发展目标的关联

SDGs	与 NTDs 相关的原因
目标 1：消除贫困	NTDs 创造并推动医疗贫困陷阱
目标 2：消除饥饿—实现粮食安全—改善营养	寄生虫极大地影响营养和生长；麦地那龙线虫通常被称为"空仓病"，因为传播高峰与农业季节相吻合，导致人们无法耕种田地
目标 3：确保健康生活：全民健康覆盖	NTDs 计划的目标是让超过 10 亿人接受治疗。NTDs 与疟疾、HIV 和 TB 一起被列为健康目标
目标 4：教育	NTDs 影响学童的健康、出勤率和教育表现
目标 5：实现性别平等	由于血吸虫病、钩虫、泌尿生殖道血吸虫病和艾滋病毒传播导致的贫血，NTDs 对女孩和妇女的影响不成比例。因此，需要改善妇女和女孩获得吡喹酮的机会
目标 6：确保获得水和卫生设施	通过改善卫生、卫生和环境卫生措施，减少蠕虫、血吸虫病、麦地那龙线虫和沙眼的传播
目标 11：可持续城市	通过改善规划减少媒介繁殖，可以减少登革热和寨卡病毒的城市传播
目标 12：应对气候变化	遏制热带地区传播登革热、基孔肯雅病和血吸虫病（科西嘉岛）等疾病的潜在媒介
目标 15：可持续森林、防治荒漠化、制止生物多样性丧失	所有促进病媒传播 NTDs 出现的因素
目标 17：全球伙伴关系	非传染性疾病的成功基于流行国家、私营部门、双边机构、世界卫生组织/世界银行/非政府组织、民间社会、学术界和慈善机构的强大多伙伴联盟

其他不可预见的情况，如气候变化、战争、新出现的人畜共患病和环境健康威胁，会对 NTDs 防控策略产生不可预计的影响。据世界卫生组织报道，受到新型冠状病毒疫情的影响，众多 NTDs 计划被忽视，群体治疗（mass drug administration, MDA）和护理计划被中断，2021 年 109 个定期向世界卫生组织上报 NTDs 的国家中，44% 的国家 NTDs 监测上报系统中断（仅有西太平洋区将 NTDs 防控整合入主流卫生系统的国家和 NTDs 发病率本身较低的欧洲国家 NTDs 发病率降低），60% 的国家报告 NTDs 的群体治疗计划中断，至少 3/4 的国家将原有的 NTDs 卫生人力用于支援新型冠状病毒防控。在这种背景下，需要采取可持续性的、整合入国家主流卫生系统的防控措施，建立有恢复力的计划，创新开发新的流行病学工具和诊断方法。必须改进数据的质量、完整性，及时从村县一级流向国家、区域和全球各级，实现对全球进展的实时和准确监测，以便与扩大的防控方案相匹配。此外，气候变化问题也可能导致传播媒介流行区域的改变，如蚊子和钉螺；不同经济水平区域的人口流动可能会给各国带来输入性 NTDs 病例；城市化导致人口集中在大城市，增

加了媒介传播的 NTDs 暴发的风险，尤其是登革热。过度使用传统杀虫剂引发的环境毒性和昆虫耐药性，也对后续的防控提出了挑战。世界卫生组织表示，密切监视药物疗效并开发"适当的二线药品库"以确保人们继续得到保护、免受被忽视的热带病危害仍至关重要。世界卫生组织指出，新冠大流行是导致社区更脆弱的一部分原因，因为有些人误认为服用抗生素可以保护自己免受病毒，过度使用抗生素，这无疑会增加 NTDs 药物耐药性。

（三）全球抗击 NTDs 事业

1. 全球 NTDs 流行现状 10 个重要事实

事实 1：约有 10 亿人受到一种或多种 NTDs 的影响。它们之所以被称为"被忽视的"，是因为这些疾病只在最贫穷和最边缘化社区中持续存在，从而在较富裕的地方被人们所遗忘。这些疾病活跃在水不安全、卫生设施缺乏以及基本卫生保健有限的地方。尽管它们造成严重疼痛和终身残疾，但是这些疾病通常不那么引起人们注意，与高死亡率疾病相比得不到重视。

事实 2：目前有多种疾病列为 NTDs。大多数是可以预防、消灭的，并且有一种即几内亚线虫是可以根除的。儿童最易受到影响。

事实 3：由于被忽视的热带病很可能不会传播，它们很少对较富裕社会造成直接威胁。同时，被殃及者很少有政治发言权，并且过于贫穷，以至于不能治疗。因此，这些疾病不占有有利的药品市场，正如对开发新药提供资金不足所显示的：1975—1999 年注册的 1393 种新药中，不到 1% 用于被忽视的热带病。

事实 4：对于某些被忽视的热带病而言，存在着简单和可负担得起的诊断工具，有些工具成本低达 4 美分。至于其他被忽视的热带病，由于现有诊断工具需要技术熟练的卫生工作者和住院条件，偏远地区的民众往往在该病能得到诊断之前就已生病或死亡。

事实 5：若干被忽视的热带病是由昆虫媒介传播的：盘尾丝虫病由黑蝇传播；利什曼病由白蛉传播；恰加斯病由"吸血之有毒昆虫"传播；淋巴丝虫病由蚊虫传播；昏睡病由采采蝇传播。NTDs 的经济影响可以是惊人的。为减轻黑蝇带来的痛苦，这些黑蝇传播盘尾丝虫病——造成失明和无法忍受的发痒，以往民众逃离肥沃的河谷而在较不富饶的地区定居。如今，有 2500 多万公顷以往害虫滋生的土地现已被重新定居。同样，在通过悬挂捕蝇器消灭采采蝇的地方，民众能够返回种植作物和饲养牛群。

事实 6：用于某些 NTDs 的药物是安全的、廉价的（低达每片 2 美分）或甚至是捐赠的。他们可通过教室里的教师和社区卫生志愿者等经过培训的非医务人员提供。至于其他疾病，药品已存在多年，有毒、昂贵并且通常供应不足。并且如果药品服用不当，甚至可能是致命的。

事实7：有了合适的药品和服务就能取得成功。在过去20年里，麻风地方性流行的122个国家中，有116个国家已将这一声名狼藉而又令人恐惧的疾病作为一个公共卫生问题来消灭。自从1985年采用多种药物疗法以来，有1450万人的麻风病人已被治愈。

事实8：几内亚线虫只通过饮用受污染的水传播，并且目前只在偏远的乡村被发现。采用有效而廉价的干预措施，如水过滤和媒介控制，可将其根除。目前几内亚的干预工作已取得重大进展，报告的病例数从1989年接近100万例垂直下降至2006年的25 000例。

事实9：布鲁里溃疡、利什曼病和淋巴丝虫病均使患者变形和外貌毁损，以至于患者被排斥在群体之外。通过服用新的廉价药品，数百万人现已受到保护，免受这些疾病的影响，并且因此避免遭受社会耻辱的风险，使他们能过上充实的社会生活。

事实10：被忽视的热带病的防治现已被列入国际议程。迄今取得的成就证明，这些干预措施在技术上是可行的、直接的、明显强有力的和极具成本效益的。这些经验显示处理NTDs的规划可以而且必须迅速得到加强。

2. 国际组织

（1）世界卫生组织于2005年成立了被忽视的热带病控制部，旨在评估并确定NTDs综合控制能力和技术路线。该部门主要由世界卫生组织内部专家组成员构成，负责与各国政府间沟通并加强国际伙伴合作，领导全球及各地区域办事处进行NTDs防控方案的审查和评估工作，配合和支持政策和战略，以加强全球范围内的干预计划，从而达到预防控制、消除根治NTDs的目的。自成立以来，该组织帮助全球NTDs防控投入了更多的药物、人力资源、合作伙伴和防控行动。自成立以来，世界卫生组织牵头制定了2011—2020年、2021—2030年克服NTDs路线图，设定了明确的目标，以便可在未来10年对规划行动进行必要的评价、评估和调整。目前，实现2030年NTDs目标需要在以下"3个支柱"采取协调一致的行动。

支柱1：加快针对NTDs的方案行动实施，包括减少发病率、流行率、残疾和死亡的干预措施：要做到这一点，需要科学的进步、新的干预措施和工具，以及加强战略、服务提供和促进因素。

支柱2：加强跨领域方法协调，方法是将针对若干NTDs的干预措施纳入国家卫生系统的主流，并与相关方案（如水、环境卫生和个人卫生、病媒控制和其他方案）进行协调。

支柱3：通过增加国家自主权，澄清组织、机构和其他利益攸关方的作用、文化和观念并使其与2030年目标相一致，来改变运营模式和文化。

（2）被忽视疾病药物研发倡议组织（drugs for neglected disease initiatives，DNDi）于 2003 年创立。当时由印度医学研究理事会（Indian council of medical research，ICMR）、巴西的奥斯瓦尔多－克鲁兹基金会、肯尼亚医学研究所（Kenya medical research institute，KEMRI）、马来西亚卫生部和法国的巴斯德研究所，在世界卫生组织热带病研究和培训特别计划（WHO/TDR）的共同参与下，与无国界医生组织（médecins sans frontières，MSF）创立 DNDi。自那时起，DNDi 已经为 6 种致命的被忽视疾病开发并提供了 12 种全新的治疗方法。

（3）被忽视的热带病联盟（the Neglected Tropical Disease NGO Network，NNN）成立于 2009 年，致力于提供全球范围关于 NTDs 知识互通、交流、协作的平台，在 NTDs 方面，作为全球与之有关的非政府组织的代表表态。通过协作，该组织发布了诸如 *2016 BEST Framework* 和 *2019 WASH Toolk* 在内的多项战略文件。

（4）团结起来抗击被忽视的热带病（Uniting to Combat NTDs）成立于 2012 年，受到《关于被忽视的热带病的伦敦宣言》影响而成立。该秘书处启动跟踪 5 种疾病进展的 2018 年 NTDs 记分卡。UTC 还在协调世界被忽视的热带病日的庆祝活动和促进通过"关于被忽视的热带病的基加利宣言"方面发挥了重要作用。

（5）此外，UNAIDS、比尔及梅琳达·盖茨基金会、世界知识产权组织、卡特中心都为 NTDs 的防控做出了巨大贡献。

（四）中国抗击 NTDs 事业

1. 国内组织

中国疾病预防控制中心寄生虫病预防控制所（国家热带病研究中心）目前为中国-世界卫生组织热带病合作中心，负责承担全国 NTDs 防控相关的健康教育、技术指导、疫情监测、质量评估及突发公共卫生事件处理，为制定与 NTDs 防控相关法律法规、政策标准及防治规划提供技术支持，同时承担了相关人才培养和科研技术转化工作。目前已与近 20 个国际机构建立了良好的合作伙伴关系，并承担了 4 个区域国际合作网络（亚洲血吸虫病蠕虫病防治网、亚洲疟疾培训网和中国热带病药物诊断与创新网络、中非血吸虫病消除机构合作网络）的组织协调工作。此外，由于部分 NTDs 具有地方性和自然疫源性人畜共患的寄生虫病的特点，因此《地方病防治专项三年攻坚行动方案（2018—2020 年）》《国家中长期动物疫病防控规划（2012—2020 年）》也包含血吸虫病和包虫病等 NTDs 疾病的防控内容。

2. 中国在 NTDs 防治所做的重大成就

近年来，中国在建立血吸虫病、包虫病及土源性线虫病的监测和防控网络上取得了举世瞩目的成就。

抗击血吸虫病是中国历史上第一次公共卫生战役，其防治要追溯到新中国建立初期。据统计，20 世纪 50 年代中国血吸虫病病例总数高达 1200 万，在南方 12 个省（自治区、直辖市）严重流行，以江苏、浙江、湖北三省最严重，全国有 1 亿人直接或间接生活在血吸虫病的风险中，仅湖北省阳新县 20 世纪 40 年代就有 8 万多人死于血吸虫病，毁灭村庄 7000 多户，荒芜耕地 23 万亩（1 亩 ≈ 666.7m²），200 多头耕牛染病后无一存活。人民劳动需要接触疫水，而接触疫水则会感染血吸虫病，从而陷入恶性循环，出现田园荒废，颗粒无收的现象。"无人村""寡妇村""罗汉村""棺材村"等悲惨景象，严重损害生育和儿童生长发育。

面对严峻的防控形势，我国首先采取了以消灭钉螺为主，个体防护为辅的战略措施（1950—1989 年）。1955 年毛泽东主席发出了"一定要消灭血吸虫病"的号召，并语重心长地告诫大家：消灭血吸虫病是一场恶战。同年党中央发出了"全党动员、全民动手、消灭血吸虫病"的号召，从中央到地方成立了血吸虫病防治领导小组，制定了防治血吸虫病的方针、政策和措施。涌现了苏德隆、钱德教授等一批坚守在抗疫前线，从零开始创新性研发防治措施的医务工作者。通过管理粪水、水系治理、火烧土埋钉螺、建立各级地区血吸虫防治工作组，实现早诊早治，有效控制了血吸虫病感染率、重症患者数量及钉螺扩散面积，上海、广东、福建和广西壮族自治区均在 1985—1989 年间达到了血吸虫病消灭标准。1958 年 6 月 30 日，江西省余江县（现江西省鹰潭市余江区）为我国首个消灭血吸虫的疫区，毛泽东得知后写下了七言律诗《送瘟神》："借问瘟君欲何往，纸船明烛照天烧。"

随后为了进一步降低药物灭螺成本，控制环境复杂、经济发展水平不高的湖沼、山丘地区的血吸虫病，在高效低毒治疗药物吡喹酮的发明背景下，我国转而采取以预防性化疗为主，防治结合的防控策略。在此阶段全国血吸虫病病例数和感染率明显下降，病例数从 1989 年估计的 163.8 万例下降到 1995 年的 86.5 万例，平均感染率从 9.7% 下降到 4.9%。家畜的感染率也出现下降，从 13.2% 下降到 9.1%。

然而，1998 年全国特大洪水导致湖沼地区血吸虫流行率一度回升，同时受到财政缺口等因素影响，化疗药物预防效果不再显著，2004—2015 年我国转而采取以控制传染源为主的防治策略，并在全国湖沼地区推广。对家畜定期开展筛查，实行圈养舍饲，推进以鸡代牛。落实有螺环境禁牧。结合厕所革命，在血吸虫病流行区推广和建设无害化厕所和船舶粪便收容器，对粪便进行无害化处理。2015 年全国血吸虫感染人数和急性血吸虫病病例数分别为 7.72 万人和 0 例，较策略实施初期的慢性与急性病例数下降显著，从 2004 年的 84.3 万病例和 816 例急性血吸虫病病例分别下降了 90.8% 和 100%；耕牛感染率也下降显著，从 2004 年的 4.5% 减少到 2015 年的 0.06%，血吸虫病得到有效控制。

2016 年以来我国进入强化监测措施迈向消除血吸虫病的时期。国务院于 2014 年 11 月召开了全国血防工作会议，回顾了中国血防工作的成就，分析了面临的挑战，提出了 2025 年全国消除血吸虫病的目标，标志着中国血防工作全面进入了消除阶段。截至 2018 年年底，全国 5 个省、自治区（上海、浙江、福建、广东和广西）达到消除标准，四川省达到传播阻断标准，6 个省（云南、江苏、湖北、安徽、江西及湖南）达到传播控制标准。全国 450 个流行县中，达到血吸虫病消除标准或传播阻断标准的有 387 个（86.0%），达到传播控制标准的有 63 个（14.0%）。政府动员，持续的财力、物力和人力的投入，创新药物的发明以及有效的专家指导，保证了血防工作在不同防治阶段能够及时调整血防策略，及时推广应用血防新技术，不断推进血防工作的进程。

西藏、青海等西部牧区一直是我国包虫病的高流行区，有"瘟神""虫癌"之称。据介绍，包虫病分囊型和泡型，其中泡型患者 5 年存活率不足 50%，10 年病死率高达 90%，不仅导致农牧民因病致贫返贫，也给畜牧业生产带来巨大损失。据统计，我国包虫病感染者超过 400 万人，每年患病牛羊 5000 多万头，给畜牧业造成的直接经济损失超过 30 亿元。然而，当地宗教信仰、生活习惯等因素阻碍了该病防治的进程。我国以切断传染源为突破口——"给犬投药，给羊免疫"，建立全面覆盖西藏和四省涉藏州县的包虫病防治联防联控机制，形成了"党委领导、政府负责、部门协作、上下联动、区域联防、专家指导、社会参与"的综合防治工作格局，基层动物防疫人员专业知识和技能培训率达到 90%，农牧民防治知识知晓率达 70% 以上。在治疗层面，西藏统筹农牧区基本医疗保险制度、大病保险制度和政府财政三方面资金，在区内确立定点医院，开设包虫病床位，以保障符合手术条件的患者"不出藏、无预约、无等候、零支付"；对符合药物治疗标准的患者统一购买、发放药品，药物治疗率达 96.82%。

此外，狂犬病、登革热、血吸虫病已纳入我国乙类法定传染病，丝虫病、麻风病、包虫病纳入我国丙类法定传染病，依照《中华人民共和国传染病防治法》采取定期被动监测、上报、健康教育等防治工作。我国同时开展了多项大型主动监测，如 2012—2016 年覆盖 100 多万人的全国棘球蚴病调查，2014—2015 年覆盖 60 万人的第三次全国肠道蠕虫病调查，形成了全国范围内的规模化监测体系，以确定进展情况和需要特别注意的领域。

3. 中国的 NTDs 援外工作 / 援非疟疾防治工作

中华人民共和国控制和消除 NTDs 的经验已得到全世界的认可，因此，将创新和控制战略带出国门，引领全球卫生战略发展，能够让更多国家听到"中国声音"。《中非合作论坛——北京行动计划（2019—2021年）》的发布，是将防控NTDs战略纳入"一带一路"倡议优质案例。

我国承担了中非合作控制疟疾-血吸虫的综合热带病防治工作，参与西非热带病研究与防治中心等援建工作。其历史要追溯到2007年坦桑尼亚的抗疟试点项目，这是中国首度派出以公共卫生专家为主体的队伍，与受援国人员共同设计防控措施的公共卫生援外模式，也是中国公共卫生方案真正意义上的"走出去"。

中国战胜疟疾的成就离不开脱贫，但从技术手段上来说，"早发现早治疗"是中国对抗疟疾等传染病最有效的经验。我们在疟疾消除阶段的工作主要运用了"1-3-7"策略，即1天之内报告当地的病例，3天之内对病例进行确诊，确定是否为疟疾、是哪种疟疾、是本地原发还是外地输入，确诊之后要在7天内进行处理，每一个病例就要做一个疫点，对病例周围的环境进行蚊虫消杀、对高危人群发放蚊帐。然而，由于非洲的传染病信息监测并不完善，要想推广中国的"1-3-7"策略，必须因地制宜地对策略进行改造。

周晓农介绍了中国在坦桑尼亚抗疟项目试点的经验。中国专家经过与当地专家的讨论，在当地运用了"1-7"策略，即加强监控，对疫点进行清除，7天内对高危人群进行治疗。"我们雇用了当地的志愿者，相当于20世纪70—80年代的"赤脚医生"，我们对这些人进行培训，每天在村子里追踪，一旦发现病例就进行诊断，每日汇总、每周分析，分析出高危地区和高危人群的就要服药。"世界卫生组织非洲区域主任马希迪索·莫埃蒂（Matshidiso Moeti）在论坛致辞时指出，由于采纳了中国的监控响应体系，坦桑尼亚最近几年的疟疾发病率降低了80%，该体系目前也扩展到了塞内加尔和赞比亚。

周晓农表示，中国向非洲推广抗疟经验的总体策略是"分布式释放、以点带面"。第一，先试点，让非洲同行认可中国的经验；第二，逐渐推进，从一个国家推进到几个国家，让中国各个省的队伍走出去；第三，最终在非洲形成一个网络，以便在非洲疫情发生的时候帮助防控，也可为其他传染病做铺垫。这项抗疫经验在国际上得到了认可。

2020年10月13—15日，由中国疾病预防控制中心寄生虫病预防控制所主办的"中非疟疾和血吸虫病防控合作I期项目启动会"在北京顺利召开，标志着中非疟疾和血吸虫病防控合作I期项目正式启动实施。

中国援桑给巴尔血吸虫病防治项目是中国重要援非项目之一，桑给巴尔方高度评价并积极融入我国"一带一路"倡议。2014年5月21日，中国、桑给巴尔及世界卫生组织共同签署了关于在桑给巴尔开展血吸虫病防治合作的谅解备忘录，拟借鉴中国血吸虫病防治经验，在桑给巴尔开展灭螺、血吸虫病传播控制方法和战略的评价与研究，探索和实施适合当地的血吸虫病防治策略，推动桑给巴尔最终实现消除血吸虫病的防治目标。此项目是我国积极落实"一带一路"倡议和习近平主席提出的"中非公共卫生合作计划"，在联合国和世界卫生组织框架下积极参与全球健康促进事业，为其他发展中国家提供力所能及援助的重要举措。2017 年，中国援桑给巴尔血吸虫病防治项目正式启动，医疗队由江苏省血吸虫病防治所承担。[3]

4. 促进中国成功防治 NTDs 的其他因素

除良好的项目执行外，国内其他社会经济、卫生发展因素也侧面促进了 NTDs 的防控。

实施爱国卫生这一综合公共卫生运动。1952 年，毛泽东同志题词指出：动员起来，讲究卫生，减少疾病，提高健康水平，粉碎敌人的细菌战争。爱国卫生运动自此在全国轰轰烈烈地开展起来。各地区以除"四害"、讲卫生、整治环境为重点，改善卫生条件，建设水厂。2014 年，95.8% 农村人口能获得清洁的水资源，而 1985 年仅有 48.8% 能获得清洁水资源；自来水的获取率也从 14.1% 增加到 79.0%。2017 年我国农村地区拥有清洁厕所的比例从 1993 年的 7.5% 增加到 81.8%。[3]-[7] 党的十八大以来，爱国卫生运动进入新的发展时期。"健康中国 2030"的国家行动计划将健康纳入了制定的每项政策。水、环境卫生和个人卫生将进一步完善。具体而言，将改善农村地区的供水，提高无害厕所的覆盖率。"厕所革命"是最近获得关注的口号。这种方法计划到 2020 年使农村地区清洁厕所的覆盖率超过 85%，到 2030 年实现全国无危险厕所的完全覆盖。

实现脱贫攻坚：经济发展是控制和消除被忽视的热带病的关键驱动力，几乎所有的 NTDs 都与贫困密切相关。2016 年国家发布的《"十三五"脱贫攻坚规划》提出要在 2020 年实现全面脱贫，这有助于控制和消灭贫困地区被忽视的热带病。据国家统计局统计，人均 GDP 从 1978 年的 385 元增加到 2017 年的 59 660 元。脱贫攻坚的实现，成为我国成功防治 NTDs 的重要因素之一。

将 NTDs 防控整合入国家计划：自 20 世纪 50 年代起，控制血吸虫病、利什曼病、钩虫感染和淋巴丝虫病在国家发展规划中得到高度重视，同时防控麻风病和沙眼也得到了关注。

加强 NTDs 方面的科研水平：由中国科学家研制的曲苯二胀已被批准用于治疗中华人民共和国土源性蠕虫感染。最近，临床试验也显示曲苯咪啶对中华蚕的疗效很高。为了扩大覆盖面和遵守情况，已经开发了新的配方。两个突出的例子是用二乙基氨基甲嗪强化盐来对抗淋巴丝虫病，以及在驱虫药中添加糖用于治疗土源性线虫感染。

二、资源

（一）网站资源

1. 全球网站资源

在世界卫生组织官方网站首页，在"健康主题"（Health topics）列表下选择"被忽视的热带病"（Neglected Tropical Diseases），在其中的"实况报道"（Fact sheets）中可以选择被忽视的热带病涵盖的多种疾病，就可以查询到该疾病的现状分布、预防、诊断、治疗等基本事实以及相关新闻，还包括了全球应对策略等。具体可以参考如下链接：https://www.who.int/health-topics/neglected-tropical-diseases#tab=tab_1。

美国疾病控制和预防中心（Centers for Disease Control and Prevention）是美国卫生及公共服务部所属的一个机构，重点在于发展和应用疾病预防和控制、环境卫生、职业健康、促进健康、预防及教育活动。可以通过该网站了解关于 NTDs 的疾病治疗、全球项目等较为全面的信息。在该网站发布的 NTDs 相关信息可在官网查看。

美国国家过敏和传染病研究所（National Institute of Allergy and Infectious Diseases，NIAID）是美国开展和支持有关传染病、免疫学和过敏性疾病的基础及应用研究的科研机构。60 多年来，NIAID 的研究带来了新的疗法、疫苗、诊断测试和其他技术，这些技术改善了美国和世界各地数百万人的健康。该网站提供了有关 NTDs 的病理分析、最新新闻、科研成果以及快速事实等多种信息。具体可以参考官方网站信息。

热带疾病的药物和诊断（Drugs & Diagnostics For Tropical Diseases，DDTD）公益网站是一家关注"NTDs 诊断方法"的非营利组织。该组织参与绘制疾病地图，并提供具有全球影响力的计划。可以在该网站查询最新疾病检测方法和科研进度的新闻。

2. 国内网站资源

国家卫生健康委官方网站可以查询政府对于公共卫生方面所做的举措和政策性文件，以及政府对于 NTDs 政策、NTDs 治理立法方面人大代表提案、人民心声的回应，以及中国参与到世界 NTDs 的相关工作。

2016 年 1 月 4 日，中华人民共和国国家卫生健康委员会国际合作司原司长任明辉被任命为世界卫生组织助理总干事，负责 HIV/AIDS、结核病、疟疾和 NTDs 事务。AIDS、结核病、疟疾和 NTDs 对发展中国家人群健康造成严重威胁。任明辉博士就任世界卫生组织助理总干事一职发挥了重要的桥梁作用，进一步促进中国与世界卫生组织合作，为全球实现 2030 年可持续发展议程中的卫生目标做出积极贡献。

中国疾病预防控制中心（Chinese Center for Disease Control And Prevention）是国家级疾病预防控制与公共卫生技术管理和服务的公益事业单位。提供 NTDs 相关的疾病治疗进展、世界治疗动态及相关细分疾病的重要事实。具体可参考以下链接：https://www.chinacdc.cn/was5/web/search。

中国麻风防治协会（China Leprosy Association，CLA）原名中华麻风救济会，1926年1月在上海成立。据世界卫生组织专家预言，在科学技术飞速发展的21世纪，要"创造一个没有麻风病的世界"。该协会致力于成为"麻防科技工作者之家"，并提供有关麻风病的科普知识学术交流以及智库团队等信息和平台。

（二）期刊资源

学术期刊方面可以重点关注国外期刊《PLOS 被忽视的热带疾病》（*PLOS Neglected Tropical Diseases*）是一本着重收录热带病学相关内容的生物医学期刊。本刊收录出版的内容主要涉及病理学、流行病学、预防、治疗和控制 NTDs，以及相关的公共政策。该杂志重点关注的是人类疾病，特别是转化或流行病学的研究。2021 年的影响因子为 4.521。[8] 在寄生虫学（Parasitology）和热带医学（Tropical Medicine）分类中，*PLOS Neglected Tropical Diseases* 位于 JCR Q1 区。国外期刊评价与分析网（Scimagojr）也显示该刊在传染病学、药学以及公共健康等领域均保持位列 Q1 区。此外，在 38 本寄生虫学杂志中排列第 5 位；在 23 本热带医学杂志中排列第 1 位。

《亚太热带医药杂志》（*Asian Pacific Journal of Tropical Medicine*）是由中国海南医学院主办的国际性刊物，它被 CA 化学文摘 2022 版、SCI 科学引文索引 2022 版以及 WJCI 科技期刊世界影响力指数报告来源期刊 2021 版收录。2023 年的影响因子为 3.1（科睿唯安）。该期刊致力于为来自亚太地区的热带医学领域的临床医学者、医学科学家提供一个平台，交流他们彼此最新的研究成果与临床发现。

《中国热带医学》（*China Tropical Medicine*）是由国家卫生健康委主管、中华预防医学会和海南省疾病预防控制中心主办的刊物。该刊 2022 年的复合影响因子为 1.509。该刊主要介绍国内外在 NTDs 防治与研究中的新技术、新进展及发展趋势，并力求促进国内外的学术交流与合作。

《中国血吸虫病防治杂志》（*Chinese Journal of Schistosomiasis Control*）是由江苏省卫生健康委员会主管、江苏省血吸虫病防治研究所主办的技术类科技期刊，为中华预防医学会系列期刊。该刊 2022 年的复合影响因子为 2.093。该刊入选《中文核心要目总览》（第 8 版）、中国科学引文数据库（核心版）、中国科技核心期刊（统计源期刊）等国内重要数据库，并被 MEDLINE/PubMed、Scopus、EBSCO、Chemical Abstract、Embase、

Zoological Record、JSTChina、Ulrichsweb、Western Pacific Region Index Medicus、CABI 等国际权威数据库检索。

该刊贯彻预防为主、面向防治、面向全国、面向基层的方针，坚持为血吸虫病和其他寄生虫病防治科研服务的宗旨，主要刊载反映血吸虫病和其他寄生虫病防治、科研和管理等方面最新成果与动态的学术论文，主要栏目有特约专稿、专家评述、专家视角、专家论坛、论著、防治研究、实验研究、临床研究、防治经验、防治管理、综述、病例报道、信息等，是广大血吸虫病、寄生虫病防治研究专业技术人员、管理工作者和医学院校师生有益的参考资料。

（三）其他拓展链接

世界卫生组织有关 2022 年世界被忽视的热带病日的相关资料：https://www.who.int/zh/campaigns/world-ntd-day/world-ntd-day-2022。

世界卫生组织发布的《2021—2023 年被忽视的热带病路线图》报告：https://www.wipo.int/policy/zh/news/global_health/2022/news_0012.html。

国际防盲机构有关沙眼的介绍：https://www.iapb.org/zh/learn/vision-atlas/causes-of-vision-loss/trachoma/。

世界兽医协会有关利什曼病的立场声明：https://worldvet.org/zh-CN/%E6%94%BF%E7%AD%96/WVA%E5%85%B3%E4%BA%8E%E5%88%A9%E4%BB%80%E6%9B%BC%E7%97%85%E7%9A%84%E7%AB%8B%E5%9C%BA%E5%A3%B0%E6%98%8E/。

NTDs 相关协会：
- 血吸虫病专家咨询委员会
- 全国眼病防治协会
- 中国卫生有害生物防制协会（The Chinese Pest Control Association，CPCA）

三、报道点评

（一）国外

国外媒体研究者在 ProQuest（一种数据库）里以 "Neglected Tropical Diseases" 为关键词检索新闻报道，共获得 2168 篇报道，并总结出以下特征及规律：

1. 报道的选题重宏观意旨。新闻报道多以世界、全球为背景和视野，报道世界卫生组织如何协调多国各方力量防控 NTDs；世界公共卫生健康领导人如何制定和 NTDs 相关的战略规划、政府以及不同公益组织如何在 NTDs 花费资金投入等。

2. 报道的体裁重新闻和特写。通过分析 NTDs 相关报道，排名前 10 的报道体裁及数量（图 1），发现占比较大的是新闻（News）和特写（Features），其数量分别是 1153 篇和 745 篇。说明有关 NTDs 的报道能够结合硬新闻和软新闻。

3. 报道的主题重抗击和防控。相比于对 NTDs 进行病因的介绍科普以及对其后果风险进行分析，现有的新闻报道主题更加侧重于不同主体对 NTDs 的抗击和防控，体现了一定积极色彩的建设性元素。

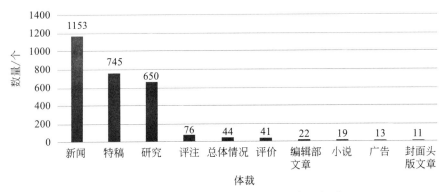

图 1　NTDs 相关报道 Top10 的体裁及数量

下面选择世界卫生组织《2022—2030 年东南亚地区蛇咬伤环境防治区域行动计划》和纽约时报《抗击热带疾病被认为是有效的》作为案例进行分析。

报道 1

报道标题： 2022—2030 年东南亚地区蛇咬伤环境防治区域行动计划

原文标题： *Regional Action Plan for prevention and control of snakebite envenoming in South-East Asia 2022—2030*

报道媒体： 世界卫生组织

报道日期： 2023 年 2 月 2 日

报道简介： 报道指出，《2022—2030 年东南亚地区蛇咬伤环境防治区域行动计划》（以下简称"计划"）是在 2019 年 WHO 全球蛇咬中毒战略的基础上进一步发展的，目标是在 2030 年前，使东南亚地区由于蛇咬引发的死亡和残疾人数减半。蛇咬中毒被视为一种被忽视的热带病，每年全球有 180 万~270 万人受到蛇咬中毒。东南亚地区是毒蛇的重灾区，也是世界上人口最密集的农业社区之一。该地区的蛇咬几乎占全球蛇咬死亡的 70%。

报道点评： 这篇报道与世界卫生组织在印度新德里发布的《2022—2030 年东南亚地区蛇咬伤环境防治区域行动计划》有关。该计划通过与会员国、专家以及合作伙伴协商制订,旨在防止毒蛇咬伤并提供有效的急救;确保获得挽救生命的治疗和护理;评价高质量、有效、安全和价格合理的抗蛇毒血清的可用性。该计划体现了"一个健康""生态健康""可持续发展"等原则。

从主题上来看,毒蛇咬伤是NTDs的一种。该报道主题首先介绍了该疾病的地域分布与危害,东南亚地区是毒蛇的生物多样性热点,也是世界上人口最稠密的一些农业社区的所在地。据估计,该地区的蛇咬伤导致全球约70%的蛇咬伤死亡。仅印度的研究表明,每年有0.7万~124万例毒蛇咬伤导致58 000人死亡。缺乏认识、获得适当治疗(如抗蛇毒血清)的机会不平等以及社会经济挑战意味着许多农村人口继续遭受不成比例的痛苦。在此基础上,该新闻介绍了进行区域行动计划的目标。

从新闻主体来看,该篇文章主要引用了世界卫生组织东南亚区域主任普那姆·克特拉帕尔·辛格(Poonam Khetrapal Singh)博士在评论启动区域行动计划时的话语,强化了该篇文章的权威性、科学性与客观性。

从立场上来看,这篇报道持中立视角,不仅分析了NTDs在全球面临的问题,而且阐释了全球性的努力和规划。

该篇报道共约400英文词,为各国、世界卫生组织、捐助方和合作伙伴提供了重要指导,以促进合作解决这些问题,并减少毒蛇咬伤对整个区域人类和动物健康的影响。

报道 2

报道标题:抗击热带疾病被认为是有效的
原文标题:*Fight against tropical diseases is framed as efficient*
发布媒体:纽约时报
报道日期:2015年7月27日
报道简介:该报道探讨了与被忽视的热带疾病(Neglected Tropical Diseases,NTDs)有关的全球医疗支出问题。在一个于2015年6月发布的报告中,"Uniting to Combat NTDs"联盟指出,每投资1美元用于对抗热带疾病,将在2030年之前产生50至近200美元的生产力增益。该联盟的目标在于对抗包括睡眠病、几内亚虫病、恰加斯病、河盲症、沙眼、象皮病、麻风病、利什曼病、血吸虫病以及食物或土壤传播的肠道寄生虫病等在内的疾病。报道认为,由于患病导致患者无法工作和学习,所造成的整体经济负担可能与如艾滋病和疟疾相当。而这些疾病大多数可以通过相对便宜和简单的措施来进行应对,例如纱窗、杀虫剂喷雾、水井、驱虫药、抗生素等。

该运动仍需要在2020年前获得3亿美元的捐款,部分用于研究更好的诊断方法,但主要是将解决方案带到大多数受影响人群居住的偏远村庄。总体而言,这个运动被描述为具有高效性,因为其预期的经济和社会回报相当显著。

报道点评： 这篇报道讲述了全球范围内抗击 NTDs 的花费金额、过程、努力及其产生的有效成果。整篇文章以报告发布为切入点，秉持着"递进式"的行文思路，沿着"现状→原因→措施"的逻辑层层深入。

首先，这篇文章通过引用"团结起来抗击 NTDs"组织的报告和语句，对他们的抗击疾病目标进行了阐释。

其次，这篇文章也起到了对 NTDs 进行科普的作用。比如，介绍了 NTDs 所产生的影响，"并非所有这些疾病都会导致死亡，但所有疾病都会使受害者患病、虚弱或残疾，以至于无法工作或上学。"又介绍了应对 NTDs 的简单又经济的措施，如"窗纱、杀虫剂喷雾、水井、驱虫药、抗生素——甚至在沙眼的情况下，用肥皂和水——可以相对便宜地对抗大多数这些疾病"。

最后，这篇文章通过引用报告内容，展望了未来抗击 NTDs 的规划：制药公司已同意在未来 5 年内捐赠价值近 180 亿美元的药品用于这场斗争。以孟加拉国、菲律宾和洪都拉斯为首的 26 个受影响国家的卫生部长已同意负责资助其所有或大部分国家运动。

从立场上来看，这篇报道以中立的视角，直面全球社会的问题，并采取全球视野展现为此所做出的努力。全篇用大约 300 英文词的篇幅勾画出全球抗击热带疾病的基本蓝图，清晰明确，具有较强的指导作用和实际意义。

（二）国内

中国媒体对 NTDs 的关注呈现极化趋势，一些疾病关注度较高，一些疾病则无人问津。在慧科新闻搜索研究数据库中搜索自 2019 年 1 月 1 日—2023 年 1 月 1 日期间，包含以下任一关键词的新闻报道，"被忽视的热带病、沙眼、狂犬病、麻风、血吸虫病、布鲁里溃疡、恰加斯病、登革热和基孔肯雅病、麦地那龙线虫病、棘球蚴病（包虫病）、食源性吸虫病、非洲人类锥虫病（昏睡病）、利什曼病、淋巴丝虫病（象皮病）、霉菌病、着色芽生菌病和其他深部真菌病、盘尾丝虫病（河盲症）疥疮和其他外寄生虫病、土源性线虫病、蛇咬中毒、绦虫病/囊虫病、雅司病"。在能够返回的 100 000 条结果里，其中报刊有 1136 个，网站有 98 708 个。通过分析 NTDs 的 4 年报道趋势发现（图 2），报道数量一直呈现增长趋势，尤其是在 2021—2022 年接近双倍的增长，反映出新闻媒体和社会公众对 NTDs 逐渐重视的程度。其中，发现媒体多集中于对狂犬病、沙眼、麻风 3 种常见疾病的报道。又对这 3 种疾病进行了具体分析，发现负面报道占比较大（图 3）。就最高文章数媒体而言，自媒体占比最高，能够回应更多普通大众的关切（图 4）。在媒体类型方面，几乎绝大部分来自网站（图 5）。在最高文章数的作家中，澎湃新闻、环球网、新京报、每日经济新闻、红网等主流媒体发挥了重要作用（图 6）。

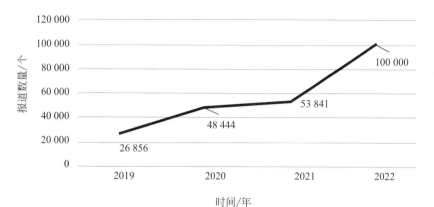

图 2　2019 年 1 月—2023 年 1 月媒体对 NTDs 的总报道趋势

图 3　媒体报道情感倾向

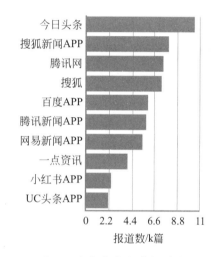

图 4　媒体最高文章报道数

图 5　媒体类型分布

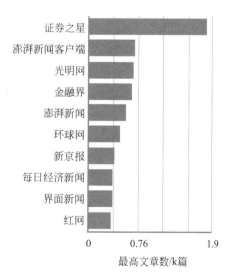

图 6　作家最高文章数

下面选择澎湃新闻《从忽视到重视：截至 2020 年，40 多个国家都至少消灭了一种被忽视的热带疾病》和天目新闻《援中非医疗队发现被忽视的热带病为挽救更多生命一直在努力》作为案例。

报道 1

报道标题：从忽视到重视：截至 2020 年，40 多个国家都至少消灭了一种被忽视的热带疾病

报道媒体：澎湃新闻

报道日期：2022 年 1 月 23 日

报道简介：这篇文章强调了被忽视的热带疾病（Neglected Tropical Diseases，NTDs）的严重性和普遍性。NTDs 是一类疾病的总称，包括由病毒、细菌、真菌和不同的寄生虫引起的疾病，主要发生在热带或亚热带气候地区，且与贫穷密切相关。

文章通过一个具体的病例揭示了 NTDs 的危险性。一位 39 岁的非洲裔美国女性在热带地区旅行后，出现了发热、皮肤红疹和多处关节疼痛的症状。尽管她的症状严重，但医生最初并未将其与 NTDs 联系起来。直到她提到自己在圣卢西亚被蚊虫叮咬的经历，医生才将诊断方向转向了 NTDs。最终，她被诊断出患有由基孔肯雅病毒引起的基孔肯雅热，这是一种典型的 NTDs。

这个病例说明，虽然 NTDs 在全球范围内被广泛忽视，但它们的危害不容忽视。世界各地，特别是热带和亚热带地区的人们，需要对 NTDs 有足够的认识和警惕，以便及时发现和治疗这类疾病。

据报道，截至 2020 年，已有 40 多个国家至少消灭了一种 NTDs，这是一个积极的进展。但同时，我们也需要意识到，全球范围内仍有大量的 NTDs 患者需要得到关注和帮助。

报道点评：该报道主要讲述了 NTDs 从忽视到重视的一个转变过程，从一个病例入手，以小见大，从一个蚊虫叮咬疾病拓展到 NTDs，从一个患者的治疗延伸到全球各方在预防、诊断和治疗 NTDs 投入的资金花费、科研精力、防控措施等，全文约 3593 字。

该报道的小标题将文章分为三部分，展现了报道的多个层次。

第一个小标题为"似是而非的风湿性关节炎"，描写了一位 39 岁的非洲裔美国女性在经历了 3 天的发热、皮肤红疹、多处关节疼痛后到急诊就医，原因是在热带出行时被蚊虫叮咬的案例，介绍了 NTDs 的一个典型病症——基孔肯雅热。

第二个小标题为"被忽视的巨大危险"，对 NTDs 的病理机制、致病因素、需要被重视的原因和必要性、病情后果及危害、各方努力等方面进行了介绍。

第三个小标题为"全球健康与发展守卫计划",介绍了该计划的主要内容与意旨,即通过招募并培养创作者、传播者,促进各类优质内容产生,鼓励传播和发声,从而将关注全球健康与全球发展的理念传播给大众,让贫困人群获得更多关注,并期待让这种关注实实在在改善他们的境遇。

从主题上来看,该报道主要聚焦了 NTDs 的风险后果以及全球防控两个方面。在风险后果上,作者着重分析了该病被忽视的重要原因:虽然 NTDs 对局部地区人民的健康造成了严重的影响,但是并没有在全球范围内造成严重的公共卫生问题,也就并没有得到全球范围的关注;NTDs 造成的问题大多是慢性疾病。这些因素将 NTDs 冠以"忽视"之名。但是作者通过数据论证了 NTDs 带来的潜在较大风险:除了折损的伤残调整寿命年,病人因为 NTDs 而丧失的劳动能力,以及患病后产生的医疗费用对病人来说也是沉重的经济负担;另外,病人的残疾、伤痕、发育迟缓也导致了歧视和不平等现象。在全球防控方面,作者以世界卫生组织为主体,介绍了各国科学家、企业以及组织响应世界卫生组织的号召的行动,具有一定的全球视野和社会价值。

从立场上来看,这篇报道以中立的视角,通过生动的故事讲述、翔实的数据支撑,直面 NTDs 的问题、风险和挑战,并采取以全球视野展现 NTDs 防控的存在成果。

报道 2

报道标题: 援中非医疗队发现被忽视的热带病　为挽救更多生命一直在努力

报道媒体: 天目新闻

报道日期: 2020 年 9 月 14 日

报道简介: 这篇新闻报道了中国援助中非共和国的医疗队发现并对抗被忽视的热带病的情况。自中非共和国疫情暴发以来,第 17 批援中非医疗队所在的班吉友谊医院成了中非第一家新冠肺炎定点收治单位。

在接诊当地患者的过程中,温医大附属一院结直肠肛门外科副主任医师暨玲发现,很多皮肤溃烂的病人的治疗效果并不好,甚至有些人因皮肤感染去世。他们实际上是患了一种被忽视的热带病。在缺医少药的情况下,暨玲医生将病人的情况报告给本院,并与其他医生共同出谋划策。

他们利用医疗队物资和非洲当地植物制作药膏免费赠送给患者治疗,大部分患者病情有了明显好转。但是,仍有一些病人无法得到治愈。通过集思广益、查阅大量文献、对比图片资料,以及与世界卫生组织的热带病专家邮件沟通,他们最终确认这些无法治愈的病人可能患有 Buruli 溃疡。

Buruli 溃疡是一种由溃疡分枝杆菌造成的传染性疾病,主要在全球热带、亚热带地区散发。这种疾病的早期症状是无痛性结节或局部水肿，如果恶化，骨头可能会受侵犯。这个疾病极易被忽视，常规治疗效果不佳，且患者经济负担重。但是，如果早期干预，药物治疗就可以治愈，中期患者则通过换药清创以及植皮手术可以痊愈。

报道点评：该篇报道以"援中非医疗队"为主体展开，介绍了其在中非第一家新冠肺炎定点收治单位里发现 Buruli 溃疡（布如里氏溃疡）——被忽视的热带病的事例。该篇报道的媒体单位天目新闻是浙江日报报业集团推进媒体融合发展的新型媒体平台。

该篇报道一共分为 3 个部分，首先介绍了发现 Buruli 溃疡的过程。温医大附属第一医院结直肠肛门外科副主任医师暨玲是第 17 批援中非医疗队队员，在接诊当地患者的过程中，暨玲发现，很多皮肤溃烂的病人，用常规的治疗效果并不好，甚至还有一些病人因皮肤感染去世了，他们实际上是得了一种容易被忽视的热带病。其次介绍了 Buruli 溃疡的病理特征、危害以及治疗措施。Buruli 溃疡是一种由溃疡分枝杆菌造成的传染性疾病，在全球热带、亚热带地区均有散发现象。感染早期以无痛性结节或局部水肿为特征。结节会发展成溃疡，而溃疡内部可能比皮肤表面来得大，且周围会水肿。当疾病恶化时，骨头可能会受侵犯。Buruli 溃疡发病部位通常在手臂及腿，但发烧症状并不常见。如果一旦进入后期，容易并发严重的感染，导致残疾甚至死亡。如果早期干预，药物治疗就可以治愈，中期患者则通过换药清创以及植皮手术可以痊愈。最后介绍了 Buruli 溃疡逐渐被重视的过程，中非共和国卫生部热带病主任伯纳德·布阿（Bernard BOUA）得知此事后高度重视，此前，特地前来班吉友谊医院与医疗队就如何开展该病的诊断、登记、治疗程序进行了深入探讨。

全文约 953 英文字，故事性强，细节翔实，不仅完整介绍了 Buruli 溃疡的发现和救治过程，还体现了中非一家亲、合作对抗疾病的深厚友谊，在公共卫生和健康领域打造人类命运共同体的美好愿景。

案例撰写：文三妹、袁雨晴　清华大学新闻与传播学院
　　　　　吕心怡　北京协和医学院
点评专家：罗思童　清华大学万科公共卫生与健康学院副教授

参考文献

[1] HAMM N A S, SOARES MAGALHãES R J, CLEMENTS A C A. Earth Observation, Spatial Data Quality, and Neglected Tropical Diseases[J]. PLoS neglected tropical diseases, 2015, 9(12): e0004164.

[2] FITZPATRICK C, NWANKWO U, LENK E, et al. An investment case for ending neglected tropical diseases[M]. Washington, DC: The International Bank for Reconstruction and

Development, 2017.

[3] 中华人民共和国国家卫生和计划生育委员会. 中国卫生和计划生育统计年鉴 [M]. 北京：中国协和医科大学出版社，2013.

[4] 中华人民共和国国家卫生和计划生育委员会. 中国卫生与计划生育统计年鉴 [M]. 北京：中国协和医科大学出版社，2014.

[5] 中华人民共和国国家卫生和计划生育委员会. 中国卫生与计划生育统计年鉴 [M]. 北京：中国协和医科大学出版社，2015.

[6] 中华人民共和国国家卫生和计划生育委员会. 中国卫生与计划生育统计年鉴 [M]. 北京：中国协和医科大学出版社，2016.

[7] 中华人民共和国国家卫生和计划生育委员会. 中国卫生与计划生育统计年鉴 [M]. 北京：中国协和医科大学出版社，2017.

[8] 谭贝加，雷燕，邹洲，等. 国内外医药期刊载文及被引用情况对比及分析——以《Asian Pacific Journal of Tropical Medicine》与《PLoS Neglected Tropical Diseases》为例 [J]. 江苏科技信息，2014(8): 14-17.

控烟

一、概述

（一）烟草概念简述——控烟是怎样的公共卫生问题？

烟草危害是当今世界最严重的公共卫生问题之一，世界卫生组织已将烟草流行问题列入全球公共卫生重点控制领域。[1] 全世界每年因吸烟死亡的人数达 800 万之多。烟是人类第一杀手，而中国是烟草生产、消费大国，吸烟者有 3 亿多人，占世界吸烟总人数的 1/3。

人类吸烟的历史最早可追溯到殖民地时期。哥伦布发现新大陆，同时也发现了当地印第安人吸烟以及烟草的原材料，距今大约是 500 年的历史。在大航海运动的大背景下，烟草随之流传到世界各地。1887 年卷烟机在英国问世，工业卷烟生产由此飞速发展。

烟草燃烧时所产生的烟雾中含有 7000 余种化学成分，数百种为有害物质，如多环芳烃的苯并芘、苯并蒽、亚硝胺、钋 210、镉、砷、β - 萘胺等有致癌作用，烟草烟雾中的促癌物有氰化物、邻甲酚、苯酚等。[2] 吸烟时，烟草烟雾大部分吸入肺部，小部分与唾液进入消化道。烟中有害物质部分停留在肺部，部分进入血液循环，流向全身，从而损伤正常细胞，形成癌症肿瘤。

评价烟草的有害物质含量通常测量烟焦油和一氧化碳两种物质。自 2013 年起，国家要求每支烟产生的烟焦油在 11mg 以下，市场上的烟实测超过数倍。按一天吸烟 20 支，其中 1/4 吸入体内计算，吸烟者每天吸入的烟焦油量为 120~200mg，而烟焦油中的众多有毒物质是造成人类癌症的多种威胁。

（二）全球控烟情况概述

1. 全球烟草控制整体性趋势

当前，烟草控制的理念已成为国际社会的普遍共识。2003 年 5 月 21 日，世界卫生大会批准《世界卫生组织烟草控制框架公约》（*World Health Organization Framework*

Convention on Tobacco Control, WHO FCTC)（以下简称《公约》），呼吁所有国家开展尽可能广泛的国际合作，控制烟草的广泛流行。《公约》是一项以应对全球烟草流行为宗旨的国际条约，也是第一个全球性的公共卫生条约，对其缔约方具有法律约束力。中国于2003年11月10日正式签署《公约》，2005年10月11日正式批准该公约。随着《公约》等各项措施的推进，全球烟草控制工作取得了积极进展，一是全系列烟草监管的格局正在形成。近年来新型烟草产品快速发展，监管和发展相生相伴，美国、欧盟等纷纷通过立法扩大烟草产品的范畴。2020年哈萨克斯坦通过立法重新定义烟草产品，使其扩大至所有尼古丁产品，巴拉圭将不含尼古丁的类烟产品也纳入控烟监管范畴。新型产品催生了新的监管措施，深刻影响烟草监管格局，全系列烟草产品协同监管的格局正在形成。二是烟草控制措施日趋科学精准。随着烟草控制运动的不断深入，全球控烟履约工作向纵深发展，各国的联系和交流更加紧密，控烟措施日趋呈现多元化、精准化特征。为了防止未成年人接触烟草，采取口味管制、禁止自动售烟机、禁止分支销售等间接措施的国家越来越多；为了打击非法贸易，采取跟踪追溯、市场准入等机制的国家越来越多。另外，自2020年新冠疫情暴发以来，全球经济和卫生系统不堪重负，为恢复经济并持续推进实现控烟履约目标，各国在烟草价格和税收政策方面采取了不同措施。澳大利亚、芬兰、菲律宾和捷克等国继续实施增税政策；德国宣布将逐步提高卷烟税率；俄罗斯规定单包卷烟最低零售价为108卢布（1卢布约合人民币0.11元），零售商禁止低于最低零售价销售卷烟。同时，为应对日趋猖獗的涉烟非法贸易，部分国家放缓了对烟草的价格控制并进行税收措施调整。2021年，土耳其将烟草制品的特别消费税从67%下降至63%，以缓解通货膨胀压力。

2. 控烟相关组织发展情况

世界卫生组织及其下设的《公约》秘书处在全球烟草控制工作中扮演重要角色，开展了大量烟草控制工作。一是聚焦重点措施，开展细化指南。2008年世界卫生组织发布了控制烟草流行的MPOWER综合战略，即"Monitor"监测烟草使用，"Protect"保护人们免受烟草烟雾危害，"Offer"提供戒烟帮助，"Warn"警示烟草危害，"Enforce"确保禁止烟草广告与促销，"Raise"提高烟税。世界卫生组织制定的控烟政策包（MPOWER）在《公约》基础上进一步聚焦重点烟草控制措施，对各国制定控烟措施有引导作用。

此外，世界卫生组织根据各缔约方提交的周期报告等建立数据库，对控烟履约相关信息进行收集整理和更新，并定期出版全球烟草流行报告。根据2021年发布的《世卫组织2021年全球烟草流行报告》，从全球来看，15岁以上人群的烟草流行率已降至17.5%，各国同时也必须对电子烟、加热烟草制品等新产品带来的挑战保持警惕。

烟草控制非政府组织也在全球控烟工作中发挥着重要作用，通过提供资金、开展活动等推动烟草控制趋严趋紧。其中，总部位于美国的非政府组织布隆伯格基金会、比尔及梅琳达·盖茨基金会、无烟草青少年行动基金、卫健策略是其中的代表。

布隆伯格基金会开展烟草控制活动的目标是支持烟草控制项目、减少烟草使用；主要手段是与利益相关方进行合作，提供资助和技术支持；重点对象是中低收入国家；近年来开展三大重点项目，分别是 2015 年启动的"反烟草贸易诉讼基金"、2018 年斥资 2000 万美元启动的"阻止烟草组织和产品"（STOP）、2019 年斥资 1.6 亿美元启动的"打击电子烟"。截至目前，共有 69 个国家接受其近 10 亿美元的资助，54 个国家在其支持下制定或修改烟草控制法律政策。

比尔及梅琳达·盖茨基金会开展烟草控制活动的主要方式是直接捐助或签订合同间接提供支持；资金来源主要是需要免税的美国企业或组织；资助对象排除美国等发达国家。截至目前，该基金会共在发展中国家开展 5000 多个公共健康相关项目，烟草控制是其中的重要内容。

无烟草青少年行动基金是专门从事烟草控制活动的非政府组织，也是美国乃至全球致力于降低烟草使用的重要活跃力量，其曾参与《公约》的谈判和制定过程，与布隆伯格基金会等展开深度合作，获取资金进行控烟活动，主要活动对象是美国和全球中低收入国家，主要方式是监测烟草业动向、支持全球控烟组织的行动、影响烟草控制政策制定等。2020 年开展的主要活动是打击调味电子烟、推动公共场所无烟立法等。

卫健策略是一个在世界 73 个国家开展公共卫生项目，惠及 20 多亿人的国际公共卫生组织。该组织各国政府合作，为各国公共卫生系统和政策的完善、卫生项目的实施提供技术和资金支持。在烟草控制方面，卫健策略自 2007 年起，与 41 个国家合作，鼓励戒烟、无烟环境和提高烟草税等个人行动和烟草政策，以求从长远上改变人们对吸烟的接受性和对烟草业的态度。该组织大部分工作都集中在亚洲和拉丁美洲，近期也在东地中海地区开展工作。

3. 全球烟草控制进展

2021 年，世界卫生组织发布了关于全球烟草流行情况的第八份报告。该报告指出，即使是在新冠疫情期间，烟草控制工作也取得了一定进展。自 2007 年起，102 个国家已经采取一个或多个 MPOWER 措施，并达到最高实现水平。半数以上国家现在要求在烟草包装上使用图形健康警示。在全世界 29 个低收入国家中，也有 15 个国家目前至少实施了一项最佳做法水平的 MPOWER 政策，而 2007 年只有 3 个这样的国家。

然而，美国作为烟草产销大国，出于国内法和保护本国烟草业等考虑，至今未加入《公约》。美国构建了独立于《公约》的烟草控制框架，其监管烟草产品的主要依据是《家庭吸烟预防及烟草控制法》，主要部门包括卫生与公众服务部下属的食品药品监督管理局（Food and Drug Administration，FDA）、财政部下属酒精烟草税收和贸易局、司法部下属的酒烟和火器管理局、农业部、商务部和各州政府等，监管措施基于美国国情、趋于灵活。整体来看，美国不加入《公约》，自行一套的做法，虽保护了本国烟草产销利益，但从全球健康的角度而言弊大于利。拒绝加入《公约》，"灵活"保护烟草产销，不仅对他国的公共健康造成了威胁，烟草燃烧产生的有害气体，也与当下保护环境健康的全球趋势及可持续发展的理念相违背，这也进一步突显了整体协同在全球控烟事业中的重要性。

（三）中国控烟发展情况

2002年，中国疾病预防控制中心设立控烟办公室。2003年加入《公约》后，为了积极有效地履行《公约》，中国于2007年成立了由国家发改委、卫生部等组成的中国履约部际协调机制，负责协调全国的履约工作。2016年，我国发布的《"健康中国"2030规划纲要》中明确提出了控烟目标，即到2030年15岁以上人群吸烟率降低到20%。2020年，国家卫生健康委牵头，委托中日友好医院，修订完成了《中国吸烟危害健康报告2020》，报告重点更新了吸烟和二手烟暴露的流行情况及危害健康的证据，特别是与呼吸系统疾病、恶性肿瘤、心脑血管疾病、糖尿病"四大慢病"的关系，同时新增了电子烟对健康的危害内容。

1999年至今，中国政府已经实施的控烟措施和政策包括：制定法令，禁止未成年人吸烟或向未成年人出售烟草产品；借助"世界无烟日"契机，开展多种宣传教育活动，如举办讲座、提供戒烟咨询、开展国际戒烟竞赛等，内容上涵盖烟草危害科普宣传、无烟环境建设宣传、无烟文化理念宣传、戒烟帮助宣传、青少年控烟宣传。在烟草广告方面，2021年，修订之后的《中华人民共和国广告法》第二十二条规定：禁止在大众传播媒介或者公共场所、公共交通工具、户外发布烟草广告；同时，新《中华人民共和国广告法》也禁止向未成年人发送任何形式的烟草广告。公共场所控烟也曾被提上日程，国务院法制办曾于2014年11月24日公布《公共场所控制吸烟条例（送审稿）》，公开征求意见。该送审稿依据世界卫生组织《公约》的相关规定、控烟先进国家的实践经验和我国城市控烟立法、执法经验教训等撰写完成，明确提出了"所有室内公共场所一律禁止吸烟"等规定。然而，这项法规至今未能出台。2017年2月，中国控制吸烟协会发布的《10城市公众对公共场所室内全面禁烟态度调查报告》显示，91.9%的被调查者支持室内公共场所100%禁止吸烟（支持者涵盖了95.7%的非吸烟者、80.3%的吸烟者），这表明我国推行公共场所控烟仍具有较大的支持度。考虑到控烟相关立法的作用不仅是规范人们的吸烟行为，更是对健康生活方式的引导，媒体不仅应持续关注烟草政策相关进展，更应在烟草话题下对受众进行健康观念的宣传。

1. 吸烟和二手烟现状

吸烟可导致多种肿瘤的发生，如肺癌、口腔癌、鼻咽癌、食管癌、乳腺癌、大肠癌等，其与肺癌的关系尤为密切。2018年成人烟草调查报告显示，我国烟草流行情况依然严峻，但二手烟暴露情况有所改善。2020年，我国人群吸烟率为25.8%，这一现状与《"健康中国"2030规划纲要》中"15岁以上人群的总体吸烟率降低到20%"的要求仍有差距。《中国吸烟危害健康报告2020》指出，自世界卫生组织《公约》生效以来，越来越多的国家采用有效的措施进行控烟，2007—2017年全球15岁以上人群吸烟率降至19.2%。我国吸烟人数超过3亿。2018年成人烟草调查报告指出我国具体吸烟人数为3.16亿，相比5年前增长了1500万。我国每年100多万人因烟草失去生命，如果不采取有效行动，预计到2030年将增至每年200万人，到2050年增至每年300万人。值得注意的是，二手烟暴露没有所谓的安全水平，也可导致多种疾病。《中国吸烟危害健康报告2020》明确表明，二手烟中含有大量有害物质与致癌物，不吸烟者暴露于二手烟，同样会增加吸烟相关疾病的发病风险。

2. 我国相关控烟措施

自从加入《公约》，我国按照"MPOWER"的几种建议措施采取了相应的控烟行动，其中效果较为显著的两种手段是立法与税收。截至2019年12月，北京、上海、杭州、广州等城市已经实现了地方性的控烟立法，实施了控制吸烟的地方性法规或政府规章，其中北京《控烟条例》被称为最严厉的控烟法规，明确规定所有室内公共场所和工作场所为禁烟区。

税收方面，根据世界卫生组织2021年发布的《2021年全球烟草流行报告》，平均而言，在低收入和中等收入国家，10%的价格上涨将使烟草消费减少5%（在某些情况下减少高达8%），在高收入国家将减少约4%。烟草税被认为是一种极具成本效益的"最合算"的干预措施，该措施的回报和经济效益比其成本高出好几倍。提高烟草税收，尤其提高烟草最低价格，降低低收入人群的卷烟消费量，不仅可降低烟草流行，而且能有效防止青少年吸烟。

（四）电子烟禁令

据新华网报道，2019年，我国15岁以上使用电子烟的人数已达到1000万。所谓电子烟，就是通过电子雾化技术，将经过特殊加工制造而成的液体（简称烟弹）通过电子加热，产生雾化气体，电子烟吸食者吸入电子烟雾的过程跟抽传统香烟的过程很像，达到高度还原。

目前使用的电子烟有很多种，广义上包含电子尼古丁传输系统，和电子非尼古丁传输系统两种。即使所吸食的电子烟中不含尼古丁，其中通常也含有添加剂、香料和化学物质，这些物质同样可能有损人体健康。因此，电子烟商家虽然对外宣称电子烟更健康，甚至所谓的电子烟可帮助戒烟，实际上电子烟也会让人上瘾，而由于电子尼古丁传输系统产品的多样性，电子尼古丁传输系统作为人口一级的戒烟干预措施的有效性尚不明晰。据彭博新闻社（Bloomberg News）报道，纽约大学医学院研究人员将老鼠暴露在电子烟烟雾中12周，剂量和持续时间相当于一名10年资历的轻度电子烟吸烟者。在试验结束时，烟雾已经在动物的肺、膀胱和心脏中造成脱氧核糖核酸（deoxyribonucleic acid，DNA）损伤，并抑制肺蛋白和重要的DNA修复功能。电子烟商家宣传广告中往往声称电子烟不含焦油、一氧化碳等香烟中的有害物质，仅含尼古丁，而尼古丁本身并没有多大危害。但已有研究人员指出，尼古丁在人体内仍然会转化为致癌物。

我国烟民数量庞大，对烟草的需求大，而作为传统烟草的"替代品"，电子烟的受众群体无形中就加大了许多，再加上电子烟发行初期口味多样化，吸引了不少传统烟民进行消费。2022年3月11日，国家烟草专卖局发布《电子烟管理办法》（以下简称《办法》），规定于2022年5月1日正式施行。至此，2022年电子烟行业正式步入有法可依的规范化发展新阶段。《办法》共六章四十五条，明确了电子烟的定义和监管对象，由国务院烟草专卖行政主管部门主管全国电子烟监督管理工作，负责制定并组织实施电子烟产业政策等。

同时，《办法》对中华人民共和国境内电子烟生产、销售、运输、进出口和监督管理等活动都做出了规定。包含对电子烟生产、批发和零售主体实行许可证管理，对电子烟销售实行渠道管理，建立电子烟交易管理平台，规范电子烟销售方式。

（五）控烟与可持续发展

目前全球视域下，一方面，世界在持续关注吸烟以及二手烟导致的公共健康问题，另一方面，控烟被进一步与可持续发展议题相联系。可持续发展议题下，控烟又与经济可持续以及生态可持续等子议题相联系，进一步增加了控烟在全球公共卫生话题下的权重与紧迫性。

烟草对全球造成严重的健康损失，以及随之而来的经济损失。2012年全球因吸烟导致的医疗卫生支出高达4000多亿美元。同时，还伴随着因生病或过早死亡导致的劳动力损失。预计全球每年吸烟导致的经济损失高达1.4万亿美元，相当于全球GDP的1.8%。

政府从烟草获取的利润低于烟草造成的经济负担。

烟草对环境的破坏也极大。烟草废物破坏生态平衡且加剧气候变化。烟草烟雾排放对环境造成数千吨人体致癌物、有毒物质和温室气体。卷烟的烟蒂、包装及电子烟的器具等无法降解的部分会对环境造成严重影响且产生大量垃圾。

在联合国 2030 可持续发展目标中，目标 3 即为良好健康与福祉。其中 3a 是加强世界卫生组织《公约》的执行。在后续关于控烟的报道中，可以考虑将其与环境健康、经济可持续等话题相结合，在全球众多烟草报道中推陈出新，联动话题，进一步拔高立意，为控烟争取更多声音份额。控烟问题的"可持续发展"这一侧面也表明控烟任务道阻且长，媒体也应在控烟问题上做好长线报道，"打持久战"的准备。

二、资源

（一）网站资源

在世界卫生组织官网首页，选择"健康话题"（Health topics）中的自主搜索栏，搜索"烟草"（tobacco），可以浏览世界卫生组织对烟草话题的权威信息，包括世界范围内烟草情况的概述、核心事实和数据、实况报道、世界卫生组织决议和烟草控制框架公约、世界无烟日信息和相关报告等。

比尔及梅琳达·盖茨基金会网站，直接于搜索栏搜索"烟草"（tobacco）或"控烟"（tobacco control），即可找到比尔及梅琳达·盖茨基金会的控烟项目介绍及烟草相关新闻报道。或订阅比尔及梅琳达·盖茨基金会时事通讯 The Optimist。

布隆伯格基金会网站，直接于搜索栏搜索"烟草"（tobacco）或"控烟"（tobacco control），即可浏览布隆伯格基金会控烟相关项目、出版物、博文、新闻报道等。

无烟草青少年运动网站，进入主页，即可浏览各类控烟相关信息及下属分支，包括烟草产业介绍、无烟运动、烟草税收、烟草的健康威胁、新冠疫情与烟草等各类话题。

美国国立卫生研究院网站，直接于搜索栏搜索"烟草"（tobacco）或"控烟"（tobacco control），即可浏览世界各地控烟相关新闻。

国内网站方面，可以定期浏览国家卫生健康委官网中控烟相关信息、中国疾病预防控制中心官网健康主题烟草控制栏目、中国控制吸烟协会官网中各国控烟最新消息及有关协会主办的各类控烟刊物、烟草控制资源中心、国家发改委官网烟草相关的最新政策。另外，烟草在线网站中有较充分的烟草产业的知识介绍，但其并非控烟相关网站，故需对有关信息加以鉴别。

（二）学术期刊资源

学术期刊方面，可以关注国外重点期刊《烟草控制》（*Tobacco Control*），官网显示影响因子6.953。*Tobacco Control* 是一本国际同行评议期刊，涉及世界范围内烟草使用的性质和后果；烟草对人口健康、经济、环境和社会的影响；人口教育和政策改变以预防和控制全球烟草流行的努力；烟草控制政策的道德评议以及烟草业最新动向。该杂志是包括公共卫生专业人员、研究人员、政策制定者和教育工作者所有对烟草控制感兴趣的人的必读物。

国内刊物方面，可以关注由控制吸烟协会主办的《中国吸烟与健康通讯》。

（三）其他拓展资源

美国疾病控制与预防中心（CDC）- 全球烟草控制（U.S. Centers for Disease Control and Prevention，CDC，Global Tobacco Control）

美国卫生局烟草报告和出版物办公室（Office of the U.S. Surgeon General Tobacco Reports and Publications）

美国食品和药物管理局（FDA）烟草制品中心（U.S. Food and Drug Administration，FDA，Center for Tobacco Products）

美国国家科学院非洲科学院发展计划（African Science Academy Development Initiative，ASADI，at the U.S. National Academies）

预防烟草流行报告，由南非科学院提供（Preventing a Tobacco Epidemic in Africa）

三、报道点评

（一）国外

烟草控制是公共卫生与健康传播的重要议题，自20世纪起一直为国外政府机构、医疗研究人员及媒体所关注。在新闻实践中，就传播主题、传播内容、传播形式等方面而言，国内外媒体对控烟议题都呈现出不同的变化和特点。

国外媒体在控烟方面较突出的首要特点是报道数量多，类型全面，涵盖烟草有害物探讨、政府控烟政策辨析、烟草公司动向解读、健康科普等多种报道角度。从普利策奖的获奖情况而言，1990—2000年的10年间，美国烟草相关报道得到了最多的关注与认可。获奖与提名作品包括且不限于 *"Staff of The Orange County Register, Santa Ana, CA" "Ashes To Ashes: America's Hundred-Year Cigarette War, The Public Health,*

And The Unabashed Triumph Of Philip Morris" "*Phillip Morris Memo Likens Nicotine to Cocaine*" 等。与烟草相关的获奖在此间数次出现,说明国外新闻业界对控烟早已有诸多关注。

报道的内容往往与控烟相关事件的出现相呼应。即国外媒体往往遵行对各个国家、政府、组织采取的烟草相关措施进行政策报道、对研究发现进行科普报道、对知名烟草公司的新动向进行商业报道的逻辑。就报道类型而言,控烟相关政策、控烟效果等有实际政策内容和数据的文章有更多受众和空间,"评论呼吁"式文章则数量较少。同时,由于国外主流媒体以及知名烟草公司的商业属性,烟草公司的相关动向往往会为媒体报道提供充分素材,媒体的语言风格、价值立场也较为多样化。

对普利策奖获奖或提名的烟草相关报道进行分析后,可以发现国外控烟优秀报道往往不局限于单一关注点或报道思路,而是善于将近日热点烟草话题、新近科学发现与政府控烟动向耦合,会提及或涵盖烟草发展史,并最终将其上升到公共健康层面,或将健康观念自然暗含在行文中。同时,写作者对于烟草的价值判断很大程度上成为影响报道好坏的因素。就获奖报道而言,"吸烟有害健康"这一常识仍是典型报道主流。

虽然国内外烟草政策不断,但尚未取得预期的成效,这与烟草的社交属性、烟草的经济利益及公众认知密切相关。媒体在公共健康层面能做的即瞄准受众,减少单调枯燥的政策报道,发布更多在观念上能以巧妙方式直入人心的内容。以下选取的两篇案例,"FTC Will Overhaul Tar and Nicotine Ratings"与"Cell phones help Turkish smokers quit",前者为1996年普利策国内新闻奖获奖作品,能为国内媒体在控烟报道选题和写作方式上提供较新的思路;后者为近年来典型的科普式短新闻,内容紧凑翔实,言之有物,在读者阅读的短时间内实现了健康观念的传达,因而对当下新媒体的控烟报道生产具有一定借鉴意义。

报道 1

报道标题:联邦贸易委员会将改革焦油和尼古丁评级

原文标题:*FTC will overhaul tar and nicotine ratings*

报道媒体:华尔街日报

报道日期:1995 年 10 月 17 日

报道简介:多年来,"淡味"和"超淡味"香烟品牌的广告都引用美国政府的官方排名来宣传其较低的焦油和尼古丁含量。然而,越来越多的证据表明,政府测量焦油和尼古丁的系统并不能完全反映吸烟者实际吸入的量。本文探讨了香烟中焦油含量与尼古丁吸入量的关系问题,话题涉及政府组织、香烟公司、研究人员多方机构,点出了香烟公司的虚假广告之嫌，也介绍了美国联邦贸易委员会（FTC）之前在焦油与尼古丁测量上的失误。本文既采用了烟草公司的辩驳，又在最后揭露了香烟公司在尼古丁吸入量测试上的造假手段。

报道点评： 本文为 1996 年普利策奖"国内报道"获奖作品。

就选题而言，话题结合时事，探讨的是香烟中焦油含量与尼古丁吸入量的关系问题，话题涉及政府组织、香烟公司、研究人员多方机构，且具有较大争议性，为报道的撰写铺垫了较大发挥空间，也更容易引起公众的关注和讨论。在此基础上，文章不仅为问题本身提供科学依据，破除流言，更在商业报道的外表下，折射和普及了健康观念。

本文的逻辑链非常清晰，开篇用 Merit 烟草公司的广告词引入，随后立即点出美国联邦贸易委员会（Federal Trade Commission, FTC）对香烟公司有虚假广告之嫌的质疑（即焦油含量低不等于烟民尼古丁吸入量变低），以及 FTC 之前对焦油与尼古丁测量上的失误。作为反方观点，文章也引用了烟草公司的辩驳，即广告中并没有向烟民传达"焦油含量低的香烟更健康"之意。在最后，文章又进行了二次反转，揭露了香烟公司在尼古丁吸入量测试上的造假手段。

文章整体内容翔实，并且引用多个信源，尤其在涉及关键的科学或健康概念时，论点和引用皆有出处。文章仍然遵循西方"平衡报道"的逻辑，展现各方观点，这与多个信源的报道方式都一定程度上有助于实现媒介解读的深入性，即帮助民众从对控烟以及烟草危害的简单知晓阶段进入更深入全面的认知。

宏观层面，本文对焦油与尼古丁问题的解读较好地为公众挖掘了许多被政府忽略甚至掩盖，但又并非不重要的信息（如 FTC 在尼古丁与焦油含量关系判断以及公众告知上的失误），体现了对公众知情权的尊重。

微观层面，本文兼顾知识与政策类信息，也做到审慎与通俗兼顾，既从专业角度对涉及的健康知识进行了科学阐释（各专家与大学教授对尼古丁与焦油的分析），在强调造成的危害时，也能够以有力和更加通俗的证据获取受众对内容的信服（烟草公司如何在尼古丁吸入量的机器测试中造假）。

就结构而言，本文是一篇比较典型的遵循西方新闻客观性撰写的报道——正反立场的篇幅基本相当，但正方篇幅（即焦油少不等于吸入尼古丁量少）占比相对更多，由此便一定程度上可以判断作者的立场。文末所附的各品牌香烟焦油与尼古丁含量表也是为读者提供的知识性补充。对于中文控烟报道而言，"平衡报道"也许是值得中文媒体借鉴的思路：即尝试引用多种信源，采访尽可能多的相关人士和组织，避免照搬政府政策内容或单一信源信息，以充分回应公众对某个烟草相关议题的关注。这一写作思路一能使文章在事实与观点的呈现上更加全面与深入，二是考虑到中文媒体在控烟领域多以政策宣传、简短通讯、评论呼吁式报道为主的背景下，呈现更多的事实与观点，能够一定程度避免报道变得干燥无趣，以吸引包括烟民在内的更多读者。然而，在此基础上，更重要的是突破西方传统"平衡报道"的范式，坚持"吸烟有害"的健康宣传观念，因此控烟报道也应对多样化的观点与事实有所取舍与侧重；在事实与多方信息、观点的呈现之后，应及时对读者进行健康观念的正向引导，才能在单纯报道之上实现全民控烟的宣传。

报道 2

报道标题： 手机帮助土耳其烟民戒烟

原文标题： *Cell phones help Turkish smokers quit*

报道媒体： 全球卫生事务通讯

报道日期： 2010 年 11/12 月刊，第 9 卷，第 6 期

报道简介： 本文报道了由美国国立卫生研究院（NIH）支持的一项创新戒烟计划，该项目研究人员和卫生工作者使用手机联系通常不会寻求传统戒烟方法的吸烟者，并以此确定最佳的传递方法，以创建量身定制的、贴合文化特质的短信。该项目的试点研究已经开展，留存率很高。在土耳其，大约有 3500 万土耳其人使用手机，是固定电话使用者的 1.8 倍。如果成功，该项目团队打算在全国范围内扩大努力，并在美国实施类似的项目。

报道点评： 本文刊登在美国国立卫生院（National Institute of Health，NIH）佛格地国际中心（Fogarty International Center）的官方网站上，是对在土耳其开展的一项"短信戒烟"项目所做的科普性报道，将关注点放在控烟、戒烟的具体措施与成效上，是控烟报道中媒体挖掘空间丰富的报道方向。虽然本文发表于还以手机短信为主要沟通方式的时代，但其选题和写作内容对当下基于平台运作的新媒体报道仍有较强的借鉴意义，"手机帮助土耳其吸烟者戒烟"（Cell phones help Turkish smokers quit），采用传统的主谓宾结构，既点明了报道的核心内容，又能快速引起读者的兴趣。同时，由于该戒烟项目在土耳其首次试点开展，且效果显著，因此选题本身也具有独特性和报道价值。

结构上，本文遵循一般的科普报道的逻辑，开头简要介绍戒烟项目的情况，随后介绍项目开展的背景及原因，项目开展的具体措施，目前取得的成果及未来展望。其中，提及项目背景时不可避免地提到土耳其烟民的现状及吸烟对健康的危害，自然而然实现了健康观念的宣传。

文末所附的表格是本文的画龙点睛之笔，在报道内容和健康宣传两方面发挥了双重效果：一是丰富报道内容，展示了"短信戒烟"的具体案例和所属类型，增添"短信戒烟"项目的具体细节；二是在戒烟的实际操作层面为读者提供了具体的思路与做法示例，而非

简单的政策或科研通报。提供做法，推荐更有利于读者在日常生活中尝试戒烟的措施，从而将读者从被动的"知晓"阶段推入主动的"行动"阶段。

本文为网络报道，其新媒体属性也展示了国内外媒体在媒介融合大趋势下，控烟报道的新思路。一方面，考虑到新媒体"去中心化"的特点，借助新媒体"可检索"等技术特性，受众可以随时随地获取需要的信息。[3] 本文在行文上流畅简洁，易于阅读，避免了部分深度报道中使用的艰深的科学术语，以科普为主要目的，用比较通俗的解释使受众对专业领域的情况形成一个清晰的认知，从而在知识结构上逐步帮助受众建立起对控烟问题的整体认识。另一方面，本文选题的切入口虽小但精，为受众降低阅读门槛的同时，也与控烟、公共健康两个话题紧密相关，从而达到更好的传播效果。

（二）国内

2006年以来，国内出现大量控烟相关报道，但在报道体裁中，消息类较为抢眼，各媒体对政府相关控烟动向的报道层出不穷，而调查、专访、特写和图片报道相比之下则处于弱势。因此，国内媒体在控烟话题上总体报道风格偏于硬性，着重于对即时新闻信息的报道；而像调查和专访、特写与图片报道偏于对事件与人物细节的叙述，与消息相比较软性和感性，虽然在报道文体中也有所体现，但是并不作为报道的主体出现。

在对控烟主题的报道中，"评论呼吁"性内容出现频率较高，即简单地陈列吸烟对健康的危害，以及较为单调地呼吁受众减少吸烟或戒烟；其次则为政策类的消息，主要内容涉及国家及地方的控烟政策、烟草控制相关会议、领导人出席控烟活动等等。相比之下，烟草流行的现状描述、控烟现状描述、吸烟人群或被动吸烟人数的报告、具体的控烟、救治措施、政策的实施等报道则处于弱势地位而被忽视。

罗杰斯于1965年总结了诉诸恐惧宣传活动中的3个关键要素："所描绘事件的危害性、那种事件发生的可能性和所建议对策的有效性。其中每个因素均带有认知判断的过程，而且这种认知判断过程就决定了后来的态度改变量。"[4] 国内媒体报道将更多的重点放在展现吸烟及二手烟的危害性上；在对控烟措施的普及及成果宣传上，以及对健康观念的科普上，我国媒介内容的反映则较为稀少。因此，中文媒体整体对吸烟的危害性具有普遍重视，但对危害发生的可能性、相关措施的有效性有所忽略，这一定程度上反映了中文媒体在报道中更加偏向于用即时报道唤起受众的注意，而对如何通过报道实现受众态度的转变考虑较少。《2018中国成人烟草调查报告》指出：86.0%的公众知晓吸烟会引起严重疾病，71.4%的公众知晓二手烟会引起严重疾病，但公众对于低焦油卷烟的危害缺乏正确认知，仅有18.1%的人清楚"低焦油不等于低危害"。这说明我国人民对烟草危害的认知方面仍有提升空间，也一定程度反映出我国控烟工作的艰巨性，以及媒体自身在报道控烟问题时还缺乏系统性，还需在将来的新闻实践中形成一个长效、完整的报道思路与报道体系。

根据袁军、杨乐对《人民日报》控烟报道的分析[5]，就控烟报道而言，国内媒体首先应在健康取向下实现议题的多角度发掘，媒介在对健康信息做出及时准确全面的报道的同时，也要学会结合社会、环境、经济、法律、文化、道德等多种因素对控烟议题进行多角度解读；其次是提升叙事方式的多样性，在多篇报道的布局中，应当注意引用不同的信源，如个人、科研机构、民间团体或协会、烟民亲属等，在做到准确性的同时兼顾全面。在体裁上，也要注重体裁运用的均衡，实现硬性报道与软性报道的合理分配；最后是实现媒介解读的深入性，在报道中需要培养公众的信息辨识力，使其建立起对控烟问题的整体认知，而不会被烟草企业的公关宣传所误导，形成对吸烟危害的误导性印象。

整体而言，21世纪初至今，不论是控烟具体效果，还是在控烟的媒体推动上，我国相比从前取得了一定进展，但仍有继续精细与深化的空间。对此，媒体首先应尝试挖掘新的话题角度，如时下热议的电子烟、控烟与可持续发展等，在控烟报道领域推陈出新；其次，正是考虑到控烟问题与可持续发展话题的紧密联系，媒体也要做好长久攻坚的准备。让控烟成为常用选题之一，才可能加重控烟在公众意识中的分量，强化烟草领域中的公共健康意识。

以下选取的案例为《三联生活周刊》于2021年发布的"电子烟'戒烟'，另一种智商税？"。本文在选题、体裁、健康取向、叙事方式上都较好贴合了如上要求，网络阅读量超过10万，是近年来媒体在控烟问题上实现有效健康传播的范例之一。

报道标题：电子烟"戒烟"，另一种智商税？

报道媒体：三联生活周刊

报道日期：2021年6月5日

报道简介：本文关注并分析了电子烟的市场情况和健康指数。在2021年3月之前，电子烟在中国处于"既非药品，也非烟草"的弱监管状态，其背后是越来越多的年轻人甚至未成年人拿起了电子烟。迄今为止，关于电子烟是否真的能够戒烟，电子烟或其二手"烟"的危害程度到底如何，尚未有统一意见，但可以确定的是，只抽电子烟很难说是"已戒烟"。

报道点评：本文在选题、体裁、写作方式上、健康观念上，都兼顾了当下主流及受众口味，实现了信息普及与健康传播的双重效果。

选题上，本文实现了时效性与相关性的结合，已然超过大部分国内控烟报道。电子烟作为烟草领域的时兴话题，受到的关注颇多，又恰好存在健康争议、市场监管混乱等话题点，非常适合作为国内媒体在控烟领域的新兴探索方向，不断拓展控烟报道的外延，解除当下控烟宣传的疲软状态。

体裁上，文章将人物故事、电子烟流行现状描述、数据呈现、政策解读等多个小角度耦合在一起，并采用由浅入深的写作结构，采用三个小标题，引导读者对电子烟流行现状、健康争议、政府对策逐渐形成全面的认识。同时，在涉及电子烟健康争议时，引用国家烟草专卖局新闻发言人、英国卫生署、世界卫生组织、伦敦国王学院教授等多方信源，在保证信息准确性的同时也兼顾了叙事的全面性。

在健康观念上，本文则不同于前文采用的两篇国外范例。国外媒体往往囿于新闻客观性的框架，在发表健康观念时十分谨慎，更倾向于呈现大量客观数据而非直接做出价值判断。相比之下，本文在对电子烟的态度上则更为鲜明，在文末点出"归根结底，电子烟仍然是一种对身体有害的东西"。这一判断并非空穴来风，也不是强行喂食给读者，而是在经过前文的多方信源与数据铺垫后，媒体对国家相关政策做出的合理解读。因此，在借鉴国外"平衡报道"的基础上，国内媒体也无须被这一原则所限制，而是在客观的框架上有所突破，坚持以健康议题为导向。为受众呈现足够的数据与理论后，也应引导受众形成正确的健康观念。

简而言之，本文较为全面地梳理了电子烟流行成因、危害性、市场混乱现状及相关政府对策，简化专业术语，摘取精华部分，提供数据和事实，并在结尾明确指出"电子烟仍是一种对身体有害的东西"，实现了事实与观点结合，是国内较为优秀的控烟报道。在报道的篇幅与深度上，本文仍有继续拓展的空间，但也不失为国内电子烟报道开了好头，为国内媒体形成更加长效、完整的报道思路与体系树立典型。

案例撰写：高可婧　清华大学外文系
点评专家：熙子　中国疾控中心控烟办副研究员

参考文献

[1] 邹小农,贾漫漫,王鑫,等.中国肺癌和烟草流行及控烟现状[J].中国肺癌杂志,2017, 20(8): 505-510.

[2] 蒋莹.吸烟与程序性细胞死亡因子4（PDCD4）及原发性肝癌相关性的研究[D].济南：山东大学, 2010.

[3] 李剑欣.新媒体与传统媒体的角色比较[J].新闻爱好者, 2010(10): 38-39.

[4] 沃纳·赛佛林,坦卡德.传播理论起源、方法与应用[M].北京：中国传媒大学出版社, 2006.

[5] 袁军,杨乐.健康传播中的控烟议题研究——以《人民日报》控烟报道为例[J].当代传播, 2010(2): 104-106.

疫苗与预防接种

一、概述

(一)认识预防接种

预防接种/免疫（immunization）是全球公共卫生与发展的一大成功案例。现有的疫苗可以预防 20 多种威胁生命的疾病，如白喉、破伤风、百日咳、流感和麻疹等。据统计，疫苗每年可以挽救 350 万~500 万人的生命。在 2010—2018 年，仅麻疹疫苗就避免了 2300 万例患者死亡。[1] 截至 2019 年，全球每年接种疫苗的婴儿数量已经超过 1.16 亿，占出生婴儿总数的 86%，达到了有史以来的最高水平。然而，世界卫生组织称，近年来全球疫苗接种覆盖率停滞不前，受新冠疫情影响甚至在 2020 年出现了首次下降，全球免疫形势依然严峻。

1. 疫苗

疫苗通过训练人体的免疫系统来产生抗体，可在人们接触有害病原体患病之前就提供保护，使人免受这些疾病的危害。疫苗接种利用人体的免疫系统建立对特定感染的抵抗力，并增强人的免疫反应，是经济、有效的方法。疫苗通过与免疫系统合作来建立保护，从而降低患病风险。接种疫苗后，免疫系统会识别入侵的病毒或细菌，随之产生抗体，即免疫系统为抵抗疾病而自然产生的免疫球蛋白。部分疫苗同时还会触发细胞免疫。人体免疫系统还能够记忆有关疾病及对抗方式。如果将来暴露于相同病原体，免疫系统会在患病之前更迅速摧毁它。

疫苗类型多样，通常情况下是安全的。减毒活疫苗和灭活疫苗只含有灭活或减弱形式的病毒或细菌，几乎不会导致疾病或使人们面临并发症的风险。而新型的病毒载体苗、重组亚单位蛋白苗的成分则只含有蛋白或基因。

目前，通过接种疫苗可以防治的疾病有：霍乱、新冠肺炎、登革热、白喉、肝炎、侵蚀性 B 型流感嗜血杆菌（HIB）、HPV 感染、流行性感冒（流感）、流行性乙型脑炎、疟疾、麻疹、脑膜炎球菌性脑膜炎、腮腺炎、百日咳、肺炎球菌病、脊髓灰质炎、狂犬病、轮状病毒感染、风疹、破伤风、蜱传脑炎、结核病、伤寒、水痘、黄热病。

据世界卫生组织网站，以下若干疫苗仍在研制中：产肠毒素大肠杆菌、无乳链球菌（streptococcus agalactiae，GBS）、单纯疱疹病毒、艾滋病病毒 I 型（HIV-1）、疟疾、淋球菌、非伤寒沙门氏菌病、诺如病毒、副伤寒、呼吸道合胞病毒（respiratory syncytial virus，RSV）、血吸虫病、志贺氏菌、A 组链球菌（streptococcal infection，GAS）、结核病、改进的流感疫苗。

2. 疫苗不良反应

和所有药物一样，接种疫苗后会产生副作用。然而，这些症状通常具有"一过性"，持续时间较短，程度较轻，如肌肉疼痛或发烧等。可能有更严重的副作用，但极其罕见。

相比之下，疾病重创一个人的可能性远比疫苗副作用的发生率要大。现在已有疫苗的麻疹、脑膜炎或脊髓灰质炎等疾病可能致命或者导致严重残疾，并发症包括：失明、失聪、瘫痪、脑损伤、不孕不育、癌症、出生缺陷、死亡。

3. 疫苗临床试验

一旦确定了一种有前景的疫苗，首先会对疫苗进行严格的实验室测试，包括仔细检查和测试疫苗及其成分。实验室测试评估疫苗的安全性，以及疫苗预防疾病的效果。如果在实验室获得了积极的结果，制造商可以申请进行临床试验，通常涉及成千上万自愿参加的健康志愿者。

2020 年 7 月 1 日起施行的《中华人民共和国药品注册管理办法》第二十一条规定，新药在上市前进行 I、II、III 期临床试验，上市后进行 IV 期临床试验以及生物等效性试验。

• I 期临床试验：初步的临床药理学及人体安全性评价试验。主要是观察人体对于疫苗的临床耐受程度，重点考察安全性。通常是 20~30 人的小范围试验，在成人中进行。必要时，可采用低、中、高剂量，每组 8~10 人，如果 I 期试验结果显示安全性良好，方可进行 II 期临床试验。

• II 期临床试验：治疗作用初步评价阶段。其目的是初步评价目标适应证患者是否产生免疫应答以及是否足够安全，为疫苗在更大范围人群中的安全性和免疫原性提供证据。这一阶段的研究设计可以根据具体的研究目的，采用包括随机双盲对照临床试验在内的多种形式。样本量较 I 期试验有所扩大，最小为 300 例，也可达到上千例。

• III 期临床试验：治疗作用确证阶段。其目的是进一步验证疫苗对目标适应证患者的治疗作用和安全性，全面评价利益与风险关系，最终为注册申请的审查提供充分的依据，是疫苗获得批准的基础。试验一般应为具有足够样本量的随机双盲对照试验。试验最小样本量应不低于 500 例。具体参加试验的人数是根据发病率统计学测算出来的，发病率越高，样本量越小，反之样本量越大。

· IV 期临床试验：疫苗注册上市后，对疫苗实际应用人群的安全性和有效性进行综合评价。其目的是考察在广泛使用条件下的药物的疗效和不良反应、评价在普通或者特殊人群中使用的利益与风险关系以及改进给药剂量等。各国监管机构在决定是否批准疫苗时，将评估所有这些研究的结果。研究也可在疫苗被引入后继续进行。通过这些研究，科学家能够在更长的时间内监测疫苗对更多人的疗效和安全性。参与试验的一般有几万人。

4. 疫苗接种的重要性

据世界卫生组织估计，仅儿童疫苗一年就可以挽救超过 400 万人的生命。

接种疫苗的两个主要理由是要保护我们自己和我们周围的人。接种疫苗不仅是保护人体最经济有效的手段之一，形成群体免疫屏障也有助于人群中的疫情防控。但免疫屏障的形成，有赖于人群中足够的疫苗接种率。不是每个人都能接种疫苗，如重病患者或某些过敏症患者不能接种疫苗，必须依赖其他人接种疫苗、形成人群免疫屏障，来确保他们不会感染疫苗可预防的疾病。

（二）全球免疫事业

1. 国际组织

世界卫生组织于 1999 年成立了一个疫苗和免疫方面的主要咨询小组，免疫战略咨询专家组（Strategic Advisory Group of Experts，SAGE），旨在为世界卫生组织的工作提供指导。SAGE 负责就全球总体政策和战略向世界卫生组织提供建议，范围从疫苗和技术、研发到免疫接种及与其他卫生干预措施的联系。2022 年 4 月 11 日，世界卫生组织网站发布新闻，称接种单剂 HPV 疫苗与两剂或三剂方案疗效相同。这就是 SAGE 专家评估后给出的建议。

全球疫苗与免疫联盟（The Global Alliance for Vaccines and Immunization，GAVI）成立于 2000 年，是一个全球性的、公私合作的卫生组织，其工作目标是通过增加疫苗的分配公平和可持续使用，深化与政府和非政府组织合作，提供技术和财政支持，促进全球健康和免疫事业的发展。参与成员包括发展中国家和捐助国政府、世界卫生组织、联合国儿童基金会、世界银行、工业化国家和发展中国家的疫苗产业界、比尔及梅琳达·盖茨基金会、非政府组织和科研及卫生技术研究机构。自成立以来，GAVI 推广了应对乙型肝炎、流感、黄热病等疾病的疫苗。

比尔及梅琳达·盖茨基金会（Bill & Melinda Gates Foundation）由比尔·盖茨夫妇于 2000 年在美国西雅图成立，是全球最大的慈善基金会，致力于与世界各地贫困、健康和发展领域的不平等现象做斗争。比尔及梅琳达·盖茨基金会的核心战略包括：加速研发创新型产品、工具和解决方案；将创新成果进行普及推广；建立新型伙伴关系。

2021 年 4 月，世界卫生组织、联合国儿童基金会、GAVI 联合发布《2030 年免疫议程：不让任何人掉队的全球战略》。主要目标包括：到 2030 年，实现儿童和青少年时期接种基本疫苗的覆盖率达到 90%；将完全没有接种疫苗的儿童人数减少一半；完成 500 个国家或地方引进新疫苗或未充分利用的疫苗，如针对新冠病毒、轮状病毒或 HPV 的疫苗——如果该议程得到全面实施，全球将避免约 5000 万人死亡，其中 75% 来自低收入和中低收入国家。[2]

2. 全球疫苗接种面临的挑战

首先是疫苗分配不公平。2021 年，世界卫生组织制定了到 2022 年年中全球疫苗接种率达到 70% 的目标。截至 2022 年 6 月，在世界卫生组织 194 个成员方中，只有 58 个成员方达到了 70% 疫苗接种率的目标，在低收入国家，只有 37% 的医务人员完成了基本系列疫苗接种。世界卫生组织和联合国儿童基金会表示，新冠疫情前，全球的免疫接种率就已经停滞不前，新生儿在 5 岁前接种所有推荐疫苗的概率不足 20%。2019 年，全球有近 1400 万儿童未能接种麻疹和百白破等关键疫苗，其中有 2/3 都集中在 10 个中低收入国家，且中等收入国家所占的比例正在上升。

2019 年诺贝尔经济学奖获得者迈克尔·克雷默（Michael Kremer）在其代表作《猛药：为被忽视的疾病创造药物研发动力》[3] 中指出了低收入国家需求的疟疾、结核病、艾滋病疫苗研发投入不足的问题，并提出了"推动"和"拉动"两种解决方案，探索一种疫苗承诺机制：即主张政府或私人基金会事先承诺购买疫苗，刺激研发力量进入，运用市场驱动力来解决世界贫困人口的疫苗需求问题。

其次，世界各地都出现过疫苗犹豫现象和反疫苗运动。疫苗犹豫（vaccine hesitancy）是指尽管有疫苗接种服务，但延迟接受或拒绝接种。疫苗犹豫因具体情况如接种时间、接种地点和疫苗种类而异，受到自满情绪、获取疫苗的不便和缺乏信心等因素的影响。[4] 疫苗犹豫被世界卫生组织列入"2019 年全球卫生面临的十大健康威胁之一"。

例如，日本政府从 2010 年就开始为 12~16 岁的女孩免费接种 HPV 疫苗，并于 2013 年 4 月将 HPV 疫苗纳入国家免疫规划。2013 年 6 月，日本媒体上出现未经证实的不良反应报告后,公众对疫苗的信任度下降,社会上出现受害者支持小组,厚生劳动省随后暂停了对 HPV 疫苗接种的积极建议。[5]

世界卫生组织称 2018 年欧洲的麻疹病例数创历史新高,共有 47 个国家约 82 600 人感染麻疹——达到 10 年之最,而其部分原因是父母拒绝为其子女接种疫苗。在意大利,联合执政的反建制组织五星运动对一些疫苗的安全性提出质疑,并强烈谴责强制接种疫苗的做法。[6]

此外,还有新冠病毒感染疫情的冲击,一方面体现在紧急研发新冠疫苗的巨大需求缺口,另一方面,受疫情影响,不堪重负的卫生系统一度导致许多儿童错过或中断了原本的接种进程。根据世界卫生组织网站数据,自疫情暴发以来,疫苗接种全球覆盖率从 2019 年的 86% 下降到 2020 年的 83%。约有 2300 万 1 岁以下儿童没有接种基本疫苗,这是 2009 年以来的最高数字。过去两年,全球暴发了多次麻疹、白喉、百日咳和其他疫苗可预防的疾病。受到疫情影响,有些需要按时接种第二或第三剂次疫苗的儿童错过了后续剂次的原定接种时期。2020 年,完全未接种疫苗的儿童人数增加了 340 万。

新冠疫情全球暴发后,由流行病预防创新联盟、全球疫苗免疫联盟和世界卫生组织牵头实施了"新冠肺炎疫苗实施计划"(COVID-19 Vaccines Global Access,COVAX),其目标便是加速新冠疫苗的开发和生产,并保证世界上每个国家都能公平合理地获得疫苗。

(三)中国预防接种工作

1. 免疫规划事业

免疫规划是指根据国家传染病防治规划,使用有效疫苗对易感人群进行预防接种所制定的规划。按照国家或者省、自治区、直辖市确定的疫苗品种、免疫程序或者接种方案,在人群中有计划地进行预防接种,以预防和控制特定传染病的发生和流行,提高居民健康水平和卫生水平。

在国家免疫规划之下,疫苗可分为两类:免疫规划疫苗和非免疫规划疫苗。其中,免疫规划疫苗由政府向公民提供,受种者免费接种且必须接种,俗称免费疫苗(或Ⅰ类疫苗)。非免疫规划疫苗通常需要受种者依据自愿原则自行付费接种,俗称自费疫苗(或Ⅱ类疫苗)。

国家免疫规划疫苗包括以下 14 种:乙肝疫苗、卡介苗、脊髓灰质炎灭活疫苗、口服脊髓灰质炎病毒活疫苗、百白破疫苗、白破疫苗、麻腮风疫苗、麻风疫苗、乙脑减毒活疫苗/灭活疫苗、A 群流脑多糖疫苗、A 群 C 群流脑多糖疫苗、甲肝减毒活疫苗/灭活疫苗。

2022 年 6 月 17 日,国家卫生健康委举行新闻发布会,介绍称我国适龄儿童国家免疫规划疫苗接种率保持在90%以上。国家免疫规划疫苗可预防的传染病目前已达到15种，覆盖人群以0~6岁儿童为主。2000年以来，我国维持无脊髓灰质炎状态。2012年，我国实现了消除新生儿破伤风的目标。目前，中国多种疫苗可预防的传染病已经降到了历史最低水平。

近年来，中国在病毒性肝炎防控方面取得了举世瞩目的成就。2014年，我国5岁以下人群乙肝病毒表面抗原阳性率已降至0.32%，提前实现了世界卫生组织西太区乙肝控制目标。世界卫生组织规定全人群乙肝携带率<2%为低流行区，2%~7%为中流行区，>8%为高流行区。我国1~59岁人群乙肝携带率由1992年的9.8%降至2006年的7.2%，再降至2020年的5%左右，由乙肝高流行区降至中流行区水平。乙肝病毒携带者人数由1992年1.2亿降至2006年9300万，2020年降至7000万例，乙肝流行率连年下降。目前，中国仍属于乙肝高疾病负担的国家，属于世界卫生组织最优先关注的国家。

2. 疫苗安全事件

在新冠疫情以前，疫苗安全事件一直是国内媒体报道的热门话题。事实上，许多引发轰动的疫苗安全事件并非真的是疫苗本身"有毒"，而与媒体的失实报道有关，但却给公众对疫苗的信任度和接种率带来了持久的不利影响。

2010年，《中国经济时报》记者王克勤刊发报道《山西疫苗乱象调查》，称山西存在所谓给"高温暴露"下的疫苗贴标签的问题，近百名儿童注射问题疫苗后或死或残，引发舆论风波。卫生部调查后通报称，报道的15名患儿均有疫苗接种史，但均未接种过报道中所说的"贴签疫苗"。2011年7月18日，《中国经济时报》调查部被解散，王克勤被解职。

李希光、苏婧著《科学与新闻之争——十年疫苗事件中的媒体与传播》从有着"'夺命疫苗'媒体第一案"的甲肝疫苗事件写起，选取了"安徽泗县甲肝疫苗事件""山西疫苗事件""广东麻疹强化免疫事件""乙肝疫苗事件""南都的'疫苗之殇'事件""济南非法疫苗经营案"等具有重大影响的案例，阐述了疫苗接种的媒体报道现状和存在的问题，并尝试对10年来疫苗屡屡陷入舆论危机的原因进行分析。

以2016年山东非法经营疫苗案为例，其实质是庞氏母女利用不具备疫苗流通环节的企业资质而非法经营，其违法事实毋庸置疑，但并不必然意味着涉案疫苗就是"毒疫苗"，更不意味着已经多次通过世界卫生组织认可的我国疫苗监管体系和在这一严格监管体系下生产、流通、签发、接种的疫苗普遍意义上出了大问题。换言之，这是一件涉及流通环节的违法经营案件，但并不是药品安全事件。可是，家长们却被轰轰烈烈的媒体报道所影响，加之10年来有关疫苗的风波不断，对疫苗产生了严重的、叠加的信任危机。[7]

3. 疫苗研发

在新冠疫情的背景下，我国疫苗研发取得的成就也格外引发关注。从新冠病毒疫苗研发项目启动算起，到我国开展全球首个临床研究仅用时两个月，再到我国历史上首次开展疫苗境外Ⅲ期临床试验仅用时5个月，到获批附条件上市仅用时11个月。[8]《中国青年报》援引国家卫生健康委副主任曾益新说，新冠疫情期间我国疫苗研发的进展"创造了一个历史纪录"。目前，我国已与超过40多个国家建立了双边疫苗协议。2021年以来，国药集团、科兴生物的灭活新冠疫苗和康希诺生物的腺病毒载体新冠疫苗获得世界卫生组织紧急使用授权，纳入全球紧急使用清单（emergency use list，EUL）。据世界卫生组织官网信息，目前世界卫生组织全球共批准了11种新冠疫苗的紧急使用，以用于全球公共卫生面临的疾病大流行。

此外，近年来，我国疫苗研发的另一个重点领域是HPV疫苗。2020年11月，世界卫生组织启动《加速消除宫颈癌全球战略》，全世界194个国家共同参与，提出到2030年所有国家实现90%的HPV疫苗接种覆盖率、70%的筛查覆盖率和90%的治疗覆盖率的中期目标。中国加入了该战略，并已于2022年年初开始，陆续于广东、海南、福建等多地开展国产二价疫苗免费接种试点。

在九价HPV疫苗一针难求的背景下，国内疫苗企业正争分夺秒抢跑上市。2022年3月31日，瑞科生物正式登陆香港交易及结算所有限公司（简称港交所），成为"国产HPV九价疫苗第一股"。按照瑞科生物的规划，这款九价HPV疫苗预计将在2025年达到Ⅲ期临床试验的主要终点，并向国家药监局提交上市申请。除了瑞科生物外，康乐卫士、万泰生物、博唯生物的九价HPV疫苗也处于Ⅲ期临床阶段，几乎都预计在一个时间点获批。

二、资源

（一）网站资源

在世界卫生组织官网首页，选择"健康话题"（Health topics）列表中的"疫苗与免疫"（Vaccines and Immunization），可以浏览世界卫生组织对疫苗话题的权威信息，包括核心事实和数据、新闻报道、出版物、问答等。

其中，世界卫生组织、联合国儿童基金会、GAVI联合发布的《2030年免疫议程》（以下简称《议程》）中提到了各国之间和国家内部免疫覆盖率差异的重要数据：每年，有2000万婴儿甚至连基本疫苗都没有完成全程接种，还有更多的人不能获得较新的疫苗；有1300多万人不能通过免疫规划接种疫苗，即"零剂"儿童。

除了论述免疫对人群健康、国家实力的益处，《议程》指出，据估计，广泛使用七价肺炎球菌结合疫苗（pneumococcal 7-valent conjugate vaccine，PCV）可以使 5 岁以下的肺炎患儿的抗生素使用天数减少 47%，相当于每年少使用抗生素 1140 万天，这有利于抵御微生物药物耐药性，保护人们免受耐药性感染。《议程》还援引了 17 个可持续发展目标中的 14 个论证免疫对全世界的贡献。

联合国儿童基金会网站的"免疫"（Immunization）一栏下，同样可以浏览全球数据、新闻报道、出版物资源（如《联合国儿童基金会免疫路线图》，UNICEF's immunization roadmap），侧重从儿童的角度介绍促进全球疫苗接种的计划。

GAVI 网站可以浏览该组织年度报告、查看工作案例等。GAVI 成立于 2000 年，是一个旨在促进政府和非政府组织公私合作、推动全球健康和免疫事业发展的全球性卫生合作组织。

比尔及梅琳达·盖茨基金会网站，在"全球健康"（Global Health）栏目下，选择"疫苗开发和监测"（Vaccines Development and Surveillance），浏览专家文章。重点领域：疫苗临床；化学、制造与控制；监测和流行病学；基因组流行病学和建模；流行病防范。或订阅比尔及梅琳达·盖茨基金会时事通讯 The Optimist。

国内网站方面，可以定期浏览国家卫生健康委官网、中国疫苗和免疫网。

中国疫苗学项目秘书处在比尔及梅琳达·盖茨基金会和帕斯适宜卫生科技组织（PATH）的支持下共同创建的"疫苗免疫资源导航页（VIN）"已经正式上线。导航页提供一页式的搜索结构，可在首页通过两种方式快速定位所搜内容。导航页首页标题下方左侧提供了五大类标签，包括病原、研发、组织机构、国家/地区、资源类型。

国家卫生健康委网站显示，我国长期坚持"预防为主"的卫生工作方针。1978 年，我国响应世界卫生组织提出的要求：在全球范围内实施免疫规划，各国不断扩大免疫接种覆盖面和疫苗种类，开始实施计划免疫；2016 年习近平总书记在全国卫生与健康大会上强调，要坚定不移贯彻预防为主的方针，坚持防治结合、联防联控、群防群控。

2018 年是我国免疫规划 40 周年，国家卫生健康委在"回应关切"时指出，根据中国疾控中心监测，在 2013 年 12 月—2014 年初发生乙肝疫苗事件、2016 年山东疫苗事件发生期间，也出现过疫苗犹豫的现象，一些儿童家长甚至拒绝接种疫苗。在乙肝疫苗事件期间，对于第一类疫苗犹豫比例会达到 30%，不过在 1 个月内逐渐降到 5% 以下，但山东疫苗事件发生后，儿童家长拒绝第二类疫苗接种比例一度高达 50%，持续了数月的时间。

在山东疫苗事件之后，国务院及时修改了《疫苗流通和预防接种管理条例》，从制度层面加强对疫苗的管理。2017 年 1 月，国务院办公厅出台《国务院办公厅关于进一步加强疫苗流通和预防接种管理工作的意见》，要求健全国家免疫规划疫苗调整机制。同年 10

月，原中华人民共和国国家卫生和计划生育委员会成立了国家免疫规划专家咨询委员会（National Immunization Program Expert Advisory Committee，NIAC）。2019年，全国人民代表大会常务委员会（简称全国人大常委会）颁布的《中华人民共和国疫苗管理法》确立了国家免疫规划专家咨询委员会的法律地位。

（二）学术期刊资源

学术期刊方面，可以关注国外重点期刊如《疫苗》(*Vaccine*)，系日本疫苗学会官方出版物，爱思唯尔数据显示影响因子4.169，主编称刊登文章内容涵盖基础研究、临床研究、疫苗制造、历史、公共政策、行为科学和伦理学、社会科学、安全性以及其他相关领域。也可关注自然科学或医学类知名期刊的相关主题。

一项于2019年5—7月在上海开展的横断面研究显示，不具有本市居住权的人更可能产生疫苗犹豫，其中又以社会经济条件处于不利地位的来自农村的非本地人为最。这种疫苗犹豫可能影响其给子女的接种意愿，强化二类疫苗（如流感疫苗、手足口病疫苗等适用于流动人口的疫苗）接种不足的儿童的空间聚集，从而加剧城市内部的免疫异质性。[9]

国内期刊中，《中国疫苗和免疫》于1995年10月创刊，由国家卫生健康委主管，疾病预防控制中心主办，是国内唯一专门报道免疫规划和疫苗可预防疾病专业的国家级学术期刊。刊载免疫规划管理、疫苗可预防疾病和疫苗研究成果等内容。

（三）其他拓展资源

世界卫生组织免疫覆盖数据 https://immunizationdata.who.int/
联合国儿童基金会数据库 https://data.unicef.org/topic/child-health/immunization/
世界卫生组织国际临床试验注册平台 https://trialsearch.who.int/
国际疫苗协会：当月学术文章 http://isv-online.org/paper_of_month?field_date3_value%5Bmin%5D=2021-01-01&field_date3_value%5Bmax%5D=2021-12-31
中国疾控中心免疫规划中心科普资料 https://www.chinacdc.cn/nip/zlxz/kpxc/
中国疾控中心周报 https://weekly.chinacdc.cn/
HPV World 电子通信 https://www.hpvworld.com/

三、报道点评

（一）国外

相比国内市场化媒体在21世纪以后开始密集报道疫苗安全事件，西方媒体较早地注意到了这个领域。

20 世纪七八十年代，发达国家不约而同地出现过几次由新闻报道引发的疫苗犹豫，导致接种率下降、传染病发病率上升。

在 1974 年的英国，长期以来较高的百白破疫苗接种率下出现零星不良反应，当时媒体对接种疫苗后出现"36 起严重神经系统反应"的大肆报道，引起了公众的不信任，进而导致疫苗接种率降低，发病率随之骤增。数据显示，百白破疫苗的接种率从 81% 大幅下降到 31%，发病率也由十万分之一上升至十万分之一百至两百，造成百日咳疫情。同一时期，位于远东的日本，同样是百白破疫苗，由于媒体对不良反应的报道和公众信任降低，几乎导致了完全相同的结果。

1998 年，英国媒体报道了《柳叶刀》上一篇声称"麻腮风疫苗可能引发孤独症"的论文，不少家长拒绝为孩子接种该疫苗。6 年后，英国麻腮风疫苗的接种率由最高时期的 92% 降至 81%，麻疹病例从 1998 年的 56 例增加到 2008 年的 1348 例并致 2 人死亡。这篇论文本身有争议，于 2004 年被部分撤稿、2010 年被完全撤稿，作者有学术不端行为并被吊销医师执照，但其影响已经外溢至欧洲其他国家和美国，在全球范围掀起了一波"疫苗抵制"运动。

疫苗犹豫和反疫苗运动的话题一直延续到今天的新冠疫情时代，而随着全球化程度提高、国际交流日益密切，全球疫苗短缺、疫苗公平也成为国外媒体报道的重点，且视角逐渐向第三世界的中低收入国家转移，如《猛药》中关注的主题。

值得一提的是，2022 年的全球猴痘和脊髓灰质炎疫情也让人们意识到：在新冠大流行之外，基本系列疫苗的接种（特别是在低收入国家）仍旧不容忽视，富裕国家需要承担起很多责任，请见"脊髓灰质炎曾经几乎被消灭了，今年它又卷土重来"一文的分析。由于日本遭遇过针对 HPV 疫苗的较为严重的信任危机，下文选择"日本法院就记者 HPV 疫苗诽谤案做出裁决"作为典型案例。

报道 1

报道标题：脊髓灰质炎曾经几乎被消灭了，今年它又卷土重来

原文标题：Polio was almost eradicated. This year it staged a comeback.

报道媒体：纽约时报

报道日期：2022 年 8 月 18 日

报道简介：2022 年初，全球卫生专家认为根除脊髓灰质炎近在咫尺。全球仅剩巴基斯坦和阿富汗仍有脊髓灰质炎病毒传播，两国病例数量也逐渐减少。但要实现根除，这一病毒必须在全球每个角落都彻底消失。然而，一年内出现了马拉维 30 年来首次报告脊髓

灰质炎病例、巴基斯坦报告 14 例，以及以色列和英国等国报告新病例。疫情还使其他国家的疫苗接种工作中断，免疫率倒退。报道强调了虽然全球脊髓灰质炎病例已减少 99%，但实现根除仍充满挑战，必须全力防范。

报道点评：这是美国《纽约时报》网站的健康报道，文章发布两天后被《参考消息》"社会扫描"版面转载。

先看报道标题——《脊髓灰质炎曾经几乎被消灭了，今年它又卷土重来》，交代了 3 个关键信息：第一，彻底消灭脊髓灰质炎病毒的目标原本已经很近了；第二，脊髓灰质炎还没有被彻底消灭；第三，今年脊髓灰质炎出现了反弹趋势。

结构上，报道可以分为新闻事实、专家观点、背景科普三部分内容。新闻事实部分，交代了在巴基斯坦和阿富汗——仅剩的两个有野生脊髓灰质炎病毒传播的国家——之外，马拉维、以色列、英国、美国也发现脊髓灰质炎病毒，其中在马拉维发现的病毒"似乎来自巴基斯坦"，而该国有一年多没有报告过相关病例了。

比尔及梅琳达·盖茨基金会的专家研判为其他暂未出现病例的国家敲响了警钟，报道引用了非常形象的说法：脊髓灰质炎病毒总是"不过一趟航班的距离"。

背景科普集中在报道的开头和结尾，主要是围绕全球消除脊髓灰质炎病毒的努力、脊髓灰质炎病毒的传播途径、病毒"死灰复燃"的可能原因。同时，报道利用翔实的数据，对近年来消灭脊髓灰质炎病毒"显而易见的进展"和"挑战性"都做出了论证。

文章在分析脊髓灰质炎"卷土重来"时提及的一个因素是新冠疫情对脊髓灰质炎疫苗接种秩序的影响。在后疫情时代，以人类命运共同体的意识共同应对传染病的传播，或许会唤起更多人的关注。因此，资源分配的注意力应适当回到新冠疫苗之外的基础性疫苗，回到公共卫生状况较差的低收入国家。当然，资源分配只是一个方面，脊髓灰质炎反弹的原因更复杂，仍需要更细致的判断。

传染病的肆虐下没有一个国家可以独善其身。中国虽然是世界卫生组织承认的"无脊髓灰质炎国家"，但在"一趟航班"的传播风险面前，不仅是道义上，也是从现实上，需要和两个邻国一起共同面对消除脊髓灰质炎的挑战。

近期的猴痘疫情和脊髓灰质炎疫情都提醒人们：接近被根除的传染病同样危险。联系英国百白破疫苗信任危机，高接种率下由于不良反应的发生概率增大，反而更容易出现反疫苗运动，导致接种率下降，发病率上升。

因此，较发达的国家需要积极承担责任，不仅体现为应对国内的反疫苗运动，而且体现在公共卫生对外援助日益显著的必要性。

《华盛顿邮报》网站 2022 年 9 月 1 日刊文《新冠、猴痘、脊髓灰质炎：病毒之夏反映了旅行和变暖趋势》,援引研究人员观点称,与传染病做斗争必须成为全球优先事项——各国应将其他国家的疫情也视为自己的问题。"富裕国家必须与较贫穷国家分享疫苗剂量,以遏制病毒传播,然后才能环游全球。"

这篇报道的不足之处是可能过于强调新冠的作用,并没有很客观地分析脊髓灰质炎最后一公里失败的多方面原因,容易误导读者。

报道 2

报道标题:日本法院在 HPV 疫苗诽谤案中裁定记者败诉
原文标题:*Japanese court rules against journalist in HPV vaccine defamation case*
报道媒体:美国《科学》周刊
报道日期:2019 年 3 月 27 日
报道简介:一名日本医学记者因指责一名神经学家捏造 HPV 疫苗与小鼠脑损伤之间的关联数据而被判中伤罪。这一案件备受疫苗支持者关注,他们担心该判决可能鼓励那些在日本和其他地方声称 HPV 疫苗引起人类慢性疼痛和运动障碍的人。案件反映出日本对 HPV 疫苗存在深刻的不信任,自 2009 年引入后,HPV 疫苗于 2013 年 4 月被列入日本国家疫苗计划。同年,一些接种者抱怨出现严重副作用。2013 年 6 月,卫生部门暂停了对所有早期青少年女孩接种疫苗的建议,导致接种率从 20 世纪 90 年代出生的女孩的 70% 下降到现在的 1%。

报道点评:这篇报道反映的是日本 2013 年以来对 HPV 疫苗不信任运动中的一个节点。如标题所揭示的,一位支持 HPV 的记者因批评一名反对 HPV 的医生捏造实验结果却拿不出证据,而被法院判为诽谤。

该报道的选题具有话题性——记者力挺疫苗和神经学家"反对"疫苗,反映了当下日本国内对于疫苗的多重态度,即疫苗犹豫或丧失信任。熟悉 HPV 疫苗安全性的人可能会同情这位记者,但其凭空诬陷的不合理行为又让人无法认同。故事的核心人物村中璃子是一位医学博士出身的记者。2016 年,村中璃子在日本 Wedge 杂志上撰文报道了日本信州大学神经科医生池田修一的研究,称其研究中用来证明 HPV 疫苗与小鼠脑癌之间存在联系的结果是被捏造出来的。报道援引法院裁定称,村中无法拿出证明池田的研究系"捏造"的证据。

这一案件备受关注,因为法院做出的对村中不利的结果可能加剧社会上反对 HPV 疫苗的声音。在日本针对 HPV 疫苗的不信任运动中,世界卫生组织和日本厚生劳动省都曾表明所谓的不良反应不一定是 HPV 疫苗导致的,世界卫生组织更公开表示 HPV 疫苗"安全有效"。

报道中，冲突的双方都值得反思：科学家（神经学家）在解读数据和发布数据的时候没有读者意识，经常忽视报道数据可能引发的公民误解，这样就比较容易引起诸如这篇报道中的诉讼风波。而即使是具有专业背景的新闻工作者，在报道的时候也难免用经验判断而非客观实验事实证据，文中反复提及记者反对却拿不出证据，这就很难让人信服。

从结构上看，该报道采取了平衡的立场，没有偏向官司输赢的任何一方，而是用背景介绍。由于其面对的是国际受众，因此以交代日本HPV疫苗的不信任危机为主。最后引用专家的观点，告诉读者村中的败诉是方式不当（诽谤）的问题，而不是其辩护的HPV疫苗存在安全隐患。

该报道的不足之处是从文章中看不出神经学家数据的问题究竟出现在了哪，也就是说这个新闻在报道的时候更多关注的是事件的冲突和话题性，却缺乏对于真相的解释。

（二）国内

国内疫苗报道中，疫苗安全事件一度占据了很大的比重。媒体对于不合格疫苗的关注，"假疫苗""毒疫苗""等于杀人"等夸张表述，配上触目惊心的照片，激发了公众对于疫苗的恐惧。这类报道案例见于李希光、苏婧著《科学与新闻之争——十年疫苗事件中的媒体与传播》。

科普作家方玄昌曾撰文指出接种疫苗的"偶合反应"更应当被媒体和管理部门关注。所谓"偶合"指的是某种疾病来临之前，患者刚好经历了与该种疾病原本毫无关联的某种因素——在许多疫苗安全事件中，这些被强行与疾病建立了关联的无关因素便是"疫苗接种"。

同样以HPV疫苗作为关照的角度，前文提到了日本对HPV疫苗的不信任运动，国际媒体也多强调接种疫苗并非一劳永逸，为了做到预防宫颈癌，仍要坚持定期筛查。相比之下，HPV疫苗自从引进国内以来就渐成潮流，社会上很少看到对其不良反应的讨论。

黄牛代售、电商拱火、年龄限制、价格虚高、一苗难求……在越来越普遍的狂热和乱象之下，近几年，国内出现了从社会公平和政策的角度展开的对HPV的报道，如《健言》提到了经济水平、地区差异、对国产疫苗的信心等难题——一些HPV疫苗需求更紧迫的偏远山区、经济水平欠发达地区，疫苗采购费谁来支付？如何解决公众的疫苗犹豫困扰？如何达到高效筛查的目标？也有科技类新媒体对疫苗乱象背后的诸多深层原因做了历时的深度分析。下面就以钛媒体《疯狂的HPV疫苗》为例，看看记者如何解析国内HPV的疫苗狂热。

报道标题： 疯狂的 HPV 疫苗

报道媒体： 钛媒体

报道日期： 2021 年 4 月 2 日

报道简介： 这篇报道回顾了三类 HPV 疫苗进入中国市场的十年历程，并深入探讨了国内女性对 HPV 疫苗狂热需求背后的复杂情况。文章突出了电商平台、私立医院和黄牛的介入如何助长疫苗的消费狂热。国家药监局加快审批九价疫苗，加剧了供不应求。虽然 HPV 疫苗的成功营销使其成为一种"新时尚"，但需要提高科学认识，特别是在涉及 15 岁以下儿童接种问题时，目前仍存在信任和认知方面的挑战。整体而言，HPV 疫苗市场的狂潮不仅仅是对健康防护手段的热切需求，还反映了商业、政策和社会文化等多重层面的复杂情况。

报道点评： 钛媒体的这篇报道以"疯狂的 HPV 疫苗"为题，非常生动。

从主题上看，"疯狂"二字很好地概括了 HPV 这么一个健康领域的风口及其背后的乱象。具体来说，"疯狂"是由消费者追捧、电商进场、政策助推等多种人为与非人为因素造成的，使其既是一个女性健康话题，也成了复杂的商业、社会、文化现象。像共享单车一样，经历了初始时期的野蛮生长，最终在市场竞争和政策规范下重新洗牌。在这篇报道刊发后，许多媒体都开始以"疯狂"为关键词来描述 HPV 疫苗相关的话题，但深度难及此篇。

本文的小标题展现了报道的多重维度：第一个小标题"电商平台'拱火'，HPV 疫苗成'完美消费品'"，通过细致的市场观察，提供了一个非常新鲜的消费主义阐释框架。作为进口的二类疫苗，在公立医院的疫苗资源稀缺的情况下，私立医院和电商的"共谋"成为造成黄牛泛滥、"一苗难求"的重要因素，也催化了奇货可居的消费心理。

第二个小标题"中国市场的 10 年慢跑"回顾了二价、四价和九价疫苗进入中国的历程，即"疯狂"的源头，主要在于两个困境：一是"入境"困境，这背后是我们国家更为严苛的审查审批制度；二是"研发"困境，因为我们没有自己的本土苗，只能被动等待——不仅是时间问题，同时还有价格问题。

最后一个小标题"HPV 疫苗市场走向哪里"指出了"更充分的源头竞争"和"更低龄的接种人群"是未来的两大问题，引出了投资和商业化、接种年龄、家长意愿等更具复杂性的维度。同时还有对于疫苗的认知问题，HPV 疫苗的"成功"并不代表疫苗的科学认知走进了人们的心中，是因为第一个标题下所谈的成功营销，使得 HPV 疫苗的接种不仅是防治疾病，还成了一种"新时尚"。

HPV 疫苗接种的背后不一定是对疫苗效果和免疫接种的认可，更多的是一种疯狂跟随，这是我们需要警惕的。当从科学角度研判 15 岁以下少儿的接种问题时，很可能还会出现众多疫苗都有的不信任、无所谓或者犹豫问题。

综上，这篇报道对女性、健康、商业议题都展现出了一定的专业性，条分缕析地解读了"疯狂的疫苗"背后的政策和市场脉络，对于理解作为一种社会现象的 HPV 疫苗热有较大的帮助。但是，该报道对于大家了解 HPV 疫苗接种所做的科普并不那么充分。所以，我们要进一步反思的是：它会不会有"副作用"？也就是说，很多人看完会觉得原来 HPV 疫苗是因为这些原因才有那么多人接种，这样可能违背了健康传播的初心目标。

案例撰写：林宇轩　清华大学新闻与传播学院
点评专家：贾雯旭　清华大学写作与沟通中心教师

参考文献

[1] PATEL M K, DUMOLAR L, NEDELEC Y, et al. Progress toward regional measles elimination – worldwide, 2000-2018[J]. Morb Mortal Wkly Rep, 2019, 49: 581-600.

[2] 张朋辉. 世卫组织等机构联合发布《2030 年免疫议程》[N]. 人民日报, 2021-04-28(16).

[3] 克雷默, 格兰内斯. 猛药：为被忽视的疾病创造药物研发动力 [M]. 叶心可, 译. 上海：东方出版中心, 2021.

[4] MACDONALD N E. the SAGE Working Group on Vaccine Hesitancy. Vaccine hesitancy: Definition, scope and determinants[J]. Vaccine, 2015, 33(34): 4161-4164.

[5] HANLEY S J, YOSHIOKA E, ITO Y, et al. HPV vaccination crisis in Japan[J]. Lancet, 2015, 385:2571.

[6] 王蕾蕾, 杨帆. 由于部分地区拒绝接种疫苗, 欧洲麻疹病例数创十年新高 [J]. 中国感染与化疗杂志, 2020, 20(1): 54.

[7] 李希光, 苏婧. 科学与新闻之争——十年疫苗事件中的媒体与传播 [M]. 北京：清华大学出版社, 2018.

[8] 刘昶荣. 中国疫苗研发速度创下历史纪录 [N]. 中国青年报, 2022-04-13(3).

[9] WAGNER A L, HUANG Z, REN J, et al. Vaccine hesitancy and concerns about vaccine safety and effectiveness in Shanghai, China[J]. American Journal of Preventive Medicine, 2021, 60 (Suppl 1): S77-S86.

妇幼保健

一、概述

（一）妇幼保健概念阐述

"妇幼保健"即妇女与儿童的保健管理，在严格意义上应划分为"妇女保健"与"儿童保健"。在医学领域，妇幼保健医学主要内容包括妇幼保健基础医学、临床医学、预防医学等方面的基本知识和技能，进行妇女和儿童的保健管理、计划生育等。其中妇女保健包括婚检、产检、高危孕产妇的监控、生殖健康的宣传等，儿童保健包括了儿童体检、疫苗接种、体弱儿的监控、新生儿筛查等。世界卫生组织在"妇女保健"与"儿童保健"的定义上分别指出，"妇女保健"特指妇女在孕期及分娩前后的健康护理，"儿童保健"则指为确保新生儿存活及健康成长采取的对新生儿的健康护理行为。国外其他权威网站如美国疾控中心、联合国儿童基金会、孕产妇、新生儿和儿童健康伙伴关系（partnership for maternal newborn and child health，PMNCH）等并未对"妇幼保健"做出明确的定义，但均将孕产妇死亡率与新生儿死亡率作为衡量妇幼保健水平的指标。

就单纯的定义而言，"妇幼保健"并非泛指任意时间点的妇幼健康管理，而是着眼于妊娠期间孕产妇与胎儿、母亲与新生儿的健康管理。然而，在公共卫生领域，除开孕期及分娩前后的婚检、产检、新生儿筛查及特定母婴疾病筛查（如乳腺癌）等，我国的妇幼保健工作容纳的范围更广，通常将涉及全年龄段女性和青春期以前儿童的健康议题都包含在内，如 HPV 疫苗注射、宫颈癌筛查、儿童营养保健、儿童眼视力保健等。就我国政策而言，"妇幼保健"以"母婴安全""健康儿童"为主要议题，下分了"母乳喂养""疾病防治""生命周期健康""健康服务体系建设"等子议题。

（二）全球妇幼保健事业发展情况

根据联合国儿童基金会和世界卫生组织 2019 年公布的儿童和孕产妇死亡率估算数据，

目前孕产妇死亡率以及新生儿死亡率达到了历史最低。自 2000 年起，由于全球经济发展，医疗卫生水平提高，新生儿死亡人数相比 2000 年以前减少了将近一半，孕产妇死亡人数则减少了 1/3 以上。然而，根据世界卫生组织发布的数据，2018 年仍有 620 万名 15 岁以下儿童死亡，2017 年共有 29 万多名妇女死于怀孕和分娩期并发症。在儿童死亡总数中，530 万儿童死于 0~5 岁，其中又有近半数死亡发生在出生后第一个月。在分娩期间和刚分娩后，妇女和新生儿往往最易受到伤害。2019 年数据显示，每年共有 280 万孕产妇和新生儿死亡，即每 11 秒就有 1 名孕产妇或新生儿死亡。儿童在第一个月面临的死亡风险最高，尤其当新生儿为早产、体重过轻、在出生时患并发症或有先天性缺陷或感染时更容易受到死亡威胁。死亡的新生儿中大约 1/3 在第一天死亡，近 3/4 的死亡都发生在产后第一周。

2020 年新冠肺炎的流行也为全球儿童死亡率降低增添了阻碍。2020 年，共有 500 多万 5 岁以下儿童死亡，其中包括 240 万新生儿。同时，数据统计不全和缺失也是儿童死亡率估计和监测面临的一个严重挑战。超 2/3 的低收入和中等收入国家（135 个国家中有 97 个）在过去 3 年中没有可靠的死亡率数据，新生儿的实际死亡数很有可能大于目前的统计数据。

对于产后一个月内的新生儿而言，肺炎、腹泻和疟疾等传染病是造成新生儿死亡最多的疾病。孕产妇死亡主要由妊娠期并发症造成，如怀孕期间的高血压、分娩之中或之后的严重出血和感染。此外，也有相当一部分孕产妇死于因妊娠而加剧的原有的生理疾病。

另外，全球在妇幼保健领域存在巨大不平等现象，撒哈拉以南非洲孕产妇和新生儿的死亡率远高于其他所有地区。全球避孕与流产护理在地区与地区间都存在严重差异。拉丁美洲和撒哈拉以南非洲的地区内差异最大，这两个地区国家的意外怀孕率分别为每 1000 名妇女 41~107 人和每 1000 名妇女 49~145 人。撒哈拉以南非洲妇女一生中在怀孕或分娩期间死亡率则高达 1/37。而欧洲女性的死亡率是 1/6500。撒哈拉以南非洲和南亚孕产妇和新生儿死亡人数约占全球孕产妇和新生儿死亡总人数的 80%。同时，处于冲突或各类危机中的国家往往医疗卫生系统薄弱，进而无法保证妇女儿童得到必要的卫生服务。

整体而言，全世界在降低儿童和孕产妇死亡率方面仍然取得了重大进展。1990—2013 年，全球孕产妇死亡率已缩减 45%，2021 年全球范围内共 28.9 万名女性死于孕期及生产过程中出现的并发症，较 1990 年减少 23.4 万人。从 2000 年到 2017 年，孕产妇死亡率下降了 38%。自 2000 年起，南亚孕产妇存活率增幅最大，孕产妇死亡率下降了近 60%。[1] 联合国儿童基金会指出，对卫生事业的人力投资、财政支持、为孕产妇和儿童提供的免费卫生服务都起到了重要作用，其中许多国家已加大对全民卫生保健的重视。

（三）中国妇幼保健事业发展情况

1. 沿革与成果

《中国妇幼健康事业发展报告（2019）》将中国妇幼保健事业的发展分为3个阶段。[1]

第一个阶段是1949—1978年，该时段尚属中国妇幼保健事业的成长期。1949年9月中国人民政治协商会议审议通过《共同纲领》，明确提出"注意保护母亲、婴儿和儿童的健康"。10月底卫生部成立，下设妇幼卫生局，同时地方各级卫生部门内设妇幼卫生处（科），我国由此开始建立自上而下的、相对完整的妇幼健康行政管理体系。

第二个阶段为1978—2012年，即改革开放以来至党的十八大以前，这段时间为我国妇幼保健事业的发展期。这一阶段，中国在妇幼健康领域加强国际合作，学习各国的先进理念和经验，同时引进资金、妇幼相关技术与人才。另外，我国也逐步完善妇幼健康信息统计制度，在结合我国国情的基础上推进政策在各地的实施和转化。这一时期《中华人民共和国母婴保健法》颁布，形成了"以保健为中心，以保障生殖健康为目的，实行保健和临床相结合，面向群体、面向基层和预防为主"的工作方针。中国政府连续实施了3个周期的中国妇女儿童发展纲要，2009年启动深化医药卫生体制改革，对妇女儿童健康投入力度不断加大，妇幼健康服务公平性、可及性不断提高。

第三个阶段，即2012年至今为妇幼保健事业的跃升期。2012年，世界卫生组织宣布中国消除新生儿破伤风，这标志着中国妇幼健康服务质量和可及性达到新水平。党的十八大以来，我国妇幼健康事业也进入到了新的时期，妇幼健康工作的目标由"保生存"向"促发展"转变。习近平总书记则在2016年全国卫生与健康大会上强调，要关注和重视重点人群健康，保障妇幼健康。

近10年来，我国政府在母婴安全、新生儿健康方面颁布了一系列法律法规。2010年，围绕减少出生缺陷、提高出生人口素质的目标，我国发布修订后的新版《新生儿疾病筛查技术规范（2010年版）》。2018年，国家卫生健康委分别印发《母婴安全行动计划（2018—2020年）》与《健康儿童行动计划（2018—2020年）》，明确提出"预防和减少孕产妇和婴儿死亡""落实母婴安全保障制度"等目标。在此基础上，2020年又印发《母婴安全行动提升计划（2021—2025年）》与《健康儿童行动提升计划（2021—2025年）》，以期进一步提高优生优育服务水平，维护妇女儿童健康权益。2021年，国务院分别颁布《中国妇女发展纲要（2021—2030年）》与《中国儿童发展纲要（2021—2030年）》。随后，国家卫生健康委在发布的《国家卫生健康委关于贯彻2021—2030年中国妇女儿童发展纲要的实施方案》中强调，在新发展阶段，广大妇女儿童的健康主题已经从生命安全守底线扩展到全面健康促发展，对健康多元化需求更旺盛，对美好生活向往更强烈，对妇幼健康服务能力、服务模式、服务理念都提出了新的更高要求。《健康中国行动 2022 年工作要点》中，将"制订出生缺陷防治能力提升计划"[1]列为工作要点之一。70 余年来，中国在保障妇幼健康方面付出了巨大努力。在以习近平同志为核心的党中央坚强领导下，新时代中国特色社会主义取得了伟大成就，这其中也蕴含了妇女儿童事业的跨越式发展：妇女儿童的健康水平持续提升，孕产妇、婴儿和 5 岁以下儿童死亡率分别下降至 16.9/100 000、5.4‰ 和 7.5‰，我国被列为妇幼健康高绩效的 10 个国家之一。综合我国政府近年来就妇幼健康事业发布的多项报告，我国在妇幼保健领域的主要成果可简要总结为如下 7 个方面。

（1）女性期望寿命延长。2015 年，中国女性期望寿命为 79.4 岁，相比 1990 年延长了 8.9 岁。

（2）孕产妇死亡率稳步下降。联合国千年发展目标要求到 2015 年，孕产妇死亡率要在 1990 年基础上下降 3/4。中国于 2014 年提前实现，是全球为数不多实现这一目标的国家之一。[1]

（3）儿童死亡率明显下降。联合国千年发展目标要求到 2015 年，5 岁以下儿童死亡率要在 1990 年基础上下降 2/3，中国则于 2007 年提前 8 年实现了这一目标。截至 2020 年年底，婴儿、5 岁以下儿童死亡率分别从 2010 年的 13.1‰、16.4‰ 下降到 5.4‰、7.5‰。

（4）儿童生长发育状况不断改善。中国 5 岁以下儿童生长迟缓率持续下降。2013 年中国 5 岁以下儿童生长迟缓率为 8.1%，与 1990 年的 33.1% 相比下降了 75.5%。农村的降幅大于城市，城乡差距逐渐缩小。[2]1990—2013 年，城市 5 岁以下儿童生长迟缓率由 11.4% 降至 4.3%，农村由 40.3% 降至 11.2%，城市和农村生长迟缓率分别下降了 62.3% 和 72.2%。[2]

（5）出生缺陷防治成效明显。2012 年至今，我国卫生部先后印发了《孕产期保健管理办法》《产前诊断技术管理办法》《新生儿疾病筛查管理办法》等一系列规章和技术规范，不断为出生缺陷防治的各个环节完善基本的法律保障。《中国出生缺陷防治报告（2012）》指出，2009—2011 年，中央财政共投入 3.2 亿元，为农村孕前和孕早期妇女免费增补叶酸预防神经管缺陷，取得明显成效。围产儿神经管缺陷发生率持续降低，从 1996 年的 13.6/10 000 下降到 2011 年的 4.5/10 000。整体而言，与 2007 年相比，2017 年出生缺陷导致 5 岁以下儿童死亡率由 3.5‰ 降至 1.6‰，对全国 5 岁以下儿童死亡率下降的贡献超过 17%。[2]

（6）孕产妇健康服务不断改善。中国政府坚持以妇女儿童为中心，努力为全体妇女儿童提供公平可及和系统连续的妇幼健康服务，不断完善政策制度和服务链条，提供包括但不限于开设孕前咨询门诊、提供备孕指导、加强孕产妇及家属健康教育与健康促进等全方位孕期保健服务。值得注意的是，全国产前检查率在稳步提高，1996 年产检率为 83.7%，

2018年这一数字已达到96.6%，农村地区从80.6%上升到95.8%，这对预防艾滋病、梅毒、乙肝等重大疾病的母婴传播有巨大意义。[3]

此外，中国政府也开展妇女常见病防治，加强妇女常见病筛查工作，妇女常见病筛查率逐步上升，2018年达到75.5%，全国住院分娩率也大幅提升，从1996年的60.7%上升至近6年来的99%以上。

在产后保健服务方面，各级医疗机构都在逐渐学习并开展产后乳腺保健、盆底功能康复、产后抑郁症治疗等保健服务。同时，我国政府也支持和鼓励社会办医，在规范开展个性化产后服务的前提下，满足人民群众多样化的健康服务需求。

（7）儿童保健水平持续提高。主要体现在危重新生儿救治能力提升方面。2003—2014年，全国婴儿出生窒息死亡率、新生儿因出生窒息24小时内死亡率和因出生窒息7天内死亡率下降幅度分别达到75.1%、81.3%和76.9%。

儿童疾病防治方面，中国政府也规范开展免疫接种服务，大力保障儿童用药。此外，中国政府也从实施婴幼儿喂养策略、改善贫困地区儿童营养状况、加强儿童肥胖监测和预防、完善儿童食品安全标准等方面来改善儿童营养。

近年来，社会对妇女权益、母婴健康等话题给予了较多关注，我国也在妇幼保健领域投入了较大精力，其成果值得媒体进一步发掘与报道。然而，在充分肯定目前成果的同时，《中国妇女发展纲要（2021—2030年）》也指出，受社会经济发展水平制约，我国妇幼健康工作仍面临发展不平衡、服务不充分等诸多挑战，服务资源总量不足，分布不均，优质资源短缺。特别是生育政策调整以来，高龄、多产次产妇比例增加，妊娠期并发症、合并症和出生缺陷发生风险增大，新生儿安全和儿童保健需求进一步增加，妇幼健康工作面临新的挑战，妇幼健康事业发展任重道远。这也从另一角度突显了媒体给予妇幼保健议题更多关注、增加其在公共健康领域权重的必要性。

2. 中国妇幼保健重点政策

《中国妇女发展纲要（2021—2030年）》《中国儿童发展纲要（2021—2030年）》《中华人民共和国国民经济和社会发展第十三个五年规划纲要》《"健康中国2030"规划纲要》《中共中央国务院关于打赢脱贫攻坚战的决定》等重要文件中，都提出明确的目标要求和政策措施，将妇幼健康核心指标和重点政策措施纳入各级政府目标考核，指出要逐步形成以妇幼保健机构为核心、以基层医疗卫生机构为基础、以大中型综合医院专科医院和相关科研教学机构为支撑的保健与临床相结合、具有中国特色的妇幼健康服务网络。

同时，政府也在加大妇幼健康投入保障力度。《中国妇幼健康事业发展报告（2019）》[1]指出，我国政府对妇幼健康事业的支持主要体现在如下3个方面：一是建立基本公共卫生服务制度。二是建立解决妇女儿童重大健康问题的政策支持制度，针对不同发展阶段影响妇女儿童健康的主要问题，设立妇幼重大公共卫生项目。三是提供科技支撑，组织实施"重大新药创制""艾滋病和病毒性肝炎等重大传染病防治"科技重大专项，聚焦我国生殖健康领域突出问题，对生殖健康相关疾病、出生缺陷防治和辅助生殖技术进行重点支持。

脱贫问题也与妇幼保健息息相关。《中共中央国务院关于打赢脱贫攻坚战的决定》中提出实施健康扶贫工程，卫生健康部门则在此基础上进一步细化措施，推出健康扶贫三年攻坚行动计划，其中就将妇幼健康作为重要内容，从 4 个方面将妇幼保健事业与脱贫攻坚事业相结合：一是推进妇幼重大公共卫生服务项目，优先保障贫困地区妇女儿童。加强经费投入和人才培训，实现新生儿疾病筛查项目、农村妇女"两癌"筛查项目覆盖所有贫困地区。二是加强对患病贫困妇女儿童的救治保障。通过确定定点医院、诊疗方案和单病种收费标准，加强对农村贫困家庭患有儿童白血病、先天性心脏病等大病进行集中救治，并逐步扩大救治病种。三是加大贫困地区妇幼健康服务有效供给。四是加强贫困地区妇幼健康教育。在偏远地区的乡村、家庭、学校开展健康教育，以提高贫困地区妇女儿童健康素养，阻断贫困与疾病的代际传递。

中华全国妇女联合会（以下简称全国妇联）在我国妇幼健康事业上亦做出了诸多贡献。2009 年，农村妇女"两癌"（宫颈癌与乳腺癌）免费检查项目纳入国家重大公共卫生服务项目，这一项目经过全国妇联和卫生部共同努力与宣传，截至 2013 年年底，3238 万农村妇女接受了宫颈癌免费检查，477 万农村妇女接受了乳腺癌免费检查。此外，为解决贫困患病农村妇女救治困难，全国妇联设立了"贫困母亲'两癌'救助专项基金"。中华人民共和国财政部（以下简称财政部）每年从中央彩票公益金中拨付 5000 万元，对患病贫困农村妇女进行救治，目前累计为 20 715 名患病妇女每人发放了 1 万元救助金。在对外宣传上，全国妇联围绕妇女减贫与发展，先后举办"21 世纪人类消除贫困事业与妇女的作用"——纪念北京世界妇女大会 25 周年暨全球妇女峰会 5 周年座谈会，上海合作组织妇女教育与减贫论坛等活动。全国妇联还积极推动并举办中国东盟、中阿合作论坛、中国 - 中亚、上海合作组织等框架下的妇幼健康事业交流。

3. 中国妇幼保健事业报道抓手

中国是世界上最大的发展中国家，妇女儿童群体人口基数也大，全面保障妇幼健康还面临着发展不平衡、服务不充分等挑战。截至目前，中国政府对妇幼保健事业投入了大量人力物力，并取得了显著的成果，使孕产妇与新生儿死亡率得到有效控制，城乡差距与区域差距也在不断缩小。

党的十九大以来，中国特色社会主义进入新时代，我国妇幼健康事业发展也迎来了难得的机遇。一是因为党中央国务院对"健康中国"行动的高度重视，妇幼健康事业发展得到了一定政治保障；二是全面深化改革亦为妇幼健康事业发展提供了新动力；三是实现2030年可持续发展的议程，赋予了妇幼健康事业发展更高的价值与内涵。

站在国际话语体系中看，新闻媒体对妇幼保健事业的关注，一方面能为女性和新生儿的健康状况得到改善做出舆论贡献，同时也符合国际上关注女性主义的趋势。因此，加强外宣意识，将中国妇幼保健的成果更加充分地展示给世界，对提升中国的国际话语权也有重要意义。另一方面，中国的妇幼保健事业也与脱贫攻坚、区域发展、食品安全等其他重要议题挂钩，若能在报道中适当结合妇幼保健与脱贫攻坚、妇幼保健与消除区域不平等、妇幼保健与食品安全问题，在充实报道内容的基础上也能够达到联动宣传的效应。

在讲述我国妇幼保健事业时，媒体首先应充分提及我国2012年以来在妇幼保健事业上所投入的巨大精力和显著成果，在妇幼保健健康宣传上迈出真正有效的一步。其次，也应考虑到我国作为社会主义国家的制度优势。西方国家大多依靠选举政府，包括公共卫生在内的各项政策法律制定不可避免会为宗教信仰、社会习俗让步；而中国政府的干预手段在有力实行公共卫生政策上发挥了巨大作用。尤其在藏区、疆区等经济状况相对落后、治理更为困难的边疆地区，虽然我国的干预手段在政策制定时也会因地制宜，考虑到当地的宗教信仰和社会习俗，而非强硬执行，但政府仍能行使一定的决策权，集中力量办大事，更高效地推进政策实施。基于此，我国的社会主义制度和政府干预手段不应成为媒体在公共卫生话题下进行对外宣传的顾虑，媒体反而应牢牢抓住我国妇幼保健事业的成果，以证明中国特色社会主义制度的可行性与有效性。对内，则可政策宣传与健康观念宣传并行，宣传政府成果的基础上更要实现妇幼健康观念的普及。

考虑到如上意义，媒体在报道妇幼保健相关事件时可考虑重点关注：①面向国内受众普及妇幼保健知识，利用全媒体优势，增强女性对生殖健康问题的关注与重视，保障妇女权益；②面向国际宣传中国的妇幼保健成果，展示我国目前在降低孕产妇死亡率、新生儿死亡率上的具体成果与具体数字，将女性问题更充分地带入大众视野、国际视野，对标联合国发展千年目标中"促进男女平等并赋予妇女权利"这一愿景；③适当与其他公共卫生话题或经济议题等联动，拓宽报道视野。

二、资源

（一）网站资源

在世界卫生组织官网首页，选择"健康话题"（Health topics）中的自主搜索栏，分别搜索"maternal health"和"newborn health"，即可分别查看世界卫生组织对两个话题的情况概述、具体数据、常见问题、世卫组织给出的解决方案及相关新闻报道等。

联合国儿童基金会网站，首页即可浏览儿童健康相关话题，也可通过搜索栏搜索"妇幼保健"（maternal and newborn health），即可找到联合国儿童基金会的妇幼保健项目介绍及相关专栏文章和新闻报道。

美国非营利网站 ProPublica，选择首页左上角"菜单"（Menu）栏，并在"话题"（Topic）一栏下选择"卫生保健"（heath care），在"卫生保健"页面下滑，即可查看名为"生育权"（Birth rights）和"消失的母亲"（Lost mothers）的两个子话题下妇幼保健相关内容。

美国疾病控制与预防中心（Centers for Disease Control and Prevention, CDC）网站，于首页搜索栏搜索关键词"maternal and infant health"，即可查看 CDC 对母亲和新生儿的生存及疾病状况的简要介绍，以及 CDC 提供的相关文件。

比尔及梅琳达·盖茨基金会网站，直接于搜索栏搜索"maternal health"或"newborn health"，即可找到比尔及梅琳达·盖茨基金会的妇幼保健项目及相关媒体文章和报道。或订阅比尔及梅琳达·盖茨基金会时事通讯 The Optimist。

布隆伯格基金会网站，直接于搜索栏搜索"maternal health"或"newborn health"，可找到部分对世界各地妇幼保健项目的介绍文章和新闻报道。

孕产妇、新生儿和儿童健康组织（PMNCH）官网，首页直接展示全球妇幼健康相关的动态和核心资源。

国家卫生健康委官网可查询相关信息。

中国妇幼保健协会官网，首页直接展示我国妇幼保健政策与会议最新动向及相关知识科普。

中国疾病预防控制中心妇幼保健中心网站，主要内容为妇幼保健党群工作、教育培训、科学研究及健康教育相关信息。

中国妇女网，《中国妇女报》官方网站，首页菜单中划分"妇联""权益""职场""女大学生""女性传媒"等多种女性议题。

健康报网，在首页菜单中选择"亲子母婴"一栏，可查看妇幼保健相关新闻和科普知识，也可于搜索栏中直接搜索目标关键词。

（二）学术期刊资源

学术期刊方面，可以关注国外期刊《妇幼保健杂志》（*Maternal and Child Health Journal*），施普林格显示影响因子 2.319。《妇幼保健杂志》是一本国际同行评议期刊，同行评议论文涉及妇幼保健实践、政策和研究，探讨妇幼保健流行病学、人口统计学和健康状况评估等主题，同时涉及创新妇幼保健服务措施、妇幼保健计划的实施、妇幼保健政策分析和倡导与妇幼保健专业发展等议题。

《人类生殖更新》(Human Reproduction Update)，妇产科领域的领先期刊，期刊影响因子为 17.179。《人类生殖更新》主要在人类生殖生理学和医学方面发表较为全面和系统的综述文章。

国内刊物方面，可以关注《中国妇幼健康研究》。本刊为妇幼健康研究的全学科专业期刊，以促进妇幼领域专业研究、学科发展和学术交流为宗旨。以专题研究、专家论坛/解读、妇幼营养研究、出生缺陷预防、临床研究等形式，介绍国内外妇幼健康专业新研究、新经验、新理论和实验研究新动向。官网显示扩展影响因子 4.916，位居同系列期刊前一、二名。

《世界儿科杂志(英文)》(World Journal of Pediatrics, WJP)。《世界儿科杂志(英文)》由浙江大学医学院附属儿童医院主办，以创建国际一流的儿科学期刊为宗旨，高质量报道儿科学领域基础及临床研究的先进理论、新兴技术和前沿成果，是中国大陆最早被 SCIE、PubMed/Medline 等著名国际检索机构收录的英文儿科学术期刊。

《中国妇幼保健》。本刊以广大妇幼卫生专业技术人员、卫生行政管理和妇幼卫生执法人员为主要读者对象，重点传播我国妇幼卫生领域的科研成果、适宜技术、科学管理和学科建设等理论与实践经验，介绍国内外妇幼保健学领域发展动态。在行业内享有较高声誉。

《国际妇产科学》。本刊主要报道国内外本学科及相关学科研究领域的新动态、新进展、新技术和新经验，读者对象为本学科及相关学科的临床、教学、科研和管理工作者。

（三）其他拓展链接

《中国妇幼健康事业发展报告（2019）》

柳叶刀报告：《中国妇幼健康七十年》("A Lancet Commission on 70 years of women's reproductive, maternal, newborn, child, and adolescent health in China")

《中国妇女发展纲要（2021—2030 年）》

《中国儿童发展纲要（2021—2030 年）》

三、报道点评

（一）国外

国外妇幼保健相关报道，宏观而言，数量上与国内相比更为可观，但与国外其他公共卫生话题，如控烟、疫苗等相比，妇幼保健仍属媒体弱势话题，整体而言占比较小。在普利策奖历年获奖或提名的报道中，妇幼保健相关内容的报道占比也不多。造成这一现象的原因，美国非营利调查新闻网站 ProPublica 在一篇涉及产妇死亡的报道中指出，美国各州政府和联邦政府都难以或者不愿追踪孕产妇死亡的原因，孕产妇死亡往往被政府看作是一种上不了国际台面的尴尬。为了填补相关领域的空白，ProPublica 等民间组织、网站以及全国公共广播电台（national public radio，NPR）都做了一定程度的努力，在孕产妇死亡等相关妇幼保健话题方面作报道，提高其曝光度。

在妇幼保健报道内容方面，国外报道也倾向于将内容与时事动态结合。同时，由于国外女性主义话题讨论度较高，国外媒体往往会以女性主义为卖点，进行相关妇幼保健领域的报道，但出发点往往是关注女性的堕胎权、孕产妇死亡等相对更易引起关注的话题，未能触及妇幼保健其他更为核心的领域。

然而，20 世纪 90 年代前后，国外仍有一部分关注妇幼健康核心问题的报道，其报道关注的妇幼保健领域与国内相比仍然更加全面，覆盖了产检、孕检、新生儿筛查过程中可能遇到的问题，例如唐氏综合征，HIV 感染，等等。报道的题材相比国内而言也更为多样化，包含调查性报道及评论文章，都使国外媒体在妇幼保健话题上的报道有一定的丰富度。因此，国外妇幼保健相关报道，在数量上虽然没有突出贡献，但在体裁的丰富性和话题的多样性上仍然值得国内媒体借鉴。以下两篇范例，第一篇来自 2018 年普利策奖解释性报道提名团队 ProPublica，另一篇为 1995 年普利策评论奖获奖作品，两篇作品分别关注了产后综合征及新生儿 HIV 感染问题，在选题与叙事方式上对国内媒体都有较高的启示价值。

报道 1

报道标题："如果你出血，不要清理"：来自濒死母亲的忠告

原文标题：'If you hemorrhage, don't clean up': Advice from mothers who almost died

报道媒体： ProPublica

报道日期： 2017 年 8 月 3 日

报道简介： 在美国，每天有 2~3 名妇女死于怀孕或分娩相关的病症，包括先兆子痫、出血、感染、血栓和心脏问题——这是富裕国家中孕产妇死亡率最高的病症。其中多达 60% 的死亡是可以预防的，这些灾难一半以上发生在分娩后。关于准妈妈和新妈妈可能面临的危险，以及如何规避风险，这些病症的幸存者可以提供大量重要却尚未被引起重视的信息资源。本文采访了数位妊娠或分娩并发症幸存者，整理了她们的口述，为读者提供了关于预防、应对、康复的一系列经验和建议。

报道点评： 本文来自 2018 年普利策奖解释性报道提名团队 ProPublica，ProPublica

是一家独立的非营利新闻编辑室,主要生产调查性新闻,孕产妇问题是该团队长期关注的话题之一。

本文聚焦产后综合征,整体而言是较为私密、不易被公众关注到的问题,也是妇幼保健下一个容易放松警惕的领域,但又与孕产妇的生命安全健康息息相关。选题具有较强的公共性和社会意义,也值得更多关注与书写。

从内容来看,本文是简短的解释性报道和口述报道的结合体。其中许多关于产后综合征与注意事项的解释性内容融入口述内容中,由受访者直接讲述,直观生动,且易于读者寻找最适合自己的内容。

从形式上看,口述新闻的确是在妇幼保健领域值得媒体借鉴的一种报道方式。首先,口述新闻最明显的特征是能够缩短阅读距离,亲近读者[4],平易近人的气质也刚好符合妇幼保健的定位,而媒体也刚好能够借此为妇幼保健吸引更多受众;其次,口述新闻人性化的表现形态与个性化的表现形式能够丰富报道内容,且往往能为报道提供新的挖掘思路。本文中产后综合征幸存者的自述就讲到了产后综合征症状、医院的选择、与医生的沟通等媒体作为第三方容易忽略的问题,正是这几个角度使报道有了亮点,也使其能为读者提供实质性的帮助;另外,在编辑受访者的口述内容时,作者为受访者提到的若干妇幼保健名词,如 HELLP 综合征、先兆子痫、乳腺炎等,都立即做了简洁清晰的注释,使报道在讲故事、传达观点的同时发挥了健康科普的作用,体现了专业性,这也是当下中文媒体在妇幼保健领域最缺乏的一点;最后,口述新闻的形式也为媒体提供了采访和报道的新思路,考虑到妇幼保健事业在公众视域中的关注度不高,媒体可能难以直接在网络与平台获得妇幼保健相关资源和政策信息,因此采访相关人士对此类报道来说显得更为重要。

此外,本文也采用了一个较为简短但完整的故事来引入并解释产后综合征这一概念,在受访者的主观讲述之上增加了客观的解释性内容,使报道形式更加丰富,也更具可读性。解释性报道与多人口述报道的结合,不仅能为传统媒体在妇幼保健领域的报道提供新思路,其易于阅读、相较于传统报道更加碎片化的形式特点,对于新媒体平台的报道也有较强的借鉴意义。

报道 2

报道标题: 钢铁门后的婴儿

原文标题: *Babies behind a steel door*

报道媒体: 新闻日报

报道日期: 1994 年 5 月 26 日

报道简介: 1993 年,纽约市医院的医生每周至少有两次将感染了艾滋病毒的婴儿送回家，而没有告诉父母他们的孩子生病了。在纽约，根据法律规定，除非母亲特别要求她的孩子接受艾滋病毒感染检测，否则每个人都要守口如瓶。本文作者对这一情况进行了说明、分析和质疑，认为虽然根据法律，医生不能追踪艾滋病毒感染者的性接触，但在涉及新生儿测试时，这种规定僵化到了荒谬的地步。

报道点评：本文为1995年普利策奖评论奖获奖作品，与第一篇范例相同，本文的颁奖词也点出了报道的突出特点——"For his compelling and compassionate columns about New York City"（他撰写的关于纽约的专栏引人注目且富有同情心）。

作为新闻评论，本文鲜明且激烈的态度是支撑其"同情心"的重要来源。作者对新生儿感染HIV从而导致艾滋感染以及死亡的现状痛心不已，而原因主要在于新生儿的死亡是完全可以预防和避免的——政府和医院往往因为认为HIV感染只会出现在性少数群体上，从而轻视胎儿感染HIV的风险，同时因认为开展HIV检测涉及胎儿母亲的"隐私"问题，而拒绝给胎儿做HIV检测。后者也是作者态度激烈的主要原因。

在表明态度上，作者的语言运用为其增色不少。一方面，作者在文章中运用了"隐喻"手法，标题中的"steel door"是典型的描述性隐喻，用以指代医院和政府心目中胎儿母亲及性少数群体的"隐私"。描述性隐喻通常被认为不带明显的倾向性，只是使作者对问题的描述更加生动。[5] 然而，虽然作者并未直接表明对"steel door"的态度，但他在行文中把"steel door"，即隐私问题，和新生儿生命安全放在一起对比的倾向，也可以鲜明体现其价值取向。此种笔法也是本文在语言运用的另一个巧妙之处，即作者虽然很少有宣告式的言论，但往往采用对比，如胎儿生命和母亲隐私的对比，以突显舍弃胎儿生命保全所谓隐私的荒谬性，这种对比易于理解，且显而易见，因此能够唤起受众心中朴素的道德感与正义感，将作者的态度传递给受众，实现受众与媒体的共情。

除了作者的人道主义立场以及鲜明的表态之外，本文出色的另一点在于实现了观点与事实的平衡。作者并非一味输出情绪，而是恰恰相反，其态度与评论往往穿插于其对事件的描述中。本文实际上具有清晰的逻辑链，即描述新生儿感染HIV问题现状、问题的背景与成因、相关解决对策、对策存在的争议以及目前问题解决的有效程度，即使剔除作者的观点，剩余的部分仍是对这一问题的一篇完整报道。因此，本文巧妙之处在于充分保证事实报道的情况下，自然输出了媒体的立场，且有效地实现了媒体与受众的立场统一。

对于国内媒体而言，考虑到美国与我国国情存在巨大差异，我国媒体也不可盲目照搬本文对政府政策较为激烈的评论方式，但本文寓评论于事实中的报道方式值得国内媒体学习借鉴。这不仅是为丰富报道的多样性，更符合马克思主义新闻观下中文媒体应坚持党性人民性统一、为人民发声的价值取向，[6] 也是在科普报道、释义性报道之外，彰显人文关怀的另一种路径。

（二）国内

我国妇幼保健工作得到了政府的有力支持，多年来也随着生育政策的调整在不断完善与推进。但目前媒体对妇幼保健工作的关注和宣传相当有限，相关文章不仅数量少，而且内容上通常呈现边缘化妇幼保健的趋势（如在各类政府工作通报中顺带提及妇幼保健话题），或是局限于以备孕或待产母亲为受众的简单备孕知识科普。同时形式上也往往局限于各类妇幼保健网站、母婴平台，很少"出圈"，从而进一步导致媒体在妇幼保健领域的优质产出呈现低迷态势。

近年来，随着国内舆论对女性权益的日益重视，以及生育率下降等热点话题的出现，部分商业媒体，如《人物》《三联生活周刊》等，对女性生育焦虑、两性生育观念等话题进行了报道与探讨。新媒体兴起后，也有部分自媒体以微信公众号、B站、微博等平台为依托，输出女性话题、性教育有关内容。然而，这些内容一方面局限于怀孕之前的生育观念、性别平等话题，未能触及妇幼保健更为核心的知识领域，在新生儿健康护理、产检、新生儿筛查等直接关乎孕产妇与婴幼儿生命安全与健康方面报道仍然十分稀少；另一方面，自媒体以粉丝为依托，依赖平台的点赞与推送机制，容易局限于自我制造的信息茧房，难以实现信息对大众的真正触达。同时，媒体也缺乏在妇幼保健领域挖掘、塑造"典型人物"的意识，进一步导致媒体迟迟无法找到妇幼健康事业与大众之间的连接点。

纵观国内外妇幼健康话题相关报道，"讲故事"仍然是一种受追捧的叙述方式，也更容易使国内新媒体在平台收获更多流量。然而，无论是个体价值的故事，还是集体人性的故事，国内媒体都往往停留于故事表层，缺少进一步挖掘故事包含的健康观念与科学观念的深入性。在"讲故事"的基础上，媒体不应该止步于个体叙述，而应该将其连接到更宽阔的公共卫生背景，突出故事背后折射的妇幼健康发展态势与价值引导。

另外，各大媒体在妇幼保健领域报道缺失的同时，部分低质量、无信源的新媒体平台往往会利用孕产妇及其家人妇幼保健知识的缺失，采用软文的形式在母婴市场牟利，例如在介绍备孕相关知识的同时，推荐由赞助商指定的母婴产品。这类文章以带货为主要目的，因此其中的妇幼保健知识的科学性和公益性难以得到有效保障。

整体而言，妇幼保健领域仍为媒体保留了充分的挖掘与报道的空间。首先，在健康观念上，应秉持正确、科学的妇幼保健态度，以保障妇女儿童权益为首要目的；其次，选材需要更加多样化，深入调查孕产期母亲和新生儿可能出现的疾病及其应对措施，以及我国广大妇女儿童的疾病筛查与防治工作，采用多方信源，帮助大众在妇幼保健领域形成更加系统、全面的认知；此外，破除单调枯燥的宣传式报道，破除妇幼保健被边缘化的态势，将妇女儿童正式作为报道主体，不仅是为报道形式增添多样性，更是使我国在妇幼保健事业上的成就得到充分宣传，用更多客观数据与事实呈现我国多年努力的成果，代表我国国家形象在国际话语中对女性主义做出正面回应。

以下选取的案例为《人物》对鄂尔多斯市女性免费接种 HPV 疫苗政策的报道，其选题的公共性与话题性、写作逻辑中折射出的女性主义视角以及对我国妇幼工作主动跟进的态度，都值得国内媒体借鉴并进一步开拓。

报道标题： 免费 HPV 疫苗，一座城市给女孩们的礼物
报道媒体： 人物
报道日期： 2021 年 7 月 12 日
报道简介： 2021 年 4 月，鄂尔多斯市发布一则通告，免费为 13~18 岁的女生接种 HPV 疫苗。本文采访了这项政策的发起者、制定者和执行者，最后发现，接种疫苗并非一个孤立的政策，鄂尔多斯已经建立了一整套抵御宫颈癌的系统，免费 HPV 疫苗只是其中一环。这个系统的建造也得益于许多人长久的努力，里面有怀着国际视野的科学家，有为之奔走了二十年的女性医生，还有在关键时刻敢于决断的女性官员，他们有耐心和韧性、热情和担当。

报道点评： 作为与妇幼健康相关的报道，本文的突出特点是其内容的丰富性。报道虽然是将鄂尔多斯市的免费 HPV 疫苗政策作为切入点，但并不仅仅停留在对这一政策的介绍和宣传上，而是以时间为主线讲述了鄂尔多斯市从建立宫颈癌筛查项目、获得政府支持、推广 HPV 疫苗一直到如何深化推进疫苗政策的完整过程。报道展现了一个城市与宫颈癌的斗争过程，也展现了这种斗争是如何从个人层面的专家，上升到集体层面的政府，最后继续深入到更广大的人民群众中。报道充分结合了我国的国情，并真正体察了基层妇女的生存情况，最后更是以公共政策的视角解读了 HPV 疫苗项目的开展——"在这样一个巨大的国家，全国齐步走，免费接种 HPV 疫苗，在短期内可能难以实现，但有条件和意愿的地区确实可以先做"，并且适时说明了我国其他城市推进 HPV 疫苗项目的情况。丰富的信息与含蓄的观点相结合，赋予了本文深入人心的力量。

这种专家、领导层、患者的多视角信息采集与叙述，使本文有了另一亮点，即妇幼保健工作与扶贫话题的结合。鄂尔多斯市 HPV 疫苗政策的成果展现了医疗与脱贫工作的结合——这得益于为女性着想的专家、站在人民立场的政府以及偏远地区渴望得到救治的人民三位一体的结合，而对这三者的报道自然能将妇幼保健报道与女性视角、扶贫政策相结合，将我国的各项政策与国际思潮接轨。这也从另一个侧面说明了，人民性生发于对基

层的体察中，而这不仅适用于文中的专家、官员，也适用于报道写作者。真正关注并了解基层妇女的情况，写作逻辑自然会更加贴合人民的立场。妇幼保健与脱贫攻坚两个元素同时出现在一篇报道中，也能起到联动宣传的作用，让读者更充分地了解到我国的多项公共政策。

这篇报道也展现了我国妇幼保健与国外妇幼保健报道在选题与情感倾向上的不同之处。国外揭露妇女儿童艰难生存的调查性报道更多，以批判的眼光看待政府妇幼保健政策的叙述更多。而我国近年来在妇幼保健事业上取得的各项进展还处于有待挖掘与言说的状态，因此我国媒体应更加主动地关注各地在妇幼保健工作上的进展，发现更多的典型案例，并给予与之相匹配的曝光度。通过讲述与解说，真正让我国的妇幼保健事业与成果走入世界的视野中，不仅能增加我国在妇幼保健事业上的话语权，更能让广大民众充分了解到妇幼健康问题，并积极配合国家开展的各项公共卫生政策，将政策转化为切实的健康成果。

案例撰写：高可婧　清华大学外文系
点评专家：郭浩岩　中国疾控中心营养所党委副书记、研究员

参考文献

[1] 中华人民共和国国家卫生健康委员会. 中国妇幼健康事业发展报告 (2019)(一)[J]. 中国妇幼卫生杂志, 2019, 10(5): 1-8.

[2] 中华人民共和国国家卫生健康委员会. 中国妇幼健康事业发展报告 (2019)(二)[J]. 中国妇幼卫生杂志, 2019, 10(6): 1-7.

[3] 陈敦金, 贺芳. 中国孕产妇死亡率极大程度降低——对世界的最大贡献 [J]. 中国实用妇科与产科杂志, 2019, 35(10): 1076-1080.

[4] 李苹. 口述新闻在专题新闻报道中的优势 [J]. 传媒, 2006(7): 52-53.

[5] 甘莅豪. 媒介话语分析的认知途径：中美报道南海问题的隐喻建构 [J]. 国际新闻界, 2011, 33(8): 83-90.

[6] 胡钰. 马克思主义新闻观的真理性、批判性与实践性 [J]. 新闻与写作, 2018(8): 5-9.

气候变化

一、概述

（一）气候变化与全球健康

1. "气候变化"的定义

广义上的气候变化是指气候平均值和气候离差值出现统计意义上的显著变化，如平均气温、平均降水量、最高气温、最低气温，以及极端天气出现概率等的变化。[1] 这些变化可能是由诸如太阳周期变化等自然原因所造成，但自工业革命以来，人类活动（尤其是煤炭、石油和天然气等化石燃料的燃烧）一直是气候变化的主要原因。政府间气候变化专门委员会（Intergovernmental Panel on Climate Change，IPCC）第六次评估报告（以下简称 IPCC AR6 报告）指出，毋庸置疑的是，"人为影响已造成大气、海洋和陆地变暖"，工业革命后"观测到的充分混合温室气体（GHG）浓度的增加无疑是由人类活动造成的"。[2]

因此，《联合国气候变化框架公约》将"气候变化"更精准地定义为："除在类似时期内所观测的气候的自然变异之外，由于直接或间接的人类活动改变了地球大气的组成而造成的气候变化。"[3] 有学者认为，这样界定便成功地把因人类活动而带来的"气候变化"和归因于自然原因的"气候变率"区分开来。

日常生活中经常出现公众和媒体将"气候变化"与"气候变暖"这两个看似极为接近的术语混淆使用的情况。虽然"气候变化"和"气候变暖"这两者的内涵各有侧重，但仍有较大的重叠，"变暖"正是气候变化的重要表现之一，甚至可被视为气候变化的主要趋势及特征。

2. 气候变化的影响波及全球

气候变化是区域性的，更是全球性的。首先，全球的共同特征——工业化进程——是使近代气候变化发生的深刻原因。其次，由于大气环流的存在，全球范围内的气体交换是无法避免的,这意味着气候变化基本不受领土范围等客观因素的限制。一个国家(或地区)面临的气候变化困境或许不能仅仅归咎于该国(或地区)自身的碳排放行为。有学者就曾计算过发达国家过去的温室气体排放,得出发达国家对全球平均气温提升的贡献足足高达88%。

IPCC AR6 显示,与 1850—1900 年的气温记录相比,目前全球地表平均气温上升了 1 摄氏度,报告进一步指出,如若不尽快采取有效的应对措施,全球气温在 21 世纪内的上升幅度将很可能超过 2 摄氏度。[4] 全球平均气温上升将会导致全球气候格局的变化,从而诱发许多反常气候现象。全球平均气温上升 2 摄氏度的背后很可能导致高温热浪等极端天气事件发生频次及强度增加。《巴黎协定》的长远目标即控制工业化后全球平均气温涨幅不超过 2 摄氏度并尽力不超过 1.5 摄氏度。中国是全球气候变化的敏感地区,受气候变化的影响较大。2008 年的一份研究显示,与全球趋势一致,中国近百年地表气温增加了 0.5~0.8 摄氏度,略微高于全球同期平均增温。[5]

3. 气候变化严重威胁人群健康

气候变化是 21 世纪人类面临的最为严重的健康威胁之一,"任何国家,无论贫穷还是富有,都无法避免气候变化对健康的影响"。[6] 有数据显示,2010—2019 年全球气象和天气相关灾害影响了 17 亿人口的生产生活,造成 41 万人死亡。[7] 世界卫生组织预计,在 2030—2050 年间,气候变化将会每年导致约 25 万人死亡。

人的健康状态与生存环境息息相关,气候是人赖以生存的自然环境中的重要组成部分,人群健康对天气转型及气候变化极为敏感。气候变化对人群健康有积极的一面,同时也有消极的一面,总体而言主要为负面影响。气候变化带来的正面影响包括低温相关疾病的减少和北温带地区某些农作物产量的提高等;负面影响则包括极端气候事件导致人类死亡、营养不良和意外伤害的增加,传染病的流行强度、范围和传播种类发生变化而导致人群患病风险和疾病负担的加重,以及空气污染等造成心肺系统疾病的增加等。[8]

气候变化对人群健康产生的影响与很多条件密切相关,如经济发展水平、贫困和受教育程度、公共卫生基础设施、土地利用和政治体制等。因此,发展中国家将会首当其冲,贫困和营养不良严重、卫生基础设施薄弱的国家,在应对气候变化时将面临巨大的挑战。[9]

4. 气候变化需要协同治理

将"气候变化"视为公共卫生议题这一行为除了体现它与人群健康间的高度关联外,也在强调"气候变化"的可预防性,即人类可以采取有效措施应对气候变化带来的威胁。

与其称气候变化为天灾,毋宁说它是人祸。IPCC AR6 报告已指出,目前有越来越多的证据表明，与极端事件相关的影响可以归因至人类排放等活动。[10] 2005年席卷美国的"卡特里娜"飓风被称作美国史上破坏性最大的飓风，至少导致了1833人丧生，整体造成的经济损失可能高达2000亿美元。目前多数人仍将"卡特里娜"飓风称为"天灾"，但实际上，该飓风从产生到成灾均带有人类活动的印迹。从生成原因看，由人类活动引发的气候变化会使飓风等极端气象灾害的发生概率显著上升。至于成灾，美国环境史学者唐纳德·休斯曾撰专文对致灾机理进行分析，指出"卡特里娜"之所以危害如此严重，很大程度上是因为人类错误的城市建设行为（如堤坝修建）破坏了生态系统间的平衡。[11]

若试图从飓风"卡特里娜"事件中汲取经验教训，不难发现，应对气候变化一是要控制碳排放以减缓气候变化的程度，二是要采取有效措施以更好适应气候变化。控制碳排放可控制气候变暖的幅度，从而控制极端天气的发生频率与强度；而美国新奥尔良的城市建设行为是不良适应措施的典型代表，只能起到加重气候变化危害的效果。

由于气候变化的恶劣影响并不受制于行政边界，涉及范围极为广泛，任何单一部门都很难具备足够的实力应对气候变化问题。一次极端气象事件所造成的后果可能需要环境、水利、财政、住建等部门合力推进并加以化解。此外，还需要大学等研究机构介入以提供学术指导、需要非政府和民间组织介入以提供人力支持、需要基金会介入以提供财力支持等。因此，减缓和适应气候变化必然需要跨地域、跨部门的协同治理（collaborative governance）。

"协同治理"泛指"中央政府、地方政府、社会组织及个体之间存在互动关系的治理活动，具有系统协同、职能划分、谈判协商等多种性质和特征"。[12] 当前，国际国内业已采取一系列协同治理措施以应对气候变化。例如，IPCC作为气候变化领域的权威机构，是由世界气象组织（World Meteorological Organization，WMO）和联合国环境规划署（United Nations Environment Programme，UNEP）两部门联合设立，并纳入了联合国环境规划署成员国不同研究方向的科学家；中国成立了由中华人民共和国国务院总理（简称国务院总理）担任组长、30个相关部委为成员的国家应对气候变化及节能减排工作领导小组，以便统一部署应对气候变化工作。

虽然现阶段国际社会已有所响应，但气候变化的紧迫性和严峻性要求我们必须加大力度，以更快的速度应对该难题。

（二）气候变化对人群健康的具体影响

1. 直接影响

高温热浪、飓风、暴风雨、干旱、水灾等极端气候灾害会直接危害人群健康。

例如，美国库克郡医学鉴定办公室 1995 年 1 月在芝加哥的调查数据显示，34~40 摄氏度的气温持续 5 天后，死亡率增加了 85%，至少 700 例死亡直接与气温上升有关。[5] 过去 20 年来，中国热浪相关的死亡人数上升了 4 倍，在 2019 年达到了 2.68 万人。[6]

再如，在孟加拉人民共和国（简称孟加拉国），20 世纪 70 年代的洪水曾造成 30 万人死亡，4600 万人的家园受到威胁。[13] 另外，研究显示，自 1990 年起，非洲、亚洲、美洲的洪水和风暴灾害数量都出现了显著的长期上升趋势。[6]

总的来说，随着全球气候变暖，极端气候灾害的发生频次以及严重程度将大幅增强，且伴有巨大的不确定性，不仅会破坏公共卫生基础设施，还会直接导致人群死亡、伤残等，对人群健康构成了严重威胁。

2. 间接影响

1）传染性疾病

许多传染性疾病（大致可分为虫媒传染病、水源性疾病、食源性疾病等）属于温度敏感型，它们传播的适宜性随着气候变化而不断增强。气候变化会直接或间接地影响传染病的病原体、媒介生物、宿主及易感人群，进而改变传染病流行的模式、频率和强度。[15]

以虫媒传染病为例。常见的虫媒传染病有疟疾、血吸虫病、登革热、乙型脑炎等。气候持续变暖为虫媒及病原体的寄生、繁殖和传播创造了适宜条件，不仅会拓展昆虫的活动范围，而且也会加快昆虫的繁殖速度，扩大疾病的流行程度和范围。[14] 据估计，随着气候变化，这些虫媒疾病将殃及世界 40%~50% 人口的健康。[5]

2）非传染性疾病

非传染性疾病是由遗传、环境和行为方式等因素共同作用的结果，是全球最主要的疾病负担。[15] 目前学界关注较多的主要是气候变化与心脑血管疾病、呼吸系统疾病和过敏症以及精神健康等慢性非传染性疾病间的联系。

气候变化可通过影响高温天气，导致人群体力活动减少、脱水和睡眠障碍等问题，从而增加人群患心脑血管疾病的风险。[15] 气候变化还能通过改变空气中某些变应原（如花粉）随时间、空间、种类的变化，进而影响呼吸道疾病和过敏症的流行情况和严重程度。[14]

与气候异常相关的灾害也会严重影响人群的精神健康。IPCC AR6 报告认为极端天气气候事件对受灾居民的心理健康具有显著影响，表现为创伤后应激障碍、焦虑、失眠、药物滥用和抑郁等。该报告还特别指出，即使未受气候变化的直接影响，人们对气候变化潜在风险的感知亦会对心理健康产生影响。[15]

3）饥饿与营养不良

气候变化会影响世界粮食安全，主要表现在粮食生产供应的稳定性、粮食获取及利用等方面，从而导致人群营养不良。从全球范围看，人群营养不良是最重要的单一致病因素。世界卫生组织指出，亚太地区发展中国家人口占全球发展中国家的68%，其中有16%面临营养不良的问题。[14]非洲是世界上粮食安全问题最为严峻的地区，"大约每4人中就有1人营养不良"。[16]饥饿和营养不良将会引起人的机体免疫力下降，增加对疾病的易感性。IPCC AR6报告估计，到2050年，与气候变化相关的食物（尤其是蔬菜和水果）供应量的降低可能会导致每年52.9万人的超额死亡。[15]

（三）气候变化的应对措施

"气候变化科学描述了一系列可能出现的未来场景，其在很大程度上取决于人类应对全球变暖的行动力度。"[17]减缓和适应是应对气候变化的两个重要方面。减缓全球气候变化是一项长期的、艰巨的挑战，而适应则更具现实性与紧迫性。

1. 减缓措施

"减缓"是指采取干预措施减少温室气体排放或者通过碳汇的形式将温室气体转移。例如，中国早在2020年便已确定"减缓"目标，明确提出"二氧化碳排放力争于2030年前达到峰值、2060年前实现碳中和"。[7]当前，减少碳排放的努力主要体现在能源、交通及粮食和农业等领域。

能源与交通领域对煤炭、石油等化石燃料的需求量巨大，其温室气体的排放量不容小觑。粮食与农业部门的情况同样令人担忧。粮食系统的温室气体排放占全球总排放的20%~30%，其中大部分来自肉类和奶类牲畜。有数据显示，反刍家畜的温室气体排放占全球农业排放总量的56%和牲畜排放总量的93%。

总体而言，全球应对气候变化的减缓行动虽进展有限，但仍取得了一定成效。以能源和交通领域为例，发展新能源是减缓气候变化的重要举措。虽说当前在能源与交通领域，可再生能源发电小有成就、电动汽车数量亦增长迅猛，但与此同时，我们同样需认识到，能源系统在煤炭使用量方面的碳减排力度仍显不足、交通领域中化石燃料使用依旧占据主导地位，减缓气候变化任重而道远。

2. 适应措施

"适应"是指基于气候变化已经发生的事实，采取的以增强应对能力、降低气候变化对生命财产造成损失和影响的一系列行动。

面对日益频繁的极端气象事件，单凭"减缓"措施已不足以规避其导致的风险。目前，世界各国均不断强化自身在气候变化适应领域的统筹规划，用以指导本国气候变化适应具体行动，并逐渐完善健康适应领域的策略部署。在气候变化健康适应领域，许多国家采取优先措施，设置专项资金，定期开展气候变化健康风险及健康适应评估，发布了独立的气候变化健康适应策略或行动方案。以中国为例，2022年6月，中华人民共和国生态环境部（简称生态环境部）等17部委联合印发的《国家适应气候变化战略2035》中就明确提出"健康与公共卫生"领域的适应任务。

3. 小结

国际社会如欲实现《巴黎协定》中所制定的将全球升温限制在2摄氏度甚至是1.5摄氏度以内的目标，还需要加大应对气候变化的行动力度。减缓和适应气候变化不只是国家的责任，它同时也在呼唤着公众参与。"出门即私家车""红酒配牛肉"等行为未必就是生态友好的，人们需要在反思的基础上尝试改变既有的生活方式。

二、资源

（一）网站资源

1. 世界卫生组织"气候变化（climate change）"专栏

读者可在该专栏中浏览世界卫生组织对气候变化议题的权威信息，包括核心事实和数据、新闻报道、既有工作、出版物等。

2. 英国医学杂志《柳叶刀》网站首页"柳叶刀人群健康与气候变化倒计时（The Lancet Countdown on Health and Climate Change）"专题

《柳叶刀》杂志成立了"柳叶刀人群健康与气候变化委员会"（以下简称柳叶刀委员会），评估气候变化对人群健康的影响，并寻找保障人群健康的应对气候变化措施。2015年，柳叶刀委员会启动了"柳叶刀倒计时：追踪健康与气候变化进展"项目，旨在向全球发布世界气候变化应对和人群健康保护方面的最新进展。

读者可在该网站中浏览最新的《柳叶刀人群健康与气候变化倒计时》（the Lancet Countdown on Health and Climate Change）年度报告，同时亦可查阅文献、数据、政策简报等。

3. 联合国政府间气候变化专门委员会（IPCC）官方网页

IPCC 是世界气象组织和联合国环境规划署于 1988 年联合建立的政府间机构，其主要任务是对气候变化的科学认识、气候变化的影响以及适应和减缓气候变化的可能对策进行评估。IPCC 会定期发布综合科学评估报告，报告具有很高的国际影响力，对世界各国科学而准确地了解气候变化及影响、采取相应的减缓和适应措施提供了参考和帮助。

读者可在该网页中浏览最新评估报告、数据、新闻等。

4. 伦敦卫生与热带医学学院官方网页

伦敦大学下属的伦敦卫生与热带医学学院（University of London, London School of Hygiene & Tropical Medicine, LSHTM）是一所专门进行公共卫生及热带医学的教学及研究工作的世界顶尖医学研究生院。LSHTM 始终致力于提升全球健康水平，在公共健康研究领域享有较高的国际声誉。

读者可在学院网页中检索文献、浏览新闻等。伦敦卫生与热带医学学院还专门设有"气候变化与地球卫生研究中心（center on climate change and planetary health）"，读者可在学院门户网页中跳转至中心网页。

国内网站方面，中国生态环境部设有"应对气候变化司"，其下辖有"国家应对气候变化战略研究和国际合作中心"；中国气象局设有"科技与气候变化司"，其下辖有"国家气候中心"……读者可定期浏览上述网页。

（二）学术期刊资源

国外学术期刊方面，除《柳叶刀》及其子刊《柳叶刀·公共卫生》(*The Lancet Public Health*)《柳叶刀·星球健康》(*The Lancet Planetary Health*) 外，英国《自然》科学杂志还推出了子刊《自然·气候变化》(*Nature Climate Change*)，可重点关注。

国内期刊方面，《中国流行病学杂志》《中华预防医学杂志》《中国公共卫生》《环境与健康杂志》《环境与职业医学》《科学通报》《科技导报》等是对气候变化与健康议题关注较多的权威期刊，媒体可重点关注。

三、报道点评

（一）国外

在国外媒体对气候变化议题的相关报道中，气候变化不单只是作为一个环境困境而存在，它会与诸如资本主义、女性主义、殖民主义等更为广泛的政治经济议题相关联，对弱势群体和边缘人群予以较多注意。

国外气候变化报道常见的用以阐释气候变化的策略方法是运用科学知识和科学逻辑，科学家往往是国外气候变化传播的重要参与者。例如，如 2015 年由两位科学家牵头的"极地巴黎"项目，二人分别从挪威和新西兰出发，骑自行车前往北极和南极，沿途讲述气候变化的科学知识，在社交媒体上有超过 50 万的跟帖讨论，达到了非常好的效果。[18]

其次，国外媒体也极善于通过隐喻的方法表达抽象主题，便于在对话者之间建立共同点。比如，2018 年诺贝尔经济学奖得主威廉·诺德豪斯便在代表作《气候赌场：全球变暖的风险、不确定性与经济学》中将气候变化隐喻为投掷骰子，他认为，我们已经进入了"气候赌场"，正在摇动全球变暖的骰子，但仍有时间转身走出赌场，寓意"有些结果无法预测"。

总体而言，国外气候变化传播由于发展历时长，因而较为成熟，能有效调动公众的参与积极性，除上述两点外，国外媒体关于气候变化的报道仍有许多值得我们借鉴之处。但必须指出，国外报道也有诸多不足，例如，过度重视气候变化与其他议题的关联容易将该话题高度政治化，使得气候变化传播脱离其原初的意义或价值。

报道标题：研究表明，气温升高将使妇女面临早产风险
原文标题：Warming temperature put women at risk of giving birth early, study says
报道媒体：美国有线电视新闻网
报道日期：2019 年 12 月 2 日
报道简介：期刊《自然·气候变化》发表文章指出，由于气候变化所导致的气温升高，妇女将面临更为严峻的早产风险。根据论文作者的保守估计，在最近 20 年内，美国平均每年有 2.5 万名婴儿因为气温升高而提前出生。既有研究表明，早产除会导致母亲罹患先兆子痫、高血压和其他健康问题的概率提升外，对婴儿本身也是一种威胁：早产儿患哮喘等疾病的风险较高，发育迟缓的风险较高，在生命早期需要住院治疗的风险也较高。遗憾的是，该项研究并未解释极端高温与早产之间的具体联系机制。

报道点评：本篇美国有线电视新闻网（Cable News Network, CNN）的报道将气候变化议题的关注点延伸至弱势群体——孕妇，及时向公众引介自然科学界新近的高权威性研究成果，对增强大众的气候变化风险意识有所裨益，弥补了现阶段气候传播领域的不足（即较少涉及边缘弱势群体）。从报道风格来看，此篇文章更偏向于科普类，虽涉及科学研究，但用语简单易懂，术语占比较小，总体而言准确精练地向读者传递了最新知识。如能增添具体案例或访谈，或将进一步提升文章吸引力。

（二）国内

当前，气候变化正逐渐成为国内媒体关注的核心议题，内生动力日益增强。

中国政府在应对全球气候变化上取得了巨大成就。国内气候变化议题主要由国家政治行动及气候事件推动，以国家责任、政策制定和治理成就等话语为主。与国家层面高度重视气候变化相反，国内公众的参与却略显不足。有学者建议，国内媒体可通过丰富传播框架，加深气候变化与公共利益之间的关联，从而激活公众的能动性。在报道框架选择方面，除公共卫生框架外，科学框架、绿色消费框架及道德伦理框架也有助于帮助公众理解和认识气候变化。

以下选取"气候变化正在影响人类健康"和"回看洪水消退的郑州——这场'天灾'是如何发生的"两篇报道作为案例。

报道 1

报道标题： 气候变化正在影响人类健康

报道媒体： 光明日报

报道日期： 2022 年 4 月 7 日

报道简介： 中国气象局气候变化中心发布"2021 年度气候变化十大科学事件"。《光明日报》记者借此契机就"气候变化"议题采访了国家气候变化中心主任巢清尘，关注了气候变化对健康的不良影响、应对气候变化的关键因素以及碳减排检测等问题。

报道点评： 首先，《光明日报》的这篇报道较好地完成了其作为党媒的宣传工作，向读者及时引介了我国在应对气候变化领域所付出的努力及所取得的成就。

其次，这篇报道也向大众详细解释了"气候变化"这一全球性问题。一开篇，它便点明了气候变化的重要特性，即全球性，重点向读者介绍了气候变化与全球健康间的关联，使读者能够充分认识到气候变化的急迫性。与此同时，该报道也指出了气候变化作为一个全球公共卫生问题的应有之义，即可预防性。但如果在谈及具体的应对措施时，能适当加入一些公众在这方面可能采取的行动便更好了。

报道 2

报道标题： 回看洪水消退的郑州——这场"天灾"是如何发生的

报道媒体： 第一财经日报

报道日期： 2021 年 7 月 30 日

报道简介： 文章关注 2021 年 7 月发生的河南郑州暴雨事件，按照时间顺序从暴雨前的预警情况、暴雨时的受灾情况、暴雨后的修复以及反思这四个阶段，并结合多位市民的回忆、言论等对这场灾难进行了报道。

报道点评： 暴雨作为一极端气象事件，其本应与由人类活动导致的气候变化相联系，而本篇报道却将其以"天灾"论之，着实错过了推动气候变化与健康传播的一次良好契机。该报道列举了多位平民百姓在郑州"7·20"特大暴雨事件中的受灾案例，涵盖了经济、健康等易引发读者共情的主题，若是将这一个个故事与气候变化议题相联系，必能增强公众的参与积极性。

媒体未将郑州暴雨视为气候变化议题体现出了我国媒体气候变化意识的缺位。欲提升气候变化传播的效果，我们需关注媒体从业者们在气候变化议题上专业素养的培养。

案例撰写：王浩旭　清华大学日新书院
点评专家：蔡闻佳　清华大学地学系教授

参考文献

[1] "气候变化"的定义 [J]. 制冷技术, 2009, 29(4): 63.

[2] MASSON-DELMOTTE V, ZHAI P, PIRANI, et al. IPCC, 2021: 决策者摘要 [M]// 政府间气候变化专门委员会第六次评估报告第一工作组报告——气候变化 2021: 自然科学基础. 剑桥: 剑桥大学出版社, 2021.

[3] 联合国气候变化框架公约 (1)[J]. 环境保护, 1992(9): 2-6.

[4] 马文军, 刘涛, 黄存瑞. 加强气候变化健康影响的机制研究, 提高气候变化风险应对与适应能力 [J]. 环境与职业医学, 2022, 39(3): 237-239.

[5] 陈凯先, 汤江, 沈东婧, 等. 气候变化严重威胁人类健康 [J]. 科学对社会的影响, 2008(1): 19-23.

[6] 刘钊, 蔡闻佳, 罗勇, 等. "柳叶刀倒计时：人群健康与气候变化" 2020 年度报告解读 [J]. 科技导报, 2021, 39(19): 24-31.

[7] 吕祎然, 王裕, 孙玥, 等. 国内外气候变化健康适应策略现状分析 [J]. 环境卫生学杂志, 2022, 12(4): 241-246, 253.

[8] 周启星. 气候变化对环境与健康影响研究进展 [J]. 气象与环境学报, 2006(1): 38-44.

[9] 周晓农. 气候变化与人体健康 [J]. 气候变化研究进展, 2010, 6(4): 235-240.

[10] 王蕾, 张百超, 石英, 等. IPCC AR6 报告关于气候变化影响和风险主要结论的解读 [J]. 气候变化研究进展, 2022, 18(4): 389-394.

[11] J. 唐纳德·休斯, 王玉山, 梅雪芹. 新奥尔良的发展：一部环境灾难史 [J]. 学术研究, 2012(6): 86-92, 160.

[12] 王雪纯, 杨秀. 适应气候变化行动中的协同治理——基于国际案例的比较分析 [J]. 环境保护, 2020, 48(13): 34-40.

[13] 曹毅, 常学奇, 高增林. 未来气候变化对人类健康的潜在影响 [J]. 环境与健康杂志, 2001(5): 312-315.

[14] 钱颖骏, 李石柱, 王强, 等. 气候变化对人体健康影响的研究进展 [J]. 气候变化研究进展, 2010, 6(4): 241-247.

[15] 黄存瑞, 刘起勇. IPCC AR6 报告解读：气候变化与人类健康 [J]. 气候变化研究进展, 2022, 18(4): 442-451.

[16] 叶琦. 中非合作, 助力非洲早日实现"零饥饿" [J]. 粮食科技与经济, 2019, 44(10): 10-11.

[17] 耿黎明. 营造宜居环境, 呵护健康人生 [J]. 健康中国观察, 2019(12): 46-48.

[18] 苏婧, 丹娜·巴吾尔江. 从国际压力到内生动力：中国气候变化传播策略探究 [J]. 青年记者, 2021(22): 40-42.

环境健康

一、概述

（一）了解环境健康

环境健康（environmental health）是全球公共卫生与发展的重要议题之一。世界卫生组织在 1989 年曾给出环境健康的定义：由环境因素决定的人类健康和疾病的各个方面。环境的定义范围很广，但在环境健康议题中一般可理解为自然环境，即水土、地域及气候等自然事物形成的环境。环境的状况与生活在该环境中的人们的健康状况息息相关。随着几个世纪以来人类生产力的进步，人们在享受科技带来的福利的同时也承受着环境过度开发以及环保工作缺位导致的环境条件恶化，而环境的恶化给人类自身健康带来不少负面影响。人为破坏和自然环境的自我变迁使得环境污染成为全球性的三大危机之一，环境与人类的健康也因此逐渐成为全球公共卫生的一大课题。向大众普及并使其认识了解环境变化与人类健康的关系，优化环境条件以改善人类健康状况是环境健康工作的重点。

1. 大气污染

世界卫生组织对大气污染给出的解释是任何改变大气自然特征的化学、物理或生物因素对室内或室外环境的污染。家庭燃料的使用、机动车辆、工业工厂的设备使用以及森林火灾是大气污染的主要来源。据 NASA 估计，2020 年初澳大利亚的山火累计排放二氧化碳超过 3.5 亿 t，超过澳大利亚年均碳排量的 2/3，且稀释后的二氧化碳将会持续地造成更大面积的空气污染。[1] 除二氧化碳可能带来的气候变化之外，小型悬浮颗粒物、一氧化碳、臭氧、一氧化氮、二氧化硫也是最主要的有害空气污染物，所以也是公共卫生关切的环境健康议题。世界卫生组织也曾指出几乎全球人类（约 99%）都在呼吸超过世界卫生组织指导限值的空气，遭受高污染物对人体健康造成的损害。世界卫生组织给出的数据显示每年有超过 420 万人类因暴露于室外空气污染而死亡。欠发达国家和地区在大气污染问题上往往更加严重。2022年4月世界卫生组织更新了新的数据库，数据显示空气污染对人体健康造成损害的证据基础一直处于快速增长状态，提示即使污染物水平很低也会对人体相关系统造成一定危害。

颗粒悬浮物，尤其是细颗粒物（particulate matter 2.5，$PM_{2.5}$）会深入肺部并进入血液，参与人体内部的循环从而对心血管、脑血管以及呼吸系统带来影响，更有证据表明$PM_{2.5}$也能对其他系统造成危害，从而诱发各类心脑血管疾病。

二氧化氮，也是城市中最为常见的一类大气污染物。二氧化氮与呼吸道系统的相关疾病最为密切，往往会加重哮喘等呼吸系统疾病的症状，甚至会诱发呼吸系统症状，包括咳嗽、喘息以及呼吸困难等多种症状。

二氧化硫，多来自燃料燃烧，其中机动车辆尾气排放是最主要的来源之一。二氧化硫属于有毒有害气体，会直接对人体相关机能造成危害。此外，二氧化硫作为酸性气体还会酸化大气，从而造成酸雨等次生污染，进而再次影响到人体健康。

2. 噪声污染

噪声一般是指物体发生不规则震动所发出的声音。噪声污染大致可以分为交通噪声、工业噪声、建筑噪声以及社会噪声。通常也认为凡是人体不需要的、干扰了人们工作、学习、休息等日常活动以及干扰到人们正常需要声音的那部分声音都是噪声。当噪声对周围环境造成影响时我们就认为这属于噪声污染。尽管噪声内部存在根据其分贝进行类别的划分，但是事实上音量的高低往往不会作为划分因素，凡是不需要的声音都可以定性为噪声。根据生态环境部2021年发布的《2021中国环境噪声污染防治报告》，在全国噪声污染防治工作稳定进行的同时全国省辖县级市和地级市及以上城市的生态环境、公安、住房和城乡建设等部门合计受理环境噪声投诉举报的数量约201.8万件。生态环境部门"全国生态环境信访投诉举报管理平台"共接到公众举报44.1万余件，其中噪声扰民问题占全部举报的41.2%，排在环境污染要素的第2位。噪声污染依旧是影响居民日常生活的一大重要污染问题，也严重影响人体健康。噪声污染首先会直接对人体的听力功能造成损害，虽然人体听力会有一定程度的自我修复能力，但是长期处于噪声环境中，听觉疲劳会持续加重从而导致听力机能恢复不全进而影响听力水平，如果未能得到及时的治疗甚至会引发耳聋。除听力上的直接影响之外，噪声会影响到整个中枢神经系统从而对人体的其他机能造成影响。如果长期受噪声污染的影响，人体会产生头痛、脑胀、耳鸣、失眠、全身疲乏无力以及记忆力减退等神经衰弱症状。长期处于高噪声环境中生活或者工作学习的人群往往会增高患高血压、动脉硬化以及冠心病的概率。噪声也会影响到消化系统的正常运转，引发消化不良、食欲不振等症状，提高肠胃疾病的发病率。

交通噪声，是指交通工具运行时产生的影响人们工作学习以及日常生活的声音，具体可分为机动车噪声、飞机噪声、火车噪声和船舶噪声等。交通噪声除了对交通线沿线的居民产生较大影响外，对于驾驶人来说，交通噪声也是危害驾驶员健康的重要因素。嘈杂的喇叭声以及发动机的震动轰鸣声都会给驾驶员以及乘车人员的身心带来危害。

工业噪声，往往是指工业工厂中机械设备运转时产生的噪声，依照这类噪声的声源特性，也可将工业噪声划分为气流噪声、机械噪声以及电磁噪声。这类噪声主要危害的是长期在这类工厂中参与工作的工人。这类嘈杂的噪声除了拥有所有噪声所共有的危害之外，因为长期影响的是在该环境中的工人且大多以高分贝噪声出现，所以会严重影响到工人的休息，而休息不足则会造成工人身体机能的下降和免疫系统的衰弱，进而诱发各类疾病，影响到员工的身体健康。

建筑噪声，也称建筑环境噪声，指城市环境中进行各种基础设施建设和房屋楼层建设时所产生的噪声。这类噪声多来自施工机械设施运转以及建筑物建造时的碰撞打击，会给建筑场地的工人和周边居民的生活带来巨大危害，同样也会危害人体的心脑血管系统，诱发各类型神经系统疾病。

社会噪声，也称社会生活噪声，是除去上述三大噪声类型之外的所有因人类活动而产生的噪声的总和。常见的社会噪声包括广场舞音乐、扩声设备、游乐设施以及餐厨活动等行为活动所产生的噪声。生活噪声是日常生活中最为常见的一种噪声类型，也是大众最经常举报投诉的噪声类型。生活噪声对人体的危害和其他类型噪声相似，但因为其与人们生活最为接近，所以影响的范围最广。因此是噪声污染中最难解决也最困扰居民生活和危害居民身心健康的一种噪声。

3. 农药污染

全球各地通行使用的农药类型超过 1000 种。为有效防治虫害，农药要确保一定的杀伤性，所以各类农药都拥有一定毒性及部分化学特性。就化学特性来说，杀虫剂较之除草剂来说毒性更大并且有更多的方式进入人体内。农药因为在全球各地区的广泛使用甚至是滥用，加之农药使用后的处理不当，使得农药残留问题成为全球一大环境问题。农药往往是直接作用于农作物上。农作物处于食物链的前端，人类包括其他生物以这些农作物为食，农药残留在农作物上如果没有洗净，就可能会进入人体内。虽然低量毒素不会给人体带来巨大的伤害，但是这些毒素会不断在人体内累积，当超过人体所能承受最大范围时就会严重危害人体健康。此外，除了人类直接食用，农药危害人体健康更多是以在食物链不断积累的方式进行。食物链越长，食物链上各生物的等级越高，生物体内的有毒物质的含量就会越来越高。通过生物富集作用，农药含量在生物体内可以提高几千倍甚至是几万倍。所以即使是一点点的农药残余累积起来对人体的危害都是巨大的。除了在生物体内的不断累积，农药还是污染土壤和水源的一大污染物，在破坏生态环境后对人体造成巨大危害。在越南战争时期，美军为了除去密集的丛林以获取更好的视野，曾在越南地区喷洒了大量的落叶剂等，造成了大批越南人罹患肝癌、孕妇流产以及胎儿畸形等等，这是一次使用农药并严重危害人体健康的事件。农药因为其复杂的类型而具有各式各样的毒性，对人体各个器官都会造成危害，主要表现为器官衰竭后引发的并发症。

4. 环境卫生

世界卫生组织在 2022 年发布的环境卫生文章中指出了一些关于环境卫生的重要事实：第一，截至 2020 年全球近半数的人口仍然未享有安全管理的卫生服务。第二，截至 2022 年，全球仍有 17 亿人没有基本的环卫设施，包括私人马桶及厕所，其中更是有 4.94 亿人仍在露天排便（街角排水沟、灌木及露天水域）。第三，一般认为全世界至少有 10% 的人口所使用的食品是由被污染的废水灌溉。

环境不卫生带来的是人体健康遭受损害，在不卫生的环境下霍乱和痢疾等腹泻疾病、伤寒、肠道蠕虫感染以及骨髓灰质炎等疾病更容易传播。加上全球范围内抗生素类药品耐药性的传播，使得一些落后地区的人们因为恶劣的环境卫生条件而饱受这些疾病的困扰。世界卫生组织指出低收入和中等收入国家每年有超过 82.9 万人因饮用水缺乏、环境卫生恶劣和个人卫生设施缺乏而死亡，占因腹泻死亡总数的 60%。据信，环境卫生状况恶劣是造成死亡的主因，也是若干被忽视热带病的主要因素，包括肠道蠕虫、血吸虫病和沙眼。恶劣的环境卫生条件也助长了其他健康等问题。

（二）全球环境健康研究事业

1. 国际组织

世界卫生组织并没有一个专门的栏目模块对环境健康议题进行研究与宣传，但是对于环境与健康大议题下的如空气污染、水污染、环境卫生、农药污染、噪声污染等诸多子议题都设有专门的栏目以供发表世界卫生组织关于这些环境问题的最新研究与发现。世界卫生组织会定期更新关于环境质量与人体健康的标准指南用以评测某地区的环境质量是否符合人体健康生活的需要。随着世界卫生组织在指标上的不断收严以及对各国家地区提出更高的要求，倒逼出现的是更加宜居更加健康的环境。此外，世界卫生组织也会组织成员国在全球环境问题上共同努力，尤其是对发展中国家环境问题的关切和帮助的力度不断加大。世界卫生组织正在推动全球的环境与健康事业发展。

联合国环境规划署是联合国系统中负责全球环境治理的权威部门，在推动全球资源可持续性发展和推动全球环境问题好转的工作上做出了杰出贡献。联合国环境规划署还同其他国际组织一同合作为全球性环境问题的解决做出了不断努力，通过开展各类公益活动也提高了全球公众对环境问题的重视程度。2022 年，联合国环境规划署在成立 50 周年之际，发表了《2021 年度报告》。报告中说明了 2021 年联合国环境规划署的工作情况：发布《与自然和平相处公告》，支持全世界人类改变与自然的关系以解决人类所面临的三重地球危机，并制定了新的《2022—2025 年中期战略》力图将蓝图融入日常工作中。除了指导性文件之外，联合国环境规划署还会为决策者普及相关的环境科学知识以推动环境工作的进一步发展。

世界自然保护联盟（International Union for Conservation of Nature，IUCN）作为政府和非政府机构都可以参与的国际环保组织，拥有超过 1 万人的环境问题相关科学家以及领域专家，该联盟工作重心是基于环境问题专业知识的分析以及最先进技术的使用。世界自然保护联盟致力于实现社会、经济与自然的共同繁荣。在每 3 年召开一次的自然保护联盟大会上，世界自然保护联盟也在不断努力推出新的决议。近 70 年的历史中，世界自然保护联盟在气候变化、淡水和水安全的问题解决上也做出了努力与贡献。

2. 环境问题现状严峻

2021 年，世界卫生组织更新了《全球空气质量指南》，其中关于大气污染对人体健康带来危害的有效证据增多了。并且，在评判空气污染等级的各项数据的指标上都呈现下调的趋势，这意味着世界卫生组织越来越强调大气污染的重要性，认为即使是小的污染也会给人体健康带来巨大的风险。监测范围中的 117 个国家，在指南更新之后在大气质量评测上也出现了新的变化。受监测的高收入国家中仅有 17% 的城市空气质量低于世界卫生组织关于 $PM_{2.5}$ 以及可吸入颗粒物（inhalable particle of 10 μm or less，PM_{10}）的空气质量指南要求。而仕受监测的中低收入国家中只有不到 1% 的城市符合世界卫生组织给出的阈值。在 74 个国家约 4000 个城市当中只有 23% 的人呼吸的二氧化氮年平均浓度符合世界卫生组织空气质量指南的最新水平。世界卫生组织在宣传上指出平均每分钟就有 13 个人死于空气污染导致的肺癌、心脏病和脑卒中。世界卫生组织还指出：从笼罩在城市上空的雾霾到室内的烟雾，空气污染构成了重大健康威胁和气候威胁。城市和农村地区的环境（室外）空气污染正在产生细颗粒物，导致中风、心脏病、肺癌、急性和慢性呼吸道疾病。此外，约有 26 亿人因使用以煤油、生物质（木柴、动物粪便、作物废弃物、秸秆废弃物）和煤炭为燃料的污染性明火或简陋炉灶进行烹饪而暴露在处于危险水平的家庭空气污染中。环境空气污染和家庭空气污染的综合影响导致每年约 700 万人过早死亡。在世界卫生组织更新相关指标后,瑞士 IQAir 公司公布了《2021 年全球空气质量报告》,报告显示全球没有一个国家整体实现新版指南中关于 $PM_{2.5}$ 含量的标准达标。美国整体大气质量较 2020 年有所下降,洛杉矶成为美国大气污染最严重的城市。报告也给出了不少发达国家的各大城市的 $PM_{2.5}$ 污染指数,其中新德里连续 4 年被评为污染最重的城市。

第 4 届世界水论坛给出的联合国世界水资源评估报告显示,全球每天会有数百万吨的垃圾倒入河流等水体之中造成严重的水污染问题,而每 1L 废水就能够污染 8L 的淡水。所有流经亚洲的河流均被污染。美国有超过 40% 的水资源遭受到生产生活活动的破坏,欧洲地区的 55 条河流当中也只有 5 条左右的河水勉强能够供以日常使用。因为水资源的破坏,在发展中国家当中,有超过 10 亿人口不能喝上清洁水,全球每年有超过 2500 万人死于不清洁用水带来的疾病。根据肝癌高发区流行病的调查研究数据,发现人们罹患肝癌的很大一部分原因是饮用藻菌类毒素污染过的水源。

气候变化也是全球公共卫生领域面临的一大重要环境问题。世界卫生组织在 2021 年发表的一篇文章中指出,预估在 2030—2050 年间气候变化可能会多导致 25 万人左右死于营养不良、疟疾以及气温过高带来的并发症。IPCC 给出的结论是世界气温的上升要控制在 1.5 摄氏度以下,但是事实上气温每升高 0.1 摄氏度就会对人体的健康带来巨大的威胁。而在过去的几十年间,全球气温因为气候变化而上升的温度早已经超过了这一阈值,这也意味着气候变化中气温升高这一因素已经开始威胁到人类的身体健康。

面对仍然不容乐观的环境问题,全球各环保组织正致力于联合全球各个国家的力量共同为解决人类发展的问题而努力。不断更新的指标、不断公布的最新数据、不断提出的新方案、不断制定的新规划以及不断签署的新协定,在强调环境问题不容盲目乐观的同时也表明了全人类为了保护环境,为了守护自己的健康而不懈奋斗的决心。

(三)中国为解决环境问题的相关工作

中国作为世界上最大的发展中国家,在配合国际组织做好全球环境治理工作的同时也积极改善本国国内的环境质量,并且积极同发展中国家各国以及各发达国家合作,提高发展中国家在环境保护工作上的整体水平,为推动发展中国家环境健康事业做出了贡献。

1. 积极治理环境问题,保障人民生命健康

中国政府早就认识到环境之于人民福祉的重要性,不做"先发展后保护"而是将"保护"与"发展"并举,将环境治理作为政府工作的一大要务。2022 年生态环境部公布的《2021 中国生态环境状况公报》指出 2021 年生态环境保护实现了"十四五"(中华人民共和国国民经济和社会发展第十四个五年规划和 2035 年远景目标纲要)的良好开局。党中央与国

务院力图构建生态环境领域的顶层设计，制定并印发了《2030年前碳达峰行动方案》，积极配合全球减碳减排的工作，为全国上下实现"碳达峰"制定了系统的路线图和施工图。

在大气质量的控制与改善问题上，中国积极开展"蓝天保卫战"。持续开展重点区域秋冬季大气污染综合治理攻坚战，开展夏季臭氧治理攻坚，臭氧浓度上升的态势得到了遏制，发现并推动各类涉气环境问题超过16 000个。在全国各地开展了清洁取暖改造工作，在北方地区实现了超过420万户的散煤治理。全国累计超过1.4亿t钢铁产能完成了全流程超低排放改造。碳排放配额累计成交1.79亿t，不断开启低碳试点。

在水体的保护工作上，中国政府研究并建立了长江流域水生态考核机制，基本完成了长江入河排污口的监测工作，溯源完成率达到了80%以上，在长江流域全流程内整治污水直排、乱排排污口7000多个。全面完成了黄河干流上游和中游河段共5个省区18个地市7827千米的沿岸排污口排查，登记入河排污口4434个。累计划分全国乡镇级集中饮用水水源保护区19 132个。水体治理直接改善了沿线居民的生活环境，降低了沿线居民肠道疾病的患病率。

在土壤安全问题上，中国政府扎实推进净土保卫战，完成了重点行业企业用地土壤污染状况调查。开展土壤污染重点监管单位隐患排查整治以及耕地涉镉重点行业企业排查整治工作。完善农村环境整治成效评估机制，实现新增1.6万个行政村环境整治和超过400个农村黑臭水体整治工作目标，持续推动农村环境改善。

2. 建设网络平台

生态环境部积极打造网络平台，加强互联网阵地建设，为做好国内环境保护工作、维护民众生命健康安全筑牢了一个强有力的基础。生态环境部官方网站上设有要闻动态、组织机构、政策文件、环境质量、业余工作等多个模块供给浏览者选择想要了解的信息。生态环境部积极配合"阳光政府"的建设，在互联网平台上积极开展信息公开，及时更新从中央到地方的环保工作情况，让各地环保工作尽可能地公开化、透明化。此外，网站还设有曝光平台用以通报行政处理与执法信息，用法律促进环保工作的顺利进行。在生态环境部的官网还能查询到全国各地的空气质量、地表水水质以及沿海地区海水水质的信息。除海水水质因测量评级的流程较为复杂而只能做到定期抽检之外，空气质量和地表水质的状况都可以做到实时的更新。网站同样设有举报、投诉以及建议的绿色通道，能够让每一个人发出的"声音"都被生态环境部所"看见"，有力地推动了全国上下齐心环保的进度。

生态环境部也在打造"一体式"网站，在生态环境部官网上除了政府在环境保护工作上的工作报告之外还可以了解到中央及地方的环保新闻，这使得网民可以更加了解我国环保工作的现状，也能更加了解生态环境对于人体健康的重要意义。

二、资源

（一）网站资源

1. 国际网站

世界卫生组织官网首页，在页面右上角搜索栏自主键入环境健康主题下各子议题的关键词，如空气污染、水污染、土壤污染、农药污染、噪声污染、核污染等，便可得到世界卫生组织关于这些环境问题的最新信息以及世界卫生组织参与的科研成果和最新公布的信息。

其中，空气污染可在世界卫生组织官网首页的健康主题栏目下的热门主题中看见，选择进入后可以浏览到世界卫生组织关于空气污染的概述、空气污染的影响以及世界卫生组织应对空气污染所将会采取的措施。在页面右侧可以选择世界卫生组织的实况报道以及卫生大会的相关文件进行浏览。在页面下方还设有新闻板块可以浏览世界卫生组织发布的与空气污染相关的新闻信息。在选择页面的更多信息之后还可以进入世界卫生组织全球空气质量监测数据库浏览世界卫生组织关于全球大气质量的最新公布的监测数据。

联合国环境规划署官网，在主页面就将整个联合国环境规划署的所有工作内容以及工作信息展示了出来，可以根据个人需要在探索话题栏目寻找自己想要了解的联合国环境规划署在该方面所做的一些工作。在探索话题栏目旁的就是联合国环境规划署的科学和数据板块，在板块下可以查询到世界环境情报的数据、联合国环境规划署（以下简称环规署）的开放数据以及环规署自成立以来的所有出版物及报告资料库。再次回到环规署的官网首页，可浏览的还有环规署的新闻与资源页面，在这个页面中可以浏览所有环规署参与的活动的新闻以及演讲资源等一系列记录材料。

世界自然保护联盟官网会公布世界自然保护联盟这一由政府与民间组织共同参与的国际环保组织的工作内容、最新研究及最新数据。可以了解这一组织成立近70年来所有转化为电子模式的出版物、工具以及其他的资源。在主页面"我们的工作"模块也可以具体地浏览每一个项目的内容。

2. 国内网站

中华人民共和国生态环境部官网是国内生态环境相关信息的权威公布网站。在网站内可以了解到全国环境保护工作的要闻动态、环境保护部门的组织机构、环境保护工作相关的政策文件和全国各地各类污染监测的实时数据。该网站还和各地方生态环境部门有联系，在该网站可以切换到各地区的环保部门网站，便于有针对性地了解某一地区的环保工作状况。

中华人民共和国国家卫生健康委员会（国家卫生健康委）官网是我国居民健康政府工作内容的公开平台，该网站能够提供最新最权威的全国居民健康信息的相关内容及数据。配合生态环境部给出的环境数据，利用国家卫生健康委的健康数据可以进行联合分析，便于更好地理解环境变化与居民健康状况的联系。

国家人口健康科学数据中心人口健康科学数据仓储网站有全国各大类疾病现状数据以及基于数据的预期，此网站同时展示我国医疗卫生健康最新的科研成果。该网站也有全国各大研究中心得出的数据，作为一个拥有1.2PB（petabyte，一种存储单位）储存的大数据库，国家人口健康科学数据中心人口健康科学数据仓储网站可以提供最详细、最全面的医疗健康数据信息。

（二）学术期刊资源

《柳叶刀》作为全球医学期刊的顶刊，具有学术权威性，且作为一部医学期刊，在人体健康与公共卫生领域也有诸多研究。《柳叶刀》下属子刊《柳叶刀：全球健康》致力于研究环境与人体健康的关系，如何治理环境能够给人类健康带来最大的帮助。在全球健康这一大议题下，全球该领域下的科学家都在试图做出新的突破，这一部《柳叶刀》的子刊可以提供环境与健康的最前沿的学术研究。

国内刊物方面，《环境与健康杂志》是环境健康话题下比较有权威的期刊。《环境与健康杂志》是环境卫生学专业的学术期刊，是一部由国家卫生健康委主办的核心级期刊，为北大核心刊物，在学术水平上可以保证，能够和《柳叶刀：地球健康》上的学术文章互为补充，便于人们了解国内外相关领域研究的最新成果。《环境卫生学杂志》由国家卫生健康委主管、中国疾病预防控制中心主办，致力于建立国家级环境与健康学术交流和信息共享平台，及时报道国内外环境与健康领域研究工作的前沿动态和最新进展。此刊现为中国科技核心期刊、中国医药卫生核心期刊，同时被中国学术期刊网络出版总库（China academic journal network publishing databas，CAJD）、中文科技期刊数据库（China science and technology journal databas，CSTJ）和中国生物医学文献数据库（China biology medicine disc，CBMdisc）收录。

三、报道点评

（一）国外

国外媒体平台在环境与健康议题下进行的报道大多数以全球性问题的报道为主，对中国的环境与健康话题的讨论性报道比较少。对于中国环境与健康议题的报道主要以政府的相关政策为主，缺少对中国环保工作、环境卫生条件改善情况的报道，而对于全球性的环保卫生工作的报道则集中在工作状况以及环境质量的报道上，对于其他国家在政策的制定上的报道较前者就显得特别稀少。

浏览路透社、美国联合通讯社（以下简称美联社）以及法国新闻社（以下简称法新社）官网后会发现并没有存在环境健康的子议题，如果想要获取相关的新闻报道信息需要主动键入关键词并进行搜索。作为全球三大新闻媒体平台，在官网上没有环境健康大类的分类，可见环境健康类的新闻报道在整体新闻报道还是处于一个较为边缘的位置。尽管这三家新闻媒体对于环保问题的报道并不算少，但是将环境与人体健康联系在一起作为一个全球性的公共卫生议题来看待的意识却不足。此外，在环境相关的诸多报道中，报道主题也集中在水体污染与大气污染等直接与人们健康相关的环境问题上且较少提及环境问题给人类健康可能带来的影响。而在环境保护相关的国际组织网站上发表的一些新闻报道则会更加强调环境与健康的联系且涉及的公共卫生问题更加广泛、实时。以下选择路透社新闻报道"'现在或永远不会'：只有严厉的减排才能避免极端气候 - 联合国报告"以及世界卫生组织的一篇部门新闻"为什么精神卫生是气候变化应对行动的一项重点内容——新的世卫组织政策简报强调各国应采取的行动"作为案例进行点评。

报道 1

报道标题："时不再来"只有大幅减少碳排放才能减少极端天气

原文标题： 'Now or never': Only severe emissions cuts will avoid climate extremes

报道媒体： 路透社

报道日期： 2022 年 4 月 5 日

报道简介： 这是路透社 2022 年转载发布的一篇名为'Now or never': Only severe emissions cuts will avoid climate extremes 的联合国气候科学机构发布的重要报告，指出要想将全球变暖控制在比工业化前高出 1.5 摄氏度的范围内，本 10 年内必须采取激进的措施来减少化石燃料的使用、扩大森林覆盖面积和减少肉类消费等。

报告指出，尽管自 1990 年以来政府间气候变化专门委员会发布的气候变化警告不断增加，但过去 10 年里全球排放量仍在继续上升，达到了历史最高点。这导致全球排放量有望在本世纪末突破 2015 年《巴黎协定》设定的 1.5 摄氏度升温限制，达到约 3.2 摄氏度。

报告强调，"我们带着天真的乐观态度离开了格拉斯哥的 COP26"，但现实是"时不我待"，只有大幅减少温室气体排放才能避免气候极端事件。

报道点评： 这是路透社总结的一篇关于联合国气候科学局最新研究成果的新闻报道。

联合国气候科学局指出，虽然在过去的 10 年之间全球为解决全球气候变暖问题做出了努力，但是全球的碳排放仍然在不断上升，达到了新的历史最高点，并推测在 21 世纪末全球气温上升将超过 2015 年《巴黎协定》设想的 1.5 摄氏度的极限温度并达到 3.2 摄氏度的高温，即可能会上升至 2 倍多。

整篇报道在一开始先认可了过去 10 年全球为减碳事业所做出的贡献，但马上就指出已经实施的工作无法满足计划的需要，现实的碳排放和全球变暖问题依旧严峻。让读者瞬间能够感受到全球气候变暖的严重性，但是，这篇文章在讲述环境问题严重性的同时并没有提及环境问题的严重可能会对人类健康带来的威胁。在抛出了碳排放带来全球气候变暖加剧的问题后，这篇报道便开始了对问题解决出路的探索，且在介绍每个部分时都会选择利用小标题来进行概括和先导，整篇文章节奏紧凑、逻辑清晰且在读完整篇报道后可以对全球气候变暖问题有一个更加全面且清晰的认识。

报道发表的时间为 2022 年 4 月，正值俄乌冲突期间，所以报道也提及了俄乌冲突可能会带来的碳排放问题，并且在最后引用了一位英国研究员的话将 10 年前与当下以及未来全球碳排放问题进行了串联，在直截了当提出当下问题的同时又兼顾委婉地暗示未来可能的变化走向，是一篇值得一读的新闻报道。

报道 2

报道标题：为什么应对气候变化要从精神卫生先行
原文标题：*Why mental health is a priority for action on climate change*
报道媒体：世界卫生组织
报道日期：2022 年 6 月 3 日
报道简介：这是 2022 年世界卫生组织官网上刊登的一篇名为 *Why mental health is a priority for action on climate change* 的报道。世界卫生组织（WHO）发布了一份新的政策简报，强调气候变化对精神健康和福祉构成了严重风险。因此，该组织敦促各国将精神健康支持纳入其对气候危机的应对措施中，并列举了一些先行国家的有效实践。

该政策简报的结论与政府间气候变化专门委员会（IPCC）今年 2 月发布的一份报告相符。IPCC 报告指出，气候变化的速度日益加快，对精神健康和心理福祉构成越来越大的威胁，从情绪困扰到焦虑、抑郁、悲伤和自杀行为。

世界卫生组织表示："气候变化的影响日益成为我们日常生活的一部分，为应对气候相关危害的人们和社区提供的精神健康支持却非常有限。"鉴于这种情况，世界卫生组织呼吁各国优先采取行动，以保护其公民免受气候变化的影响。

报道点评：这篇报道介绍的是世界卫生组织关于全球气候变暖可能会给人们心理卫生带来的负面影响的最新研究发现。在报道的一开始就引用了"斯德哥尔摩 + 50"国际环境会议上给出的一份政策简报的内容，直接指出气候变化对精神健康的福祉带来了严重威胁，并立刻交代世界卫生组织所做到的工作：督促各国将应对精神卫生健康问题放入应对气候危机的工作之中。报道还使用了 2022 年 2 月份 IPCC 的一份关于迅速加剧的气候变化对精神健康以及社会心理健康带来的巨大威胁，并指出了焦虑、抑郁、悲伤甚至自杀等可能发生的精神疾病后果。让读者能够瞬间认识到气候变化可能在心理问题上带来的影响的重要性，在后文中也给出了具体的调查数据予以佐证，使得报道内容的真实性与可信度大大提升。

在介绍完问题之后，报道也明确地罗列出世界卫生组织关于应对气候变化带来的心理健康问题的指导意见。在将具体的举措指出后，报道呼吁全球各国加强合作与沟通，共同应对气候变化这一全球性议题。在叙述完举措后，报道更是搬出了菲律宾在遭受"海燕"台风后在精神卫生建设上做出的成功案例以及印度在处理相似情况时的成功经验以说明解决气候变化带来的精神问题也并非难事，给予各国进行相关工作的信心。

世界卫生组织相关部门发表的新闻报道较之路透社等综合新闻媒体所发表的报道，在吸引读者对环境健康问题的重视度上明显做出了更多的努力，世界卫生组织的报道中明确指出环境问题可能带来的健康问题就是与路透社报道的最大差别。也正是因为这一差别使得世界卫生组织的新闻报道在新闻之外更具有一层宣传和呼吁的意义。

（二）国内

和国际三大新闻媒体的网站不一样的是，国内的各大新闻媒体如人民网、新浪网都设有健康板块，在这些板块中可以浏览到不少健康主题下和环境相关的新闻报道也就是符合环境健康主题的新闻报道，而这些报道在国际主流新闻媒体的网页中却不多见。这与中国人几千年"天人合一"的观点离不开关系，正是因为受"天人合一"观念的影响，中国人对于环境的变化能够很自然地联系到人类健康状况可能会发生的变化。新闻报道强调环境破坏可能带来的健康问题是为了让读者更加明智地在健康和其他因素，如经济发展，之间做出选择。

从胡锦涛担任总书记时期提出的"可持续发展战略"，到中国共产党第十九次全国代表大会上习近平总书记强调的"必须树立和践行绿水青山就是金山银山"的理念，再发展到现在，十几年间中国政府对于环境保护议题的重视力度不断增大，各类媒体关于环保问题的报道以及群众在环保工作中对污染问题的举报，使得环境健康主题的报道在国内新闻报道中占据的地位不断上升。但是报道数目的增多也导致更多的质量低劣的报道出现在公众的视野之中，这些报道往往没有做到仔细考察，不具备科学性，甚至会凭空捏造，连新闻报道最基础的准确性与真实性都具备不了。下文将以澎湃新闻的"我国臭氧污染形势不容乐观，环境部：将加大监测力度"与搜狐新闻央广网发表的"毛群安：健康环境是健康中国建设的重要维度"两篇报道作为案例进行点评。

报道 1

报道标题：我国臭氧污染形势不容乐观，环境部：将加大监测力度
报道媒体：澎湃新闻
报道日期：2022 年 5 月 26 日
报道简介：澎湃新闻网 2022 年刊载的一篇名为《我国臭氧污染形势不容乐观，环境部：将加大监测力度》的文章。文章介绍道：生态环境部在例行新闻发布会上表示，我国臭氧污染形势不容乐观，污染防治任务仍然较重。为支撑臭氧污染防治，生态环境部将加大臭氧监测工作力度，推进 $PM_{2.5}$ 和 O_3 协同监测能力建设，加强 VOCs、NO_x 等对臭氧生成影响较大前体物的监测，掌握其浓度水平、主要来源、生成机理，支撑大气污染协同治理。

臭氧污染是指挥发性有机物（VOCs）和氮氧化物（NO_x）等前体物在太阳辐射下发生光化学反应，造成近地面臭氧浓度超标的现象。因此，臭氧浓度既与 VOCs、NO_x 等前体物排放强度密切相关，也受到气温、辐射强度、湿度、风速等气象因素的共同影响。尽管臭氧超标不像颗粒物超标那样明显影响大气能见度，不易察觉，但高浓度臭氧仍可对人体健康、作物生长造成危害，已成为现阶段夏季主要大气污染物，日益受到社会公众关注。

生态环境部将坚持问题导向，加快补齐短板，一方面完善监测网络布设，推动各地加快协同监测，加强监测数据联网；另一方面深化监测数据分析，全力支撑臭氧污染精准、科学、依法治理。

报道点评：这篇报道，在专业水平上是值得肯定的。整篇报道中借用了大量的数据来作为证据，使得整篇文章的真实性以及说服力都得到了保证。报道的开头同样是将新闻报道的背景事件介绍出来用以展开话题，更能直接将读者拉入整个报道的背景中，从而更好地对报道内容进行理解。

虽然罗列大量的数据是能够增强报道内容的科学性，但是同样会增加读者阅读的困难，这篇报道没有考虑到读者对于这些专业名词是否理解而是直截了当地搬用了发言人给出的信息，没有进行更加普适性的转换，所以读者在阅读完整篇报道之后对于当前臭氧减排工作只能够有一个模模糊糊的印象，不能够有更加细致的认知，这是这篇报道的缺点。

但是总的来看，这篇报道能够比较准确地还原发言人所述内容，也能够在这基础上给出一些延展性的判断，虽然在语言的处理上没有做到很精细，但是依然是一篇合格的环境健康主题的新闻报道。

报道 2

报道标题：毛群安：健康环境是健康中国建设的重要维度

报道媒体：央广网

报道日期：2022 年 7 月 5 日

报道简介：央广网 2022 年刊登了《毛群安：健康环境是健康中国建设的重要维度》文章。文章以文字形式简单介绍了国家卫生健康委规划司司长毛群安在新闻发布会上的发言。毛群安指出，健康环境是健康中国建设的重要维度之一。环境对人群健康有着直接的影响，因此，建设健康环境至关重要。近年来，各相关部门积极开展健康环境促进行动，如农业农村部实施农村人居环境整治计划，住房和城乡建设部推动城镇老旧小区改造，生态环境部推进"蓝天保卫战""碧水保卫战"和"净土保卫战"，国家卫生健康委建立环境健康监测网络并普及健康防护知识。这些举措使城乡环境质量显著提升，各项健康环境指标持续向好。未来，将进一步加强城乡环境卫生治理，鼓励践行文明健康绿色环保的生活方式，打造健康的人居环境，降低疾病通过环境传播的风险，为提升群众健康水平奠定坚实的环境基础。

报道点评：这篇报道出自央广网，和上一篇报道的形式相似，都是对于相关部门发言人报告内容的记录与转述。事实上，毛群安在发言时就环境健康问题工作也提出了不少数据，但是在这篇新闻报道中没有出现太多相关数据，出现的都是一些平实的语句。但是因为这是有关部门发言人的新闻报道，所转述的内容本身就具有很强的权威性，所以采用这种平实的语言进行记录，不仅不会降低报道的真实性，反而更能够让读者读懂发言人到底说了什么。当前我国环境卫生工作到底是一个什么情况，环境健康究竟在哪些方面和人们的健康有关，怎么做才能够解决好环境与人们的健康之间的关系，以确保逐步实现人与自然和谐共生。

但是，这种平实的报道也会有其缺陷，那就是说事说理不够透彻，在每个问题上都是蜻蜓点水，整个报道的深度不够。这也是这类新闻报道常有的通病，因为讲述的内容多而杂，所以难以找到一个合适话题深挖下去。

案例撰写：周恒　清华大学社会科学学院

点评专家：王林　中国疾控中心环境所党委书记、研究员

参考文献

[1] 朱育漩. 澳大利亚山火威胁全球生态安全 [J]. 环境经济. 2020(1).

癌症

一、概述

（一）认识癌症

癌症严重危害人类生命健康。2020年2月，国际癌症研究机构（International Agency for Research on Cancer，IARC）发布的最新一期《2020全球癌症报告》显示，在134个国家中，癌症是导致过早死亡（即30~69岁死亡）的第一或第二大原因，在另外45个国家中则排名第三或第四。[1]

据世界卫生组织IARC发布的2020年全球最新癌症负担数据，2020年全球新发癌症的病例数达到1929万例，全球癌症死亡病例数达到996万例；中国癌症防控形势也不容乐观，2020年中国新发癌症的病例数达到457万例，中国癌症死亡病例数达到300万例。[1] 从平均水平来看，2020年全球癌症发病率为247.5/10万，死亡率为127.8/10万；而中国癌症发病率达到293.91/10万，死亡率达到174.55/10万，显著高于全球癌症发病和死亡的平均水平。[2] 统计分析发现，2000—2014年中国恶性肿瘤发病率每年保持约3.9%的增幅，[3] 死亡率每年保持2.5%的增幅，癌症已成为影响我国居民健康的重要公共卫生问题。[2]

1. 癌症

国家卫生健康委公布的《中国癌症预防与控制规划纲要（2004—2010）》里对癌症的定义是：癌症是以细胞异常增殖及转移为特点的一大类疾病，其发病与有害环境因素、不良生活方式及遗传易感性密切相关。[4]

在医学领域中，癌症是指起源于上皮组织的恶性肿瘤，是最常见的一类恶性肿瘤。在生理学中，癌症有许多生物学特征，如细胞分化和增殖异常、生长失去控制、浸润性和转移性等。癌症的发生不是由单一因素引起的，而是一个多因子、多步骤的复杂过程，其不但与吸烟、感染、职业暴露、环境污染等环境条件有关，也与不合理膳食、遗传因素等个人因素密切相关。

一般人们所说的"癌症"泛指所有恶性肿瘤。常见的癌症类型有肝癌、肺癌、食管癌、胃癌、直肠癌、乳腺癌、胰腺癌、宫颈癌、皮肤癌、白血病等。

自 2006 年起，世界卫生组织和其他国际权威组织相继进行了更正，将原本是"不治之症"的癌症重新定义为可以调节、治疗甚至治愈的慢性病。

2. 癌症预防

世界卫生组织提出，30%~50% 的癌症死亡可以通过改变或避免关键风险因素和实施现有的循证预防策略加以预防，或通过早期筛查和患者管理来降低癌症患者的疾病负担。预防也为控制癌症提供了最具有成本效益的长期策略。据此，国际抗癌联盟提出了恶性肿瘤的三级预防概念。

一级预防：是在癌症发生前进行预防，消除或减少可能致癌的因素，防止癌症的发生。通过改善自身环境与生活习惯，如戒烟、限制酒精摄入、适当运动、注意饮食健康、控制体重等，均是一些重要的预防癌症的措施。不仅如此，近年来广泛进行的免疫预防和化学预防，均属于一级预防的范畴。其中最重要、使用最广泛的是免疫预防，如目前实现的大规模接种乙型肝炎疫苗就是我国对癌症免疫预防所做出的努力。

二级预防：是指一旦癌症发生，在早期阶段发现并予以及时治疗。这要求我们：①认识并重视癌症的常见危险信号及其表现（如久治不愈的溃疡、持续性消化不良等）；②对某些特定癌症的高发区和高危人群进行筛查检查；③肿瘤自检（对身体部位定期进行自我检查）；④发现癌前病变并及时治疗等。

三级预防：是治疗后的康复，通过正规、科学、合理的治疗延长患者的生存期。这一预防的目的是防止癌症患者的病情进一步恶化，预防癌症的复发、减少并发症、提高患者生存质量，以此来减轻患者的痛苦。

3. 癌症（肿瘤）筛查

筛查旨在早期发现癌症的发生和癌前的病变。筛查中如果发现异常，则需要进行进一步的检测，做出更明确的诊断。如果检测结果证明患者存在癌症，则应转诊进行下一步的治疗。

肿瘤筛查是早期发现癌症和癌前病变的重要途径，但筛查策略仅对某些类型而非所有类型的癌症有效。体检中各项血液检查指标，B 超、X 射线、肛门指检，妇科体检中的宫颈脱落细胞检查、乳腺钼靶检查等都是常用的筛查肿瘤的方法。通过一些癌症筛查的手段，能够早期发现患者癌症的存在并尽早地进行进一步治疗，可以大大提高癌症患者的治愈可能性，有效降低癌症死亡率，是利用公共卫生手段促进人类健康的重要措施。

自 2005 年起，在中央财政的支持下，我国陆续启动了 4 项国家级癌症筛查项目，分别为 2005 年启动的农村癌症早诊早治项目、2007 年启动的淮河流域癌症早诊早治项目、2009 年启动的全国农村妇女"两癌"筛查项目试点、2012 年启动的城市癌症早诊早治项目。[5] 截至 2019 年，项目地区癌症早诊率超过 80%，治疗率达到 90%，筛查人群的癌症死亡率降低 46%，早期病例诊疗费用较中晚期节省近 70%。2019 年，国家卫生健康委印发的《健康中国行动——癌症防治实施方案（2019—2022 年）》中提出，要对发病率高、筛查手段和技术方案比较成熟的胃癌、食管癌、大肠癌、宫颈癌、乳腺癌、肺癌等重点癌症，组织制定统一规范的筛查和早诊早治技术指南，在全国推广应用；加快推进癌症早期筛查和早诊早治项目，逐步扩大筛查和早诊早治覆盖范围，加强筛查后续诊疗的连续性；健全癌症筛查长效机制。依托分级诊疗制度建设，优化癌症筛查管理模式。[6] 在党和政府的关心领导下，我国癌症筛查项目取得显著成绩，项目地区癌症早诊率和治疗率得到稳步提高，发病率和死亡率均呈现逐渐下降的趋势。[7] 但我国癌症筛查仍旧存在一定的挑战，亟须进一步改进和完善。[8]

4. 癌症治疗

癌症治疗的主要目的通常是治愈癌症、减轻痛苦，或者显著延长患者生命。但不可忽略的是，改善患者生活质量也是一项重要的目标，这一点往往是通过在患者治疗过程中为患者提供身体、社会心理以及精神健康的支持来实现。癌症的治疗方法通常在原则上可以分为"治愈性治疗"和"姑息性治疗"。

临床上，癌症通常可以分为Ⅰ期、Ⅱ期、Ⅲ期、Ⅳ期。其中，Ⅰ期，即早期癌症，通常没有其他组织的转移，治疗上多选择进行根治手术。Ⅱ期、Ⅲ期，即中期癌症，可能存在周围淋巴结的转移，多数可以进行手术，并辅助接受适当的放疗、化疗。Ⅳ期为晚期癌症，通常伴随癌细胞的转移，可能进行根治手术效果也无法达到预期，所以多选择靶向治疗、免疫治疗、放疗、化疗等。以上这些都属于治愈性治疗的范畴，然而对于癌症晚期病情较为危重的患者，更建议接受姑息治疗以延长生命、减轻痛苦。

世界卫生组织对姑息治疗（palliative care）的定义是"对那些对治愈性治疗不反应的病人所采取的主动的治疗和护理，控制疼痛及患者有关症状，并对心理、社会和精神问题予以重视"。姑息治疗的治疗目的不是将癌症治愈，而是缓解癌症引起的病痛症状以及给患者带来的痛苦，提高患者及其家人的生活质量，帮助患者生活得更舒适。

然而，癌症患者接受治疗也并非易事，在不同收入水平的国家之间，癌症治疗的可获得性也存在很大的差异。报告显示，90% 以上的高收入国家可以提供癌症的综合治疗，但是低收入国家中只有不到 15% 能提供综合治疗。

（二）癌症的公共卫生要素

1. 简介

自 2006 年起，世界卫生组织和其他国际权威组织相继将原本是"不治之症"的癌症重新定义为可以调节、治疗甚至治愈的慢性病。这为全球癌症的预防、筛查、治疗事业提供了理论依据和推动力。同时癌症的可预防性也是公共卫生治理的重要依据。

全球范围内癌症患者、死亡人数居高不下，但是据世界卫生组织预计，事实上约 1/3 的癌症患者可通过癌症的早期发现（包括早期筛查和诊断）等公共卫生策略和措施来进行预防；1/3 的癌症可以通过筛查等手段早期发现并得到根治；约 1/3 的癌症可以通过现有的医疗措施延长病人的生命、改善生活质量、减轻痛苦。因此，公共卫生手段的治理与筛查等在遏制全球癌症流行中扮演重要的角色。

2. 健康传播与癌症传播

"健康传播"是学者埃弗雷特·M. 罗杰斯（Everett M. Rogers）在 1996 年提出的，其内容是"凡是人类传播的类型涉及健康的内容，就是健康传播"。[9] 健康传播研究议题涉及广泛，既包括以艾滋病预防为龙头的疾病预防，也包括药物滥用预防、医患关系研究、计划生育、癌症的早期发现、戒烟等内容。[10] 在这一公共卫生的基本论述下，癌症研究领域学者克雷普斯（Kreps）和维斯瓦纳恩（Viswanath），在 2001 年提出"癌症（健康）传播"（cancer communication）的概念，是指"研究和应用一定的策略，通过选定的媒介，向特定受众（健康人群、癌症患者、医疗服务提供者、研究者、病患、高危人群及其他）传播相关健康信息，以推广癌症的防治，促进癌症的早期发现措施，降低癌症的发病率和死亡率，提高人类生活质量"。[9] 这一概念也将公共卫生事业与传播学领域连接起来，为各类型的新闻媒体、记者和新闻传播学者等在公共卫生领域做出贡献提供了依据和方式。

（三）全球抗癌事业

1. 全球癌症流行情况

据世界卫生组织统计，2020 年全球新发确诊癌症的患者人数达 1929 万人，并有近 1000 万人死于癌症。癌症是全球一大重要的死因，死于癌症的人数占总死亡人数的近 1/6。

2020 年，就癌症新增病例而言，全球各癌症类型发病率从高到低依次为：

- 乳腺癌（11.7%）；
- 肺癌（11.4%）；
- 大肠癌（10%）；
- 前列腺癌（7.3%）；
- 胃癌（5.6%）；
- 肝癌（4.7%）；
- 宫颈癌（3.1%）；
- 食管癌（3.1%）。

2020 年因癌症死亡的常见原因排序是：

- 肺癌（18%）；
- 大肠癌（9.4%）；
- 肝癌（8.3%）；
- 胃癌（7.7%）；
- 乳腺癌（6.9%）；
- 食管癌（5.5%）；
- 胰腺癌（4.7%）；
- 前列腺癌（3.8%）。

2. 全球癌症流行现状 7 个重要事实

事实 1：全球大约有 1/6 的人死于癌症

  2020 年，全球有近 1000 万人因癌症死亡——几乎占全球死亡总人数的 1/6。

事实 2：癌症在低收入和中等收入国家更多

  癌症死亡人数中大约 70% 发生在低收入和中等收入国家。

事实 3：造成男性死亡的前 5 种癌症

  2016 年，全球造成男性死亡的 5 种最常见癌症（按发生频次排列）为：肺癌、肝癌、胃癌、大肠癌和前列腺癌。[2]

事实 4：造成女性死亡的前 5 种癌症

  2016 年，全球造成女性死亡的 5 种最常见癌症（按发生频次排列）为：乳腺癌、肺癌、大肠癌、甲状腺癌和胃癌。[2]

事实 5：在低收入国家癌症患者获得治疗率较低

  2017 年，不到 30% 的低收入国家癌症患者可普遍获得治疗服务，与之对比的是高收入国家 90% 以上的患者可获得治疗服务。

事实 6：癌症对全球经济造成的负担很大

癌症对经济造成了显著影响，并且仍在不断加剧。有研究表明，2015 年我国癌症治疗的总费用约为 2214 亿元人民币，占我国卫生总费用的 5.4%、GDP 的 0.3%。[11]

事实 7：姑息治疗获得率低

从全球来看，在需要获得姑息治疗的患者中，目前只有大约 14% 的人真正得到治疗。

3. 国际组织

世界卫生组织于 1965 年通过决议，成立 IARC，这是世界卫生组织癌症研究的跨政府的专门机构。该机构主要任务是进行和促进对癌症病因的研究，也进行在世界范围内癌症的流行病学的调查和研究工作。IARC 的宗旨在于促进癌症的国际合作，使各参与国、世界卫生组织可以与国际抗癌联盟及其他相关国际组织进行紧密的联系和合作，从而推动支持癌症研究的各阶段的合作。2021 年 5 月，中国加入世界卫生组织 IARC，成为该机构组织的第 27 个成员。

国际抗癌联盟（Union for International Cancer Control，UICC）创立于 1933 年，目前拥有来自 172 个国家的 1200 多个会员组织，是一个独立、非政府的协会。在全球与无数的抗癌志愿专家合作，共同开创并执行计划。该组织致力于带头召集、能力建设和倡导倡议，团结并支持癌症界减轻全球癌症负担，促进更大的公平。UICC 面临的挑战是去鼓励改变，提升全世界癌症控制的水平到最佳的程度，包括让癌症成为政府及健康机构的优先议题；将已证实的研究发现尽可能地应用在临床上；提升癌症组织及相关人员的能力。UICC 利用世界癌症领导人峰会、世界癌症大会和世界癌症日等重要召集机会继续关注：①制定具体的有时限的目标和指标，以衡量国家对预防和控制癌症的政策和方法的实施情况；②在全球健康和发展议程中提高对癌症的重视程度；③促进全球应对癌症。

世界癌症研究基金会（World Cancer Research Fund International，WCRF）是一个国际性联盟组织，致力于预防和控制癌症，在全世界推广防癌意识、资助创新的科学研究，并同时提倡新的调控和防癌措施。

2020 年 11 月 17 日，世界卫生组织通过决议，发布《加速消除宫颈癌全球战略》，标志着全世界 194 个国家首次承诺消除一种癌症，是癌症防控历史上的一个里程碑。其中概述了 3 个关键措施：人乳头瘤病毒（human papilloma virus，HPV）疫苗接种、筛查和治疗。到 2050 年，成功实施这 3 项措施可以减少 40% 以上的新病例和 500 万例宫颈癌相关死亡。

（四）中国抗癌事业

1. 中国癌症流行情况

世界卫生组织 IARC 发布的癌症负担数据显示，中国的癌症流行状况相较全球其他国家不容乐观，2020 年中国新发癌症病例 457 万例，其中男性 248 万例，女性 209 万例；2020 年中国癌症死亡病例 300 万例，其中男性 182 万例，女性 118 万例。[1]

癌症已经成为主要威胁中国人群健康的重大公共卫生问题之一。2021 年中国死因监测数据集统计数据显示，癌症死亡占中国居民全部死因的 26.48%，[12] 且近年癌症的发病、死亡人数均呈持续上升态势。[13] 国家每年用于癌症的医疗花费超过 2200 亿，[11] 带来巨大的经济负担和防控压力。目前，我国恶性肿瘤的 5 年相对生存率约为 40.5%，[14] 相比 10 年前总体提高了约 10 个百分点。

在我国，肺癌、肝癌、胃癌、大肠癌和食道癌死亡率最高的 5 种癌症，它们占癌症死亡总数的 69.3%。[2] 2020 年，男性癌症死亡率较高的前 5 位是：肺癌、肝癌、胃癌、食道癌、结直肠癌；女性癌症死亡率较高的前 5 位是：肺癌、肝癌、胃癌、大肠癌、乳腺癌。[12] 2016 年中国按性别和癌症类型统计的癌症死亡率如图 1、图 2[2] 所示。

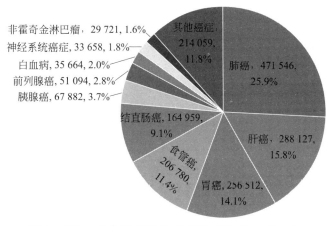

图 1　2016 年中国男性按类型分布的癌症死亡率

2. 国内组织

国家癌症中心（National Cancer Center）由原中华人民共和国卫生部（现国家卫生健康委）于 2011 年成立。该机构从中国医学科学院肿瘤医院划转而来，主要职责是：协助国家卫生部制订全国癌症防治规划；建立全国癌症防治协作网络，组织开展肿瘤登记等信息收集工作；拟订诊治技术规范和有关标准；推广适宜有效的防治技术，探索癌症防治服务模式；开展全国癌症防控科学研究；开展有关培训、学术交流和国际合作；承担国家

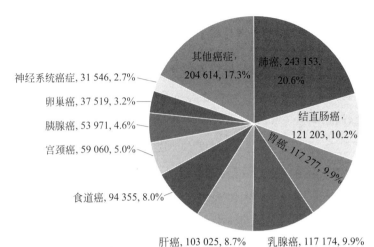

图 2　2016 年中国女性按类型分布的癌症死亡率

卫生部交办的其他任务。

中国抗癌协会（China Anti Cancer Association，CACA）成立于 1984 年，是中国科学技术协会、中华人民共和国民政部注册登记、具有独立法人资格的肿瘤学科唯一的国家一级学会。该协会是（UICC）的正式会员之一，同时也是亚太抗癌联盟（Asian and Pacific Federation of Organization for Cancer Research and Control，APFOCC）的 7 个常务理事之一。该协会致力于履行为肿瘤科技工作者服务、为创新驱动发展服务、为提高全民科学素质和健康素质服务、为党和政府科学决策服务的职责。同时，该协会团结动员广大肿瘤科技工作者创新争先，促进肿瘤科技事业的繁荣和发展，促进抗癌知识和技术的普及和推广，促进肿瘤科技人才的成长和提高。该机构目前在全国范围内组建有 93 个分支机构，105 个会员单位，现有个人会员 32 万余人。

中国癌症基金会（Cancer Foundation of China）是由国家卫生健康委主管的具有公益属性的全国性公募基金会。该基金会旨在募集资金，开展公益活动，促进中国癌症防治事业的发展。组织参与制定的刊物有《中国肿瘤临床年鉴》《中国癌症研究进展》《中国癌症预防与控制规划纲要（2004—2010）》等。

3. 癌症预防规划

针对我国癌症新增病例数和死亡人数均居世界前列的态势，为深入开展癌症防治工作，完善癌症专病防治规划，做到因病施策将癌症防治重点部署在国家卫生健康相关规划计划中。从 1986 年开始，由国家卫生部（现国家卫生健康委）等部门连续印发一系列短期癌症防治规划方案：先后印发全国肿瘤防治规划纲要（1986—2000 年）、中国癌症预防与控制规划纲要（2004—2010）、中国癌症防治三年行动计划（2015—2017 年）。

2019年7月，国务院印发《关于实施健康中国行动的意见》，在国家层面上出台《健康中国行动（2019—2030年）》，其中明确提出实施癌症防治专项行动。在此基础上，国家卫生健康委、中华人民共和国国家发展和改革委员会（以下简称发改委）等10部门联合印发《健康中国行动——癌症防治实施方案（2019—2022年）》，促进在癌症防控层面上体系建设、信息监测、早诊早治、规范诊疗、保障救助、科技攻关、科普宣传等重点领域的工作。

2020年6月1日，国家颁布并施行了《中华人民共和国基本医疗卫生与健康促进法》，其中明确提出要"国家建立慢性非传染性疾病防控与管理制度，对慢性非传染性疾病及其致病危险因素开展监测、调查和综合防控干预，及时发现高危人群，为患者和高危人群提供诊疗、早期干预、随访管理和健康教育等服务"。推进落实癌症防治工作自然是该法的重要内容，国家卫生健康委也将进一步完善癌症防治政策体系建设。有关部门提供对肿瘤立法工作的研究，遏制癌症对居民造成的危害。

二、资源

（一）网站资源

1. 全球网站资源

世界卫生组织官方网站首页，在"健康话题"（Health topics）列表下选择"癌症"（Cancer），在其中的"实况报道"（Fact Sheets）中再选择"癌症"（Cancer），其中可以查询到包括对于癌症、癌症预防、癌症治疗等的介绍和全球癌症基本数据；另外在癌症国家概况（Cancer Country Profiles）中可查询到非传染性疾病的监测和报告，包括世界卫生组织成员国的癌症负担、癌症趋势、卫生系统能力、当前政策响应等的文件说明；在官网首页的"媒体中心"（Newsroom）中搜索"癌症"也可以获取世界卫生组织对于全球癌症治理做出的努力、全球癌症进展的新闻。

其中，世界卫生组织将宫颈癌（cervical cancer）单独列出，这也体现了宫颈癌的特殊性与重要性。宫颈癌的特殊性体现在可通过接种疫苗进行预防，这也为公共卫生治理带来了更多的可能性与希望。

IARC官方网站，可以获取世界前沿对癌症研究的成果论文、该机构的出版物等，也可以获取科普视频、图片、新闻通讯等；在该机构网页也可查询到当今全球癌症（caner today）核心数据，其中可以选择以各种类型图表的方式直观展现分地区、分性别、分年龄等分类别的关于癌症的全球数据。

UICC 官方网站，其中的内容偏重于 UICC 所做的工作与活动，包括有关举办世界癌症大会、世界癌症日的内容等；还包括一些全球癌症治理计划、政策等的新闻信息以及世界范围内聚焦的癌症困难的信息。其中的特色资源还包括该组织《2021 年度报告》（2021 Annual Report），对 2021 年该组织所做的抗癌工作、宣传工作等进行总结；以及《2022 年世界癌症日影响报告》（World Cancer Day 2022 Impact Report），记载了 2022 年 2 月 4 日世界癌症日各国进行的癌症宣传活动及产生的影响等。

美国国家癌症研究所（National Cancer Institute，NCI）官方网站，其中也可完整地查询到癌症全过程预防、筛查、诊断、治疗、应对等的详细内容介绍和科普，还可以查询 NCI 所做的癌症研究工作。其中的特色资源包括可以查询到完整的按照 A-Z 排列的抗癌药物清单，单独列出被批准用于不同类型癌症、儿童癌症等的药物清单。

2. 国内网站资源

国家卫生健康委官方网站可以查询政府对公共卫生方面所做的举措和政策性文件，以及政府对于癌症政策、癌症治理立法方面人大代表的议案、人民心声的回应。国家卫生健康委 2019 年 6 月最新印发的《健康中国行动——癌症防治实施方案（2019—2022 年）》也可以在该网站上查到，其中提出到 2022 年，癌症防治体系进一步完善，癌症筛查、早诊早治和规范医疗水平要得到显著提升，遏制癌症的发病率和死亡率，使总体癌症 5 年生存率比 2015 年提高 3 个百分点。同时要开展全民健康促进、促进相关疫苗的接种、加强环境与健康工作、推进职业场所防癌抗癌工作等。

中国抗癌协会官方网站可查询全国肿瘤学大会消息、各地医疗机构关于癌症的重要会议消息、该机构的期刊信息等，其特色资料为学术会议消息的整合、通知消息、学术成果等。

（二）期刊资源

学术期刊方面可以重点关注国外期刊《临床医师癌症杂志》（CA:A Cancer Journal for Clinicians），该杂志由美国癌症学会主办，是涉及癌症诊断、治疗和预防的一份综述性、履行同行评议的学术期刊。2022 年 6 月 28 日 JCR 最新公布的 JIF 中，该期刊高达 286.130，且近 5 年该期刊平均影响因子高达 334.259，长期排名第一。该期刊最著名的文章资源为每年公布的《全球癌症统计》（Global cancer statistics）以及《癌症统计》（Cancer statistics）。

《国家癌症中心学报》（Journal of the National Cancer Center，JNCC）是由国家卫生健康委主管、国家癌症中心主办的英文肿瘤学术期刊，创立于第八届国家癌症中心学术年会，于 2021 年 1 月面世。JNCC 是国家癌症中心主办的第一本英文杂志，重点报道国内外肿瘤防控的最新成果，聚焦癌症"防"和"控"的中外差异及前沿进展。

《中国肿瘤》是由国家卫生健康委主管、中国医学科学院全国肿瘤防治研究办公室主办的肿瘤医学领域综合性期刊，该期刊2020年影响因子为3.997。主要报道肿瘤防治方针政策、筛查方案、肿瘤领域的重大科研成果和事件、卫生经济、肿瘤发病与死亡数据、死因登记等内容。

（三）其他拓展链接

世界卫生组织癌症研究中心癌症数据

https://gco.iarc.fr/today/fact-sheets-cancers

世界卫生组织关于癌症的介绍

https://www.who.int/health-topics/cancer

中国疾控中心癌症防治核心信息及知识要点

https://www.chinacdc.cn/jkzt/mxfcrjbhsh/jcysj/201904/t20190416_201097.html

中国癌症杂志

http://www.china-oncology.com/

中国抗癌协会

http://www.caca.org.cn/

中国临床肿瘤学会

http://www.csco.org.cn/

世界知名癌症学术团体：

美国癌症研究学会（American Association for Cancer Research）

http://www.aacr.org

美国癌症协会（American Cancer Society）

http://www.cancer.org

美国癌症研究所（American Institute for Cancer Research）

http://www.aicr.org

美国临床肿瘤学会（American Society of Clinical Oncology）

http://www.asco.org

肿瘤学社会工作协会（Association of Oncology Social Work）

http://www.aosw.org

美国癌症研究基金会（Cancer Research Foundation of America）

http://www.preventcancer.org

国家癌症合作组织联盟（Coalition of National Cancer Cooperative Groups）
http://www.ca-coalition.org

欧洲癌症研究和治疗组织（European Organisation for Research and Treatment of Cancer）
http://www.eotrc.be

帝国癌症研究基金会（Imperial Cancer Research Fund）
http://www.icnet.uk/

国际癌症研究机构（世界卫生组织）（The International Agency for Research on Cancer）（WHO）
http://www.iarc.fr/

白血病和淋巴瘤协会（The Leukemia and Lymphoma Society）
http://www.leukemia-lymphoma.org

全国乳腺癌症组织联盟（National Alliance of Breast Cancer Organizations）
http://www.nabco.org

美国国家癌症研究所（National Cancer Institute）（US）
http://www.cis.nci_nih.gov

肿瘤护理学会（Oncology Nursing Society）
http://www.ons.org/

妇科肿瘤医师协会（Society of Gynecologic Oncologists）
http://www.sgo.org/default.htm

外科肿瘤学会（Society of Surgical Oncology）
http://www.surgonc.org

三、报道点评

（一）国外

从报道的癌症类型方面来看，在国外媒体如欧美媒体中，对某一个特定的癌症类型的研究非常多。而较高频率的癌症报道的目的大致可分为以下几种：第一，从医疗角度，如果某种癌症病情和态势严重，或与某段时间内的特定环境因素有关，多次报道可以提高居民的认识和重视；第二，从宣传角度，如果某种癌症有明确的危险因素及预防措施，并且有早期筛查、早期诊断方法，比早发现并且早治疗的效果更好，多次报道可以普及该类型癌症筛查，从而尽早治疗；第三，从政策角度，如果某项政策制度或现象存在某些问题，可能会为了揭露问题、抨击制度而较多报道。

从20世纪70年代开始，乳腺癌一直是被西方媒体最经常报道的癌症类型，远超过其他癌症类型，其次大多集中在皮肤癌、前列腺癌、宫颈癌等癌症类型上。[15]其原因可能是这些癌症类型具有很高的可预防性和可治愈性，因此人们更多地了解这些癌症的预防知识并付诸实践，可以避免大部分这些癌症的发生。另外，如美国和加拿大的报纸也更多地反映了癌症类型在发病率上的排序，而不是死亡率上的排序。[15]

关于报纸新闻报道中的各种癌症类型的数量的排序，不同地区的媒体呈现出了明显的不同。比如，胃癌、食道癌等消化道癌症在亚洲地区（如中国、日本等）的被报道频率远高于欧美地区（如美国、加拿大等），其原因可能是亚洲地区居民胃癌和食管癌的发病率和死亡率较高。同时有关肝癌的报道也呈现类似的态势，如表1所示。

表1 中国媒体与美国、加拿大、日本报纸中最常见的癌症类型排序比较[15]

癌症类型	中国媒体报道频率最高的五种癌症类型（2011年12月—2012年12月）	美国媒体报道频率最高的五种癌症类型（2003年）	美国媒体报道频率最高的五种癌症类型（2002—2003年）	加拿大媒体报道频率最高的五种癌症类型（2000年）	日本媒体报道频率最高的五种癌症类型（1992—2007年）
白血病	1	5	6	3	4
乳腺癌	2	1	1	1	2
肺癌	3	2	4	5	1
宫颈癌	4	6	9	9	>8
大肠癌	5	4	2	4	5
胃癌	6	13	9	>12	3
肝癌	7	>15	10	12	6
食道癌	8	>15	>10	>12	8
前列腺癌	9	3	3	2	7

从报道的癌症话题方面来看，欧美研究发现，"癌症治疗"的话题在报道中相较于癌症预防、癌症筛查等被报道得更多，经常占主要部分，而另外两者则常常被新闻记者忽略。[15]

下面选择"加拿大癌症治疗花费众多"和"世界卫生组织和圣裘德将大幅增加全球儿童癌症药物的可及性"作为案例。

报道 1

报道标题：癌症的成本：加拿大的癌症药物成本是多少？

原文标题：*The cost of cancer: How much do cancer drugs cost Canadians?*

报道媒体：环球新闻

报道日期：2014 年 11 月 6 日

报道简介：加拿大癌症患者面临昂贵的治疗费用，可能导致财务困境。Pierette Breton 因癌症治疗需支付 8000 美元药物费用，但她的公司保险仅承担了部分费用。许多癌症患者不得不依靠私人保险或公共保险来支付治疗费用，但这可能导致保险覆盖不平等。在一些省份，患者需等待 6~8 周才能获得保险。Deborah Maskens，一名肾癌患者，发起了 CanCertainty 运动，争取公平和平等地获得癌症药物。目前已有 35 个加拿大癌症组织加入该运动。大家都在共同努力，包括患者、医生、保险公司和政府等各方，争取通过改革医疗保险制度、提高药物可负担性、加强公共宣传等方式，改变癌症患者在治疗中面临的财务困境和不平等现象。

报道点评：这篇报道是有关加拿大癌症患者治疗的生活及经济负担情况。该报道较为详细地以患者的视角介绍了加拿大部分地区癌症患者家庭的沉重的经济负担，以此反映了加拿大的医疗体系和保险体系的现状及问题，并进一步提出民间组织所做出的努力。

从主题上来看，该篇报道聚焦加拿大医疗公平、医疗保险、地区差异，关注癌症患者家庭和经济状况，重点围绕癌症带来的负担及相关组织为减轻患者负担所做的努力。该报道关怀患者生活状况，不仅仅关注癌症本身，还体现了人文关怀。

从内容上来看，报道首先以患者皮耶特·布雷顿的治疗经历切入，使用"噩梦"一词来形容加拿大的癌症治疗和保险体系给她带来的经济负担，从这位患者的角度入手，提出"癌症治疗可能会决定未来的经济状况"的观点，也是该篇报道所要描写的核心现状。加拿大癌症医疗体系拥有两种治疗计划，由加拿大肿瘤学团队建议选择，若患者使用口服药物治疗计划则将会面临昂贵药物所带来的沉重的经济负担。同时该报道将口服药物计划和静脉注射计划对比，讲述口服药物治疗医疗计划造成患者倾家荡产或放弃治疗的悲剧，突出治疗计划的不同使癌症患者所受待遇、医疗条件、经济负担均不同，并突出其国内的地区差异和医疗不公的现象。之后提出加拿大民间组织呼吁公平获取癌症药物并推动政府增加口服癌症药物政府支付和医疗保险支付覆盖范围和覆盖对象所做的努力。

该篇报道共约 800 英文词包括了加拿大癌症治疗、治疗费用支付及相关医疗保险的现状、问题以及相关非政府组织在促进癌症治疗公平性方面所做出的努力，体现了对癌症患者治疗和经济状况的人文关怀。本文从患者及非政府组织的视角切入，保持客观的立场，叙述患者实际困难和体制现状，以实际情况引起大众对癌症负担问题的关注。

报道 2

报道标题：世界卫生组织和圣裘德儿童研究医院计划大幅提高全球儿童癌症药物的可及性

原文标题：*WHO and St. Jude to dramatically increase global access to childhood cancer medicines*

报道媒体：世界卫生组织

报道日期：2021 年 12 月 13 日

报道简介：世界卫生组织和圣裘德儿童研究医院宣布计划建立一个全球平台，大幅提高全球儿童癌症药物的获取。这个名为全球儿童癌症药物获取平台的创新项目，将为低收入和中等收入国家提供持续的、质量保证的儿童癌症药物。圣裘德医院将在未来 6 年内投资 2 亿美元启动这一平台，试点阶段的国家将免费获得药物。世界卫生组织与圣裘德医院和合作伙伴将不遗余力地确保全球儿童获得癌症药物。试点阶段将在 12 个国家进行，到 2027 年底，预计将有 50 个国家通过该平台获得儿童癌症药物。

报道点评：这篇报道与世界卫生组织和圣裘德儿童研究医院共同公布的一项关照低收入国家和中等收入国家儿童癌症的计划有关。该计划旨在建立一个全球获得儿童癌症药物平台以大幅提高全球癌症儿童获得癌症药物治疗的机会。该计划基于世界卫生组织关于全球儿童癌症的统计数据，即全世界每年估计有 40 万儿童患上癌症，其中 9/10 的儿童生活在低收入和中等收入国家，这些国家患儿存活率不到 30%，远低于高收入国家的 80%，这导致每年近 10 万名儿童死亡。

从主题上来看，该报道主题为世界卫生组织和圣裘德儿童研究医院共同推动全球低收入国家和中等收入国家的癌症儿童免费获得高质量、不间断的癌症治疗。新闻的主体为世界卫生组织、圣裘德儿童研究医院，站在了全球公共卫生的角度，考虑了国家的收入水平、公共卫生治理能力、医疗卫生体系能力的差距，重点关注全球范围、低收入国家和中等收入国家、极其脆弱的人群——儿童癌症患者，体现了人文关怀。

该报道的小标题将文章分为三部分，展现了报道的多个层次。

第一个小标题为"负担得起、高质量且不间断的儿童癌症药物"，介绍该计划产生的初衷与目标：要在 2022—2027 年间为大约 12 万名儿童提供安全有效的癌症药物，以及本次计划实施将达到的效果，如解决中低收入国家儿童癌症药物可获得性问题，确保癌症儿童获得高质量药物治疗。

第二个小标题为"有 12 个国家参与的试点阶段",对该计划的最初两年的试点情况以及后期推广计划进行了介绍。

第三个小标题为"持续开展合作",介绍了世界卫生组织和圣裘德儿童研究医院在 2018 年首次合作提出的全球儿童癌症倡议,展望了圣裘德 6 年战略计划的重要部分——全球获得儿童癌症药物平台对全球儿童癌症倡议目标的贡献。

综上,该报道从起始、现状、展望 3 个部分进行整篇报道,从全球公共卫生的角度展现了对低收入国家和中等收入国家儿童癌症患者的关怀。

(二)国内

中国媒体对癌症的报道数量十分少,但国内媒体对有关癌症的报道在近年来呈现逐渐增多的趋势,清华大学苏婧老师课题组《近年来媒体关注的癌症信息汇总报告》统计的从 2016 年 1 月到 2021 年 8 月的有关癌症报道的数量变化趋势如图 3、图 4 所示。

另外,在报道的癌症话题方面,和国外媒体相同,国内媒体更多的关注点聚焦在癌症治疗的领域,而忽略了癌症预防、癌症筛查领域。针对报道本身,中国报纸对于癌症的报道主要集中在医疗卫生领域的专业健康类报纸或版面上,而在面对更多公众的大众传播类媒体上相对较少。在癌症传播的内容上,主要采取诉诸恐惧的方法,以威胁恐惧信息为主,而真正对于如何预防、筛查和治疗的效能信息相对较少。

总的来说,清华大学苏婧老师课题组对于 2016 年 1 月 1 日至 2021 年 8 月 31 日关于癌症报道的研究发现国内癌症报道呈现以下几个特点。

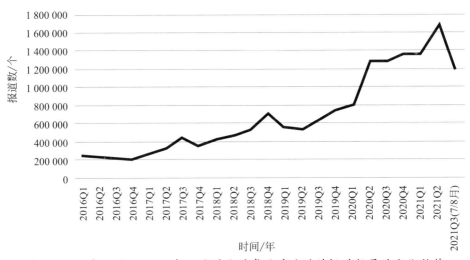

图 3　2016 年 1 月至 2021 年 8 月媒体对常见癌症的总报道数量的变化趋势

(图中 Q1—Q4 表示第一至第四季度,下同)

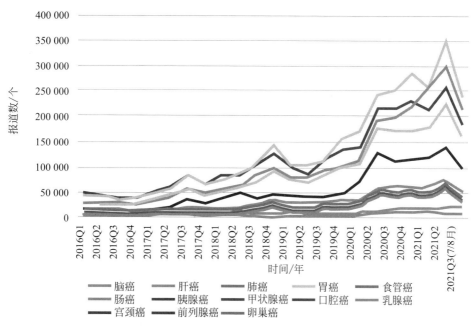

图 4 2016 年 1 月至 2021 年 8 月媒体对不同癌症类型的报道数量的变化趋势

（1）媒体报道整体呈逐年上升态势，且各癌症间存在明显差别。图 3 中可以看出媒体有关癌症的报道数量在近年来整体上呈现波动上升的趋势，也代表着癌症越来越成为媒体与公众关注的话题，这也从一个侧面体现了人们生活水平的提高和健康观念的转变。图 4 中还可以看出，相较于其他类型的癌症，国内媒体对于肺癌、肝癌、乳腺癌、胃癌和宫颈癌的关注及报道数量增长更快。

（2）癌症科普成为媒体主要报道内容，但专业性有所欠缺。媒体癌症报道多采取将患者故事与癌症科普结合的方式，科普主要涉及癌症并发率、症状等，而对于发病机制和原因等的科普有限。

（3）地方媒体为报道主体，报道地域主要集中在东南沿海地区。在 2016 年 1 月 1 日至 2021 年 8 月 31 日的关于癌症的报道之中，有 52.05% 明确报道了地域，其中，广东、江苏、浙江等东部沿海地区是相对报道量较多的地区。

（4）从报道倾向来看，以中立报道为主。据统计，国内媒体在报道癌症时的中立倾向占比近 90%，这也表明国内媒体对于癌症报道能够做到客观、理性。

（5）报道量受癌症发病率及公众关注度影响。媒体对不同癌症的报道数量与癌症发病率、死亡率有关，高发病率的癌症关注度较高。例如，报道量排名前五的癌症类别为肺癌、乳腺癌、肝癌、胃癌及宫颈癌，分别占总报道量的 19.75%、17.40%、15.64%、13.31%、8.73%。根据《2019 中国癌症报告》，肺癌、胃癌、肝癌是男性恶性肿瘤发病前三位，乳腺癌是女性恶性肿瘤发病第一位，而宫颈癌则因为宫颈癌疫苗在中国获批受到公众关注。

下面以"宫颈癌有年轻化趋势、应尽早接种 HPV 疫苗"和《科学》杂志的癌症'厄运'研究被批评"的报道作为案例。

报道 1

报道标题：宫颈癌发病有年轻化趋势，专家呼吁 9~14 岁青少年尽早接种疫苗，成年女性也不要迟疑

报道媒体：文汇报

报道日期：2021 年 1 月 18 日

报道简介：1 月份是宫颈癌关注月，北京召开"消除宫颈癌，健康中国在行动"科普巡讲启动会，将在多地开展宫颈癌科普巡讲，响应世界卫生组织（WHO）消除宫颈癌的倡导。专家呼吁 9~14 岁青少年尽早接种宫颈癌疫苗（HPV 疫苗），成年女性也不要迟疑。尽管国家层面尚未将 HPV 疫苗纳入免疫规划，但部分地区已先行，预计普及率会不断提高。专家强调，免疫接种是预防宫颈癌最安全、有效且经济、便捷的手段。宫颈癌防控已形成政府主导、部门协作、专家支持、社会参与的模式，但仍需加速消除宫颈癌目标的实现。同时，将 HPV 疫苗纳入当地政府免疫规划的模式有望在有条件的地区推广。数据显示，过去 30 年间，我国 ≤ 35 岁年轻女性在宫颈癌患者中所占比例逐年上升，因此成年女性也需及早接种，避免 HPV 感染及癌变。

报道点评：该报道背景为 2020 年世界卫生组织决议通过《加速消除宫颈癌全球战略》，全世界首次承诺消除一种癌症，又适逢宫颈癌关注月，国家开展"消除宫颈癌，健康中国在行动"科普巡讲。全文约 1200 字。

报道首先提出专家的呼吁，"9~14 岁青少年尽早接种宫颈癌疫苗（HPV 疫苗），成年女性也不要迟疑"。并基于中国宫颈癌的发病和死亡状况，强调了接种 HPV 疫苗的重要意义。提出我国 HPV 疫苗尚未列入免疫规划的现状，并介绍了我国目前的宫颈癌防控模式与目标。在补充全球低收入和中等收入国家宫颈癌发病的核心数据后再次强调世界卫生组织提出的消除宫颈癌战略目标，并结合我国 HPV 疫苗接种水平低的现状，强调女性接种 HPV 疫苗是消除宫颈癌目标的关键措施，应首先加强小年龄女性的 HPV 疫苗接种。报道最后提出我国宫颈癌发病呈年轻化的趋势，除了小年龄段女性，成年女性也需及早接种，以避免 HPV 感染及癌变。

从话题上来看，该报道在 2020 年世界卫生组织提出的消除宫颈癌战略后着眼于中国的宫颈癌治理领域，在全球视野下展开中国话题，针对接种 HPV 疫苗这一消除宫颈癌目

标的关键措施，从儿童期预防和癌症消除的角度，结合中国实际，强调加强9~14岁的青少年疫苗接种，将宫颈癌这一癌症的公共卫生预防治理的年龄降低。结合疫苗谈论癌症消除话题，该篇报道具有一定的社会价值。

从内容上来看，该报道以世界卫生组织的消除宫颈癌战略为背景，提供中国、全球低收入和中等收入国家宫颈癌患病的核心数据，展现了我国宫颈癌防控模式、未纳入免疫规划的HPV疫苗的接种政策，以及小年龄女性HPV疫苗接种水平极低的现状，我国宫颈癌消除任重道远。该报道强调要加强9~14岁儿童的HPV疫苗接种，促进成年女性尽早接种，积极推动我国宫颈癌消除，同时介绍了部分地区所做的努力，为国家广泛开展工作提供了经验参考。

从立场上来看，这篇报道以中立的视角，直面中国社会的问题和努力，并采取以全球视野展现中国宫颈癌防控存在的问题和为此所做出的努力。

报道2

报道标题：患癌只因运气差？——《科学》杂志癌症"厄运"研究与报道遭痛批

报道媒体：中国科学报

报道日期：2015年1月29日

报道简介：美国《科学》杂志一篇关于癌症研究成果的报道引发了公众和科学界的关注。该研究认为，大约2/3的癌症病例可以归因于简单的"坏运气"，即健康干细胞中累积的随机性突变。然而，一些批评人士认为，媒体对这项研究的报道存在误解，弱化了癌症预防的价值。实际上，这项研究并不包括所有癌症类型，所谓的"2/3"的数据是指部分癌症病例。一些科学家认为，这篇论文的作者在简化研究结果时也应该承担一定的责任。这次关于癌症研究成果的报道和解释引发了一系列关于科学传播、研究方法和癌症预防的讨论。在这个过程中，媒体、研究作者和科学家们都应更加谨慎，确保信息的准确性和全面性。

报道点评：该篇报道以关于《科学》期刊上的一篇研究的媒体报道为话题，阐明了公众与媒体对于一个看似不同寻常的研究结果的质疑与批评，揭示了科学传播中存在的部分问题。全文约1700字。

某些媒体报道对于该研究得出的结论为"2/3的癌症是由偶然性因素引发的，超过了环境与遗传因素的影响"，这些看似具有部分"癌症宿命论"的言论折射了记者报道在科学传播中的简化叙事所带来的风险与挑战，也体现了公众和媒体记者等仍具有部分"癌症宿命论"的观点。事实上，《科学》杂志上的研究结果具有一些局限性，如"并未包括所有癌症类型，如前列腺癌、乳腺癌""研究提供的数据并不能证明干细胞随机突变导致癌症发生""将明显受环境因素影响的癌症归为'病因主要'为随机突变、很难预防的癌症，如黑色素瘤"并在"讨论中忽略环境因素对癌症影响"等。尽管该篇研究论文的作者对研究结果的阐述和讨论不完整且有些简化，但该篇报道揭露了部分媒体记者对科学研究细节的忽略及误解，在不断的信息简化当中曲解科学研究实际的含义。

该篇报道的主题旨在客观地描述部分媒体对《科学》杂志的一篇研究论文的误解报道、错误宣传"癌症宿命论"、错误引发公众舆论、可能给癌症预防工作带来负面影响等。这也揭示了在科学传播领域，尤其是健康传播领域专业人士的缺位和专业支持不足。专业信息的不完整展示，导致错误科普，而科学传播中的简化叙事则给公共卫生事业带来一定的风险与挑战。

该报道还尽力澄清"癌症宿命论"的错误，提出媒体传递的消息不应该是"（癌症发生）全都是随机的，我们对癌症束手无策"，而应该是"可以做一些事情（癌症可以预防）"，以此来传达癌症预防的价值。

案例撰写：孙熠轩　清华大学生命科学学院（协和医学班）
点评专家：方利文　中国疾病预防控制中心慢病中心研究员

参考文献

[1] WILD C P, WEIDERPASS E, STEWART B W. World Cancer Report: Cancer research for cancer prevention[M]. Lyon:International Agency for Research on Cancer, 2020.
[2] ZHENG R, ZHANG S, ZENG H, et al. Cancer incidence and mortality in China, 2016[J]. Journal of the National Cancer Center, 2022,2(1):1-9.
[3] 郑荣寿, 顾秀瑛, 李雪婷, 等. 2000—2014 年中国肿瘤登记地区癌症发病趋势及年龄变化分析 [J]. 中华预防医学杂志. 2018, 52(6): 593-600.
[4] 中国癌症预防与控制规划纲要（2004—2010）[J]. 中国肿瘤, 2004(2): 3-6.
[5] 曹毛毛, 陈万青. 癌症筛查和早诊早治——实现全民健康助力全面小康 [J]. 中国肿瘤, 2020, 29(9): 641-643.
[6] 卫生健康委, 发展改革委, 教育部, 等. 健康中国行动——癌症防治实施方案（2019—2022 年）[J]. 中国肿瘤, 2019, 28(11): 803-806.
[7] 马恒敏, 李晓, 韩洪冰, 等. 2007—2021 年山东省淮河流域癌症早诊早治项目筛查结果初步分析 [J]. 中国肿瘤, 2022, 31(10): 759-765.
[8] 滕熠, 曹毛毛, 陈万青. 中国癌症筛查的发展、现状与挑战 [J]. 中国肿瘤, 2022, 31(7): 481-487.
[9] 卢路. "知识沟假设"在我国城乡癌症传播中的实证研究 [C]// 第五届中国健康传播大会论

文集 .[出版者不详], 2010: 204-224.

[10] 程曼丽 . 新闻传播学辞典 [M]. 北京：新华出版社 , 2013.

[11] CAI Y, XUE M, CHEN W, et al. Expenditure of hospital care on cancer in China, from 2011 to 2015[J]. Chin J Cancer Res, 2017, 29(3): 253-262.

[12] 中国疾病预防控制中心慢性非传染性疾病预防控制中心，国家卫生健康委统计信息中心 . 中国死因监测数据集 2020[M]. 北京：中国科学技术出版社 , 2021.

[13] CHEN W, ZHENG R, BAADE P D, et al. Cancer statistics in China, 2015[J]. CA Cancer J Clin, 2016, 66(2): 115-132.

[14] 新华社 . 国家癌症中心 2020 年度工作报告 我国总体癌症 5 年生存率为 40.5%[J]. 人人健康 , 2021(5): 8.

[15] 王洁 . 中国媒体癌症新闻报道的内容分析 [D]. 武汉：武汉大学 , 2013.

食品安全与营养

一、概述

（一）认识食品安全

联合国粮农组织与世界卫生组织联合将食品安全（food safety）定义为："食品安全是指所有，无论是慢性的还是急性的，会使食物有害于消费者健康的危害。"随着人们物质生活的改善，食品安全问题日益得到民众重视。据统计，全球每年约有300万名5岁以下儿童因腹泻死亡（大多发生于发展中国家），其中约70%是受生物性污染的食品引起。[1]

我国食品安全问题同样普遍，相关事件频发引起了政府和社会对食品安全的高度关注。中国共产党第十八次全国代表大会（以下简称党的十八大）以来，中国把食品安全治理提升到了一个新高度，提出要按"四个最严"，即"最严谨的标准、最严格的监管、最严厉的处罚、最严肃的问责"来保障食品安全，我国的食品安全保障体系日趋完善，但仍面临着微生物污染等难题，食品安全治理任重而道远。

1. 食源性疾病的广泛存在

食源性疾病（foodborne disease）是指由于有毒有害物质（包括生物性病原体）等致病因子通过摄食过程进入人体而引起的疾病。目前一些发达国家和国际组织很大程度上已经用"食源性疾病"取代了"食物中毒"等概念。食源性疾病在世界范围内广泛存在。每年，全世界近10%的人在食用受污染的食物后患病，超过42万人因此死亡。儿童所受影响尤为严重，每年约12.5万名5岁以下的儿童因食源性疾病死亡，其中大多数是由腹泻所致。

食源性疾病在中、低收入水平国家更为显著，但也是全球广泛存在且日益严重的公共卫生问题。国际贸易的增加，以及更长、更复杂的食物链都增加了食品污染和受感染食品跨国运输的风险；而城市发展、气候变化、移民和不断发展的国际旅行则使这些问题更加复杂。

微生物污染是我国头号食源性疾病病因（图1），其中沙门氏菌又是头号致病菌。沙门氏菌病已经成为绝大多数国家的主要卫生问题之一。生乳、鸡蛋、肉类等食物都可能导致沙门氏菌感染。全球每年有超过1亿人感染沙门氏菌，约15万人因此去世。大多数沙门氏菌感染者无须特别治疗即可痊愈，但老人、儿童等特殊群体则可能出现重症甚至死亡。

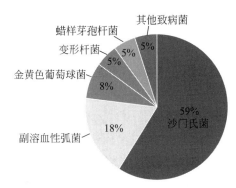

图1　2010—2016年中国细菌性食源性疾病致病菌占比[2]

食源性致病菌已成为严重的公共健康威胁，参照国际食品法典委员会（Codex Alimentarius Commission，CAC）发布的《食品微生物风险评估的原则与指南》，目前国际广泛采纳的微生物风险评估框架可概括为以下4个基本步骤（表1）。[2]

表1　微生物风险评估框架关节步骤[3]

步骤	含义
危害识别	对于可能存在于某种食品中的、可能对人体产生不良健康影响的微生物因素（如微生物的基本性状等）的识别
危害特征描述	对食品中可能存在的病原微生物因素导致的人体健康不良影响（如致病性、免疫反应等）的定性或者定量评价
暴露评估	对通过食品摄入和其他有关途径暴露的微生物因素（如食品中致病菌、毒素含量等）的定性或定量评价
风险特征描述	综合前三个步骤的信息，定性或定量地估计致病菌导致一个特定总体（人群）发生已知或潜在健康不良影响的可能性和严重程度

2. 食品安全实践与三次浪潮

全球范围内，食品安全大致经历了三次浪潮，即：行为规范（practices）、危害分析及关键控制点（hazard analysis and critical control point，HACCP）和风险分析（risk analysis）。[4]

第一次浪潮：行为规范（practices）。行为规范包括良好卫生规范（good hygiene

practices，GHP）、良好生产规范（good manufacturing practices，GMP）等一系列通则与规范，其中以 GHP 为代表。GHP 的重点是食品生产加工的一般卫生原则，通过对初级产品生产、企业卫生管理、设备养护等多个环节的审查，确保食物链各个阶段中食品安全、适宜可食。

第二次浪潮：HACCP。HACCP 在 1959 年由美国美敦力（Pillsbury）公司提出，它是一个全球公认的、成体系的预防方式，其重点不再是依赖对最终产品的检测和监察来规避问题，而是识别并控制食品中的危害因子以降低风险。[4] HACCP 能够降低消费者患食源性疾病的风险、增强食品企业市场准入力，但依然面临着缺少法律要求、未充足考虑消费者需求等障碍。HACCP 已得到国际社会的认可，我国早在 2002 年便强制要求出口罐头、水产等六类食品加工企业在注册时必须实行 HACCP 体系管理。

第三次浪潮：风险分析（risk analysis）。风险分析于 20 世纪 80 年代开始应用于食品安全管理，是一门正在发展的新兴学科。风险分析是权衡可接受的、可减少的危险性并实施恰当措施的过程，其重点是人类健康和整个食物链。到了风险分析阶段，监管机构开始排查未来可能发生的食品安全风险。相较控制危害（hazard）的 HACCP，第三次浪潮更多地关注风险（risk），也就是一种风险发生的可能性。例如，转基因食品本身符合现行的法律法规，尚未发现明显的"危害"，但它是有"风险"的。国家卫生健康委下设的食品安全风险评估中心便扮演着"风险分析"的角色，评估中心可能通过国内外文献等，前瞻性地发现了尚未被纳入市场监测标准，但存在"风险"的指标，进而为食品安全标准的更新提供支持；市场监管总局则主要扮演"行为规范"和对 HACCP 的角色，对已经纳入法规的标准进行检测。可以说，风险分析是对 HACCP 的进一步补充和改善，同时 HACCP 的执行也是风险分析结果正确应用的保障。

由于"食品安全"概念发展较早，监管理论体系已相对成熟，发达国家大多建立了相对完善的食品安全检测管理体系。[5] 例如，欧盟建立了具有较高公信力的国际标准，美国则在国内构建了统一标准体系，同时也进行了政治学、伦理学等学科的延拓。[6] 但即使在食品安全相对成熟的发达国家，食品安全依然是有待解决的难题。欧盟的食品安全问题，如 1996 年英国疯牛病事件等，类似事件时有发生；美国每年约有 7000 余万人罹患食源性疾病。在发展中国家，食品安全问题更为明显。

3. 国内食品安全现状

自《中华人民共和国食品卫生法》进一步完善食品安全监管法律体系以来，我国的食品卫生工作取得了显著的成绩，2019 年英国《经济学人》发布的《2019 年全球食品安全指数报告》中，中国在 105 个国家中排名第 35 位，较 2018 年上升 11 名。[7]

我国每年的食品抽检大致有两种，一种是整体把控食品安全现状的评价性抽检，目前评价性抽检合格率已达 99% 以上；另一种是以问题为导向的监督性抽检，2021 年的合格率为 97.4%，且不合格问题主要为农药、兽药残留，预包装食品安全情况比较理想。食品安全涉及生产运作层、管理系统层、服务层、销售端等多个环节，单纯依靠政府或市场的监管很难完全有效地解决食品安全问题。2013 年时任国务院副总理汪洋同志在保障食品安全讲话中引入了"社会共治"的概念，2019 年中共中央、国务院明确提出"推进食品安全社会共治"，将媒体、公众、社会组织等主体纳入食品安全风险治理框架内，充分发挥各自优势，经过几年来的实践，该模式已取得显著成效。

1）原材料安全性明显改善，农产品问题相对明显

原材料安全问题是食品安全问题的重要原因之一，主要体现在添加物使用不当和环境污染两方面。目前我国食品安全已处于稳中向好的局面，2018—2020 年全国抽检的不合格率均低于 2.5%（图 2），[8] 但食用农产品的问题仍然存在，如图 2 所示。针对此问题，2021 年中华人民共和国农业农村部、中华人民共和国最高人民法院、中华人民共和国最高人民检察院、国家卫生健康委等多部委共同印发了《食用农产品"治违禁 控药残 促提升"三年行动方案》，指导强化农产品的溯源闭环监管，保障百姓的"菜篮子"。

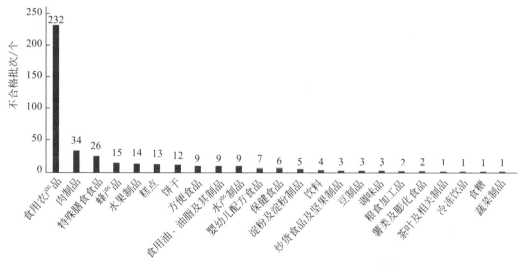

图 2　2019 年国家抽检食品大类不合格情况 [10]

2）食品生产安全状况得到缓解

近几年国内逐步转变事后调查、食品抽查为主的监察方式，建立了统一有效的预警模型和信息共享机制，同时食品安全相关的法律体系也不断完善，生产环节的安全问题已得到很大改善，风险已经降低到极低水平。目前国内生产环节的安全问题大多发生在依赖个体经验的"家庭式作坊"，[10] 这些加工企业普遍为"小本经营"，卫生安全很难得到有效保障，滥用防腐剂、色素等食品添加剂的情况也偶有发生，而其规模小、布点分散、流动性强的特点也为相关部门的监管带来挑战。

3）食品安全标准得到发展

之前，受检验技术等多方面的影响，国际通行的食品安全规则即使得到承认也很难被实际应用到我国的所有地区。[1] 2017年国务院《"十三五"国家食品安全规划》指出我国食品安全形势依然严峻，食品安全标准与发达国家和国际食品法典标准尚有差距。[11] 中华人民共和国国民经济和社会发展第十三个五年规划（以下简称"十三五"）期间我国加快食品安全标准与国际接轨，针对食品尤其是农产品食品添加剂超标的问题设定的质量标准占了所有标准的大多数，目前已经建立相对完善的食品标准体系，很多标准已高于美国对同类食品的要求（图3）。

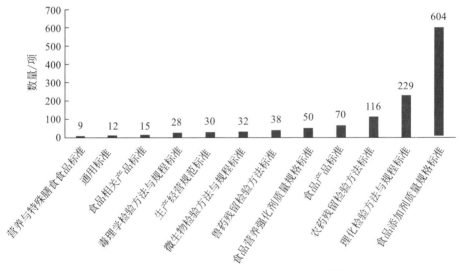

图3　2020年国家食品标准体系情况 [12]

4. 食品安全社会共治与媒体作用

我国传统的食品安全治理主体为政府，往往依靠强制手段确保食品质量符合相关标准，是一种"符合性质量"。过去的几十年里社会共治（即不同机构合作解决特殊问题）的层面不断发展，公私部门在食品安全中的协作日益增多，这一新的监管理念形成了由直接管制、产品问责、企业自律、第三方认证、舆论监督 [13] 等协调运作的食品安全监管体系，某种意义上追求的是"适用性质量"。[14]

近年来"社会共治"在食品安全方面越发重要。社会共治突出的是"治理"而非"监测",因此是多维主体的,参与食品安全共治的主体可以分为3大"部门",如表2所示。

表2 食品安全社会共治主体[15]

三部门法分类	主体	职能
第一部门	政府	监管的权力者,需要兼顾信息公开、事前预防和事后监管等方面,也需要推动法律建设和标准体系完善
第二部门	企业	食品安全的第一责任人,部分企业建立了比国家要求更严格的标准
第三部门	媒体、消费者、行业协会等	重要的利益相关者,可通过多种途径参与食品安全监管

纵观近期国内的食品安全事件,媒体在完善食品安全监管方面起到了重要作用,从"三聚氰胺"到"地沟油",从"皮革奶"到"老坛酸菜",无一不是由媒体公之于众的。在西方国家,媒体在社会监管中已经成为一种核心力量;[15]在我国,媒体的作用也日益增强。

随着信息技术的发展、新闻来源的多样化和新生代记者的加入,国内民生新闻大幅增长,媒体在食品安全监督中扮演着越发重要的角色,媒体监管对第一、第二部门均有重要影响。政府方面,媒体大量持续的报道能够显著提高行政部门介入的可能性,而行政部门的介入能显著提高涉事企业整改违规行为的概率,此外政府也可以借助官方权威媒体对食品安全问题保持长期关注与监督;企业方面,媒体曝光会激发资本市场的反应,引导"良币驱逐劣币"。

(二)认识营养

营养(nutrition)是人类从外界摄取食品(食物)满足自身生理需要的过程。[16]营养学研究如何更好地满足机体正常生长发育并进行其他各种活动的需求及保持健康。近年来,我国社会高速发展,居民营养状况明显改善,但仍面临营养不足与过剩并存、营养常识普及不足、营养相关疾病多发等问题。[17]"吃什么、怎么吃"不仅是中国的难题,也是世界性的难题。

1. 膳食结构与中国饮食模式持续改进

各个国家根据地理位置和国人身体素质形成了代表性的膳食结构。全世界著名的膳食结构模式主要有3种。

（1）以美国、加拿大和北欧一些国家为代表的西方膳食结构，其特点为以动物性食物为主，因而所摄取的脂肪较多，占总热量的 35%~45%，其中与心脑血管疾病发病风险密切相关的饱和脂肪比例高达 18%，特点是高脂肪、高饱和脂肪。

（2）以中国等发展中国家为代表的东方膳食结构，其特点为以植物性食物为主，脂肪摄取量低。但中国死亡率最高的两大慢性疾病依然是心脑血管疾病，这可能是因为中国人肉类摄入以饱和脂肪较高的猪肉为主，饱和脂肪依然占总热量的 18%，饮食特点是低脂肪、高饱和脂肪。而同时，随着中国经济的发展，居民膳食结构逐渐"西方化"，油脂摄入量呈上升趋势。

（3）以法国、希腊、以色列等地中海沿岸国家为代表的地中海膳食结构，这一膳食模式虽然脂肪含量占总热量的 37%，但饱和脂肪却只占 8% 且水果摄入较多，特点是高脂肪、低饱和脂肪。地中海国家，尤其是希腊的心血管疾病、脑血管疾病和癌症的发病率、死亡率在三大膳食结构模式中是最低的。[18]

针对国民膳食结构，中国做出了一系列营养干预策略，引导饮食模式更新。中国营养学会等制定发布的《中国居民膳食指南》及其发展便体现出引导国民饮食结构持续改进的尝试。中国居民膳食指南截至 2022 年已有 5 个版本。1989 年发布的第一版《我国的膳食指南》核心内容是"食物要多样，饥饱要适当，油脂要适量，粗细要搭配，食盐要限量，甜食要少吃，饮酒要节制，三餐要合理"；[19] 而 2022 年的第五版《中国居民膳食指南（2022）》核心内容是："食物多样，合理搭配；吃动平衡，健康体重；多吃蔬果、奶类、全谷、大豆；适量吃鱼、禽、蛋、瘦肉；少盐少油，控糖限酒；规律进食，足量饮水；会烹会选，会看标签；公筷分餐，杜绝浪费。"2022 版不仅内容更加丰富全面，科学性、专业性、准确性也在不断提升。例如"食物要多样""粗细要搭配"扩充到"多吃蔬果、奶类、全谷、大豆""适量吃鱼、禽、蛋、瘦肉"等更清晰的表述；由于经济发展，"吃饱"已经不是公众的问题了，所以"饥饱要适当"的要求被删去，新增"规律进食""杜绝浪费"等建议。[19] 可见膳食指南也在随着国情持续改进。

从 1997 年第二版《中国居民膳食指南》开始随每版指南绘制的"膳食平衡宝塔"是建议饮食结构的直观体现。"膳食平衡宝塔"同样随着《中国居民膳食指南》不断改进。以 2016 年和 2022 年两版"宝塔"为例，如图 4、图 5 所示。

两版"宝塔"的差异如图 5 底纹标识处所示。2022 年版膳食平衡宝塔主要进行了如下调整：下调盐摄入量上限，上调奶制品摄入上限，将动物性食物合为一类，将谷薯类拆分成谷类和薯类。这些调整符合我国居民饮食普遍高盐的情况，也体现出粗细粮结合、食肉要适量等营养建议。

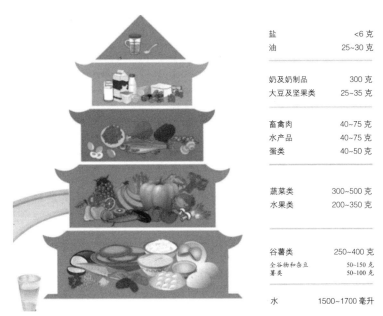

图 4　2016 版中国居民膳食平衡宝塔

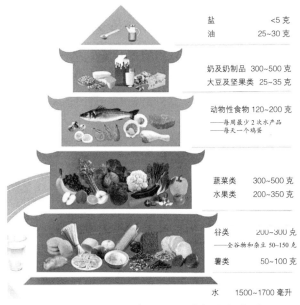

图 5　2022 版中国居民膳食平衡宝塔

近年中国的营养状况已有较大改善。2020 年《中国居民营养与慢性病状况报告》显示，我国居民体格发育与营养不足问题持续改善，城乡差异逐步缩小，居民膳食能量和宏量营养素摄入充足，优质蛋白摄入不断增加。营养状况的改善使得 6 岁以下儿童，特别是农村儿童的生长迟缓问题得到根本改善。农村 6 岁以下儿童生长迟缓率由 2015 年的 11.3% 降至 5.8%；6~17 岁儿童青少年生长迟缓率从 4.7% 降到了 2.2%；此外，全体居民方面，国民因心脑血管疾病、癌症、慢性呼吸系统疾病和糖尿病四类重大慢性病导致的过早死亡与 2015 年相比下降了 2 个百分点，降幅达 10.8%。[20]

2. 营养素

营养素（nutrients）指为维持机体繁殖、生长发育和生存等一切生命活动和过程，需要从外界环境中摄取的物质。[21] 传统营养素分为五大类，即碳水化合物、脂类、蛋白质、矿物质、维生素，近年来也有学者将水和膳食纤维视为第六、第七种营养素。其中，碳水化合物、蛋白质和脂肪因能在人体内产能且机体需求量较大，被称为产能营养素（或宏量营养素）。[22]

产能营养素方面。碳水化合物（carbohydrate）是人体的主要供能物质，《中国居民膳食营养素参考摄入量》建议：对于一般成年人碳水化合物应提供 50%~65% 的膳食总热量。[23] 脂类（lipid）是人体的必要组分之一，如细胞膜、神经髓鞘等的构建都必须有脂类参与。脂类包含脂肪和类脂两类，脂肪是人体的主要储能物质，但脂肪摄入过多会带来多种健康风险，如肥胖、心血管疾病、高血压和某些癌症发病率的升高。蛋白质（protein）是人体组织更新和修补的主要原料，被称为"生命的物质基础"，也是目前已知人体中正常情况下氮元素的唯一来源，蛋白质含量往往被视为评价食物营养价值的重要指标。

非产能营养素方面。矿物质（mineral）是构成人体组织和维持正常生理功能必需的各种元素的总称，人体中除碳、氢、氧、氮外的矿物质都主要以无机盐形式存在。维生素（vitamin）是保障正常生命过程不可或缺的一类调节物质，大多数维生素不能由人体产生，必须通过摄食获取。

3. 营养不良（malnutrition）的双重负担

当我们提到"营养不良"时，首先想到的往往是消瘦、发育迟缓等由于摄入不足、吸收不良或过度损耗营养素所造成的营养不足。但起因于暴饮暴食或过度地摄入特定的营养素而造成的超重、肥胖和与饮食有关的非传染性疾病（如心脏病、中风、糖尿病和一些癌症）同样属于营养不良的范畴。事实上，全世界的许多国家面临的营养不良问题都是双重的：营养不足与超重、肥胖或与饮食有关的非传染性疾病并存。[24]

世界上每个国家都受到一种或多种形式营养不良的影响，抗击营养不良是全球最大的公共卫生挑战之一。目前，全球近 1/3 的人患有至少一种形式的营养不良，营养不良的双重负担（营养不足与超重、肥胖等的并存）表现在个人、家庭和所有人口 3 个维度上。个人层面上，这可以是同时出现为两种更多类型的营养不良——如肥胖可能伴随着营养性贫血，以及维生素或矿物质缺乏或其他营养不足；也可能发生在整个生命过程中，如在儿童时期因慢性营养不良的成年人可能出现超重。在家庭层面，如患有营养性贫血的母亲可能生出患有 2 型糖尿病的孩子。最后在人口层面，营养不良和超重、肥胖或非传染性疾病正在许多国家共存，且后者正逐渐成为更为严重的营养问题（图 6）。

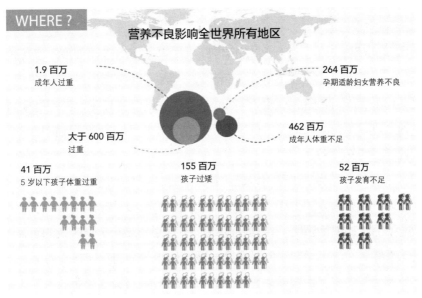

图 6　WHO 营养不良双重负担图[24]

低收入和中等收入国家的儿童更容易受到这种"双重负担"的影响。由于经济欠发达，当地的产前胎儿、婴幼儿更容易受到营养不足的影响；与此同时，这些儿童更容易接触到高脂肪、高糖、高盐、高能量和微量营养素含量低的食物，因为这些食物的成本往往较低，但营养质量也较低。这种饮食模式，加上较低的身体活动水平，导致儿童肥胖症急剧增加。但肥胖率攀升的同时，当地的营养不足问题并未得到解决。

1）营养缺乏与疾病

营养缺乏病指长期缺乏一种或多种营养素而造成机体内营养不足，进而表现出各种临床症状。世界范围的四大营养缺乏病包括缺铁性贫血、维生素 A 缺乏病、缺钙和蛋白质 - 能量不足。[16]

南亚是一个很好的例子。据统计，全球超过 1.4 亿 5 岁以下儿童因营养不良而发育迟缓，他们主要集中在发展中国家，其中有一半以上生活在南亚。[25] 除非洲外，所有区域发育迟缓的儿童数量都在下降，但仍有超过 3/4 的严重消瘦儿童生活在亚洲。南亚是亚洲营养不良最为严重的地区之一，2020 年全球有超过 23 亿人面临粮食不安全问题，其中南亚占全球粮食不安全人数的 36%。粮食短缺往往给妇女儿童带来更大的威胁。全球 1/4

（1.7 亿）的 5 岁以下儿童生活在南亚，其中 1/3（5600 万）因营养不良而出现不同程度的发育迟缓。[26] 南亚儿童营养不良的主要原因之一是饮食不良。在南亚，只有 20% 的 6~23 个月大的儿童每天能够食用世界卫生组织的最低食物组数，特别是动物性食物的摄入水平极低，这导致他们出现蛋白质、脂肪、矿物质、维生素等缺乏的风险显著增加。疫情之下，南亚的营养状况更加严峻。

尤其是印度，超过 2/3（1.17 亿）的南亚 5 岁以下儿童生活在印度，而据联合国儿童基金会的统计，目前印度 5 岁以下的儿童有超过一半都营养不良，远远高于绝大多数非洲国家。不仅是儿童群体，印度的大量民众都面临着广泛饥饿的威胁。在新冠疫情发生之前，印度就是世界上营养不良人口最多的国家，而疫情暴发以后，印度面临中度至重度粮食不安全的人数激增了约 970 万人。

尽管印度主要粮食商品的生产可以自给自足，但由于普遍的经济困境、高失业率和高度不平等，很大一部分穷人缺少正规经济来源，而偏高且波动频繁的食品价格、公共投资的萎缩则加剧了穷人的温饱困境。更糟糕的是，印度西北部的 9 个最大的粮食生产邦目前生产率都趋向于停滞，这可能与当地水资源管理不佳和落后的轮作方式有关。

印度的情况比较特殊，但很多问题，如公共配给失能、贫富差距过大等，是许多发展中国家的共性。印度恶化的营养状况也反映出发展中国家的营养改良仍然任重而道远。

2）营养过剩与疾病

营养过剩是机体营养物质的摄入量远超过消耗量，长久下去造成营养物质在体内不断累积，同样可能带来严重危害。常见的营养过剩疾病主要包括四大类型，即高脂肪症（如肥胖、冠心病、脑中风等），高蛋白症（如骨质疏松、痛风、贫血等），高糖症（如高血糖、糖尿病等），高维生素症（如败血症、组织钙化、维生素中毒等）。[16]

世界卫生组织的调查显示，全球有 19 亿成年人超重或肥胖，3890 万 5 岁以下儿童超重。儿童期超重和肥胖率正在上升，特别是在高收入和中高收入国家。超重和肥胖带来的健康风险其实很高，而这种风险在日常生活中往往不被重视。事实上，超重和肥胖是许多慢性疾病的重要危险因素，包括心脏病和中风等心血管疾病，以及子宫内膜癌、乳腺癌等癌症都与肥胖或超重有关；超重还可能导致糖尿病、失明乃至截肢和透析的需要。据世界卫生组织统计，2017 年有超过 400 万人因超重或肥胖而死亡。

超重和肥胖一度被认为是高收入国家的"富病"，但考虑到中低收入国家的经济增长率往往高于高收入国家，这些地区的超重和肥胖问题在增速方面可能更加明显。

目前，在城市环境中，绝大多数超重或肥胖儿童生活在发展中国家，而这些超重与肥胖人口增速比发达国家高出 30% 以上。在中低收入国家，特别是中等收入国家，近些年经济的发展带来更多热量增加机会，这与远离饥饿有关，但也与超重、肥胖和非传染性疾病的增加有关。肥胖与超重问题已经发展到流行病的程度，全球超重和肥胖率近年持续上升，在 1975—2016 年间全球 5~19 岁超重或肥胖儿童和青少年的患病率从 4% 增加到了 18%，增加了 4 倍多。而儿童期肥胖与成年后肥胖、过早死亡和残疾的概率呈高度正相关。目前除西撒哈拉以南的非洲和亚洲外，几乎每个地区的肥胖人数都多于体重不足的人数。目前肥胖与超重问题已成为全球共同面对的重要公共卫生问题之一。

二、资源

（一）网站资源

1. 中国官方机构

中华人民共和国国家市场监督管理总局（以下简称国家市场监管总局）是国务院直属机构，负责食品安全监督管理综合协调等多项职责。市场监督管理总局官网"新闻"板块提供时政新闻、媒体焦点等信息，且信息来源除市场监管总局官方公告外，还包括新华网、《消费者报》等媒体。在"服务"板块可以进入政务服务平台，其中"我要看"板块包括了检查情况的通报通告、实施规定的公示公告和各大公司产品召回情况，可以为全面了解中国食品安全情况提供有益补充。

国家市场监管总局下辖 3 个食品安全与营养相关司，分别为：

食品安全协调司

食品安全抽检监测司

食品经营安全监督管理司

中国国家认证认可监督管理委员会提供认证、检测等服务，其官网"互联网＋"板块可以查询包含中国质量认证中心、中联认证中心有限责任公司等多家认证机构的质量认证条件；"数据统计"板块可以查询各大机构认证数据。

通过中国国家认证认可监督管理委员会页面底部的链接可以跳转到其他国内政府部门（如国家市场监管总局、中国国家标准化管理委员会），国际组织（如国际计量局），认可机构（如中国计量科学研究院），通过这些相关链接可以相当充分地了解中国及国际的食品安全与营养标准。

国家卫生健康委是国务院组成部门，与国家市场监管总局平级。国家卫生健康委负责食品标准与安全风险评估工作，会同国家市场监管总局等部门制定、实施食品安全风险监测计划。

国家食品安全风险评估中心是直属于国家卫生健康委的公共卫生事业单位。在其官网"资讯动态"栏目中可以查看"国内外食品安全动态",主要内容为食品安全相关会议的召开与政策发布、解读。在"食品安全标准"板块也可以查询食品安全国标及国际法典。

2. 国际机构

• 联合国

联合国粮食及农业组织官网的"资源"板块中选择"数据",可以获得粮农组织的普查数据和报告(如每年的粮食安全与营养报告)并访问多个相关数据库(如粮农组织统计数据库)。

联合国儿童基金会官网的"WHAT WE DO"板块中包含"Nutrition"板块,"Good nutrition is the bedrock of child survival and development"(良好的营养是儿童生存和发展的基石),然而目前至少有1/3的5岁以下儿童受到最明显的营养不良的影响:发育迟缓、消瘦和超重威胁着他们的健康。联合国儿童基金会官网提供儿童早期、中期、青春期和孕产妇、消瘦儿童的营养指导,这些信息可以在"Explore areas of our work"板块获取。承担类似工作的还有世界粮食计划署。

• 世界卫生组织

在世界卫生组织官网(选择英文语言)首页"Health topics"板块下,选择"F"可以检索到"Food safety",选择"N"可以检索到"Nutrition",通过这两个词条可以了解到世界卫生组织保障食品安全与营养方面的情况信息。例如,在"Publications","Assessment tool"和"Other documentation"板块可以下载世卫组织的相关出版物及文件,在"Infographics"板块可以获取相关信息图表等。

• 各国食品标准局

英国食品标准局

爱尔兰食品安全局

法国食品安全局

澳新食品标准局

在这些网站上可以获取食品安全新闻、食品犯罪消息、检测标准、消费者提醒、风险分析等信息。以英国食品标准局官网为例,在"News and alerts"板块中可以查看英国食品安全近期新闻、过敏警告、食品警报等,且能以通过国家(England, Northern Ireland, Wales)和时间进行筛选。在"Consumer advice"板块可以查看添加剂、保质期等食品安全信息和伊特韦尔指南(Eatwell Guide)等营养信息。

• 国际食品信息交流中心的"Topic"栏下可以浏览食品成分(ingredient)、标签

（labels）、营养（nutrition）、安全（safety）等多方面的信息。例如，"Safety"板块中包含冰箱冰柜安全提示、微生物警告等内容，"Nutrition"板块中包含对叶酸、微量元素的介绍。

• 国际CAC提供国际食品标准的相关信息，且其官网支持简体中文语言。该网站支持查询食品安全相关文本，并提供4个数据库：法典在线数据库、农药数据库、兽药数据库、食品添加剂通用标准（general standard for food additives，GSFA）在线数据库。

（二）学术期刊资源

学术期刊方面可以关注国外重点期刊，如《食品科学和营养学评论》（CRITICAL REVIEWS IN FOOD SCIENCE AND NUTRITION），该刊是国际营养与食品科学领域的重点期刊，关注粮食污染、营养不良、食品加工等多个话题，艾斯威尔数据显示2021年其影响因子达11.208。类似的期刊还有《食品科学技术发展趋势》（TRENDS IN FOOD SCIENCE & TECHNOLOGY）（2021年影响因子16.002），《食品控制》（FOOD CONTROL）（2021年影响因子6.652）等。

国内期刊方面，《食品安全学报》由中国食品科学技术学会主办，覆盖面广泛，包括刊载市场动态、国外资讯到学会工作、研究报告等内容。《中国食品安全报》则是中国食品工业协会主管的中央级刊物，是"国务院食品药品放心工程"指定媒体，在全国29个省市设有记者站，是全国性布局建制最健全的中央媒体之一，目前已成为中国食品安全领域发行量最大、最具权威性的报纸，是实现舆论监督、服务民生的重要刊物。

（三）数据库

• 世界卫生组织数据库

食品安全部分在世界卫生组织官网的"Health topics"中选择"F"可以进入"Food safety"板块，选择"Data"旁的加号可以访问世界卫生组织食品安全方面的4个数据库：Food Safety Collaborative Platform（FOSCOLLAB）；全球环境监测系统（Global Environment Monitoring System，GEMS）/ 食品污染监测和评估方案（Food Contamination Monitoring and Assessment Programme）；食品添加剂数据库（Food additives database）（JECFA）；来自政府间组织的化学品安全信息（Chemical Safety Information from Intergovernmental Organizations，INCHEM）。这4个数据库可以提供相当全面的调查资料，如FOSCOLLAB中选择"Data analysis"，再选择"Food contamination"即可选择通过化学物/食品检索食品污染情况，如可以获得牛奶、乳制品的污染情况报告。

营养部分在世界卫生组织官网的"Health topics"中选择"N"可以进入"Nutrilon"板块，选择"Data"旁的加号可以获得世界卫生组织营养方面的8个数据库，如营养行动执行情况全球数据库（Global Database on the Implementation of Nutrition Action，GINA）。从 GINA 可以获得全球营养行动的相关数据和图表，如可以查知全世界已有超过 40% 的人正在接受强制反式脂肪酸限制。

· 农药查询数据库

欧盟农药 MRLs 数据库

美国农药 MRLs 查询

这些数据库提供食物、动物、植物等多方面的信息查询。以欧盟农药 MRLs 数据库为例，在"Food"一栏中选择"Food improvement agent"，再选择页面下方的"Database"，再进一步选择"Access the Additives Database"，就能查询欧盟批准用于食品中的食品添加剂及其使用条件。

· 食品伙伴网标准库，食品伙伴网数据库

标准库主要针对食品资料进行整理，支持对食品技术、国内外标准、质量通则等进行下载以及按照汉语拼音首字母进行检索；数据库主要提供安全性定量指标、化学污染物等数据查询，如"天然毒素"板块中可以查询天然毒素的信息（如是否为致癌物、性状描述等）及对应残留限量。

（四）其他拓展资源

· 食品安全新闻
· 国际食品安全协会
· 中国食品安全网
· 国际食品安全网
· 食安中国

三、案例点评

（一）国外

尽管欧美国家食品安全与营养发展较早，建立了"从农田到餐桌"的较为完善的监管体系，[27]但质量问题的预测和控制依然艰难，食品安全事件仍然层出不穷，政策法规很多时候只能被动地在食品安全危机的推动下进行完善。自 1996 年的疯牛病危机席卷欧洲之后，欧盟出台了一系列新规弥补法律体系的不足，同时推动独立风险评估和多领域鉴定框架建设。但这样的架构依然无法避免食品安全事件的发生，2013年爱尔兰食品安全局公布牛肉汉堡中含有马肉，一场"挂牛头卖马肉"的"马肉风波"再次引起民众的激烈反应，而跨国供应的溯源难度则引起了各方的相互指责，这让"马肉风波"更加复杂。[28]

同时，营养不良正威胁全世界的健康，每个国家都受到一种或多种形式的营养不良的影响，与各种形式的营养不良做斗争是全球最大的健康挑战之一。妇女、婴儿、儿童和青少年尤其面临营养不良的风险，大约45%的5岁以下儿童的死亡与营养不良有关，且大多发生在低收入和中等收入国家。印度是营养不良高发的典型国家，截至2021年10月，印度有超过332万名儿童营养不良，相较上一年暴增91%，其中超过177万名儿童属于严重营养不良。[29] 据《印度快报》报道，印度2021年全球饥饿指数排名已达第101位。新冠疫情导致印度一些补贴计划被迫中断、政府行政不力致使福利分配法案《阿德哈法案》无法有效落实、碳减排导致经济发展减速等问题都在进一步加剧印度的营养不良问题。[29]

以下选取两篇 The Associated Press 和 BBC 关于马肉风波和印度营养不良的报道进行分析。

报道1

报道标题：马肉丑闻愈演愈烈，德国誓言更严格的控制、更严厉的惩罚

原文标题：*Germany vows tighter controls, stiffer penalties as horse meat scandal widens*

报道媒体：美联社

报道日期：2013年2月18日

报道简介：针对最近在超市销售的标称为"全牛肉"肉制品中发现的马肉，德国政府官员誓言将加强对肉制品的控制，并对违反食品标签法规的公司实施更严厉的处罚。作为欧洲最大经济体的德国，正在对整个欧洲存在的马肉不当使用和肉制品错误标注进行更广泛的调查。

德国消费者保护部长伊尔瑟·艾格纳（Ilse Aigner）及其州内同行们已经公布了一项全面的10点计划，以解决德国公众的关切，其中包括增加对未披露肉类的检测，以及改进州和联邦机构之间的沟通。该举措与欧洲联盟有关测试肉制品的行动计划相一致。包括千层面和意式饺子在内的多种食品因检测到马肉痕迹被召回。政府旨在通过确保食品标签透明和在潜在标签错误案例中迅速传递信息来恢复消费者信心。

马肉丑闻被认为是由欺诈和可能存在的国际刑事犯罪引起的，这场风波促使德国对食品标签法规进行重新评估，以向消费者提供更清晰的关于产品来源的信息。

此外，法国政府已经部分恢复了被卷入丑闻的肉类销售商的健康认证，但对受影响公司（如Spanghero）而言，消除丑闻的负面影响仍然任重而道远。

这一丑闻的影响深远，涉及 13 个国家的 28 家公司，其中一些马肉起源于罗马尼亚，并通过涉及塞浦路斯和荷兰的复杂供应链传播。捷克共和国也正在调查该国是否存在马肉问题，但是结果暂时未知。

报道点评：该报道主要关于在马肉风波愈演愈烈的情况下德国缓解恐慌情绪的尝试。美联社用"丑闻"或者说"公愤"（scandal）形容马肉风波，可见马肉风波已成为造成极为恶劣影响的食品安全事件。正如文中所说，德国利德尔、雀巢等公司接连发现马肉成分，马肉风波影响不断扩大，德国食品、农业与消费者保护部尝试通过一个包括 10 项内容的计划给肉制品施加"紧箍咒"，希望对消费者尽可能透明以缓和德国恐慌情绪。

截至 2013 年 2 月 25 日，已有超过一半的欧盟成员国的牛肉制品被检出马肉，下架产品每日增多，如何处置下架产品、如何消除焦虑情绪让很多国家头疼。其中，深陷马肉丑闻的欧洲最大经济体德国的举措备受关注，德国发展部长甚至曾提议将违规食品分发给穷人，引起多方争议。在国内舆论愈发沸腾的情况下，德国官员誓言加强控制、加大惩罚力度。

从内容上看，该报道先是简述马肉风波中德国的现状，随后聚焦德国誓言要"加强管制"的具体措施，例如产品检测计划、消费者告知措施、重新考虑食品安全法规等。同时该报道还关注了欧洲其他国家和跨国公司的情况，尤其是法国同意部分恢复一家曝出丑闻的肉类销售公司斯潘盖罗的健康证明，允许该公司一部分肉制品的重新生产，引起热议。但斯潘盖罗的总经理同样承认丑闻可能对公司造成长期负面影响，"我们公司仍然处于极大的危险之中"。重新放开部分企业也许是解决马肉丑闻的一次突破性进展，但要恢复消费者对肉制品市场的信任依然任重而道远。

该报道兼顾誓言加紧管控的德国，部分重启的法国及未知是否会被卷入其中的捷克共和国，提供了欧洲马肉风波的多方面视角。从食品安全治理维度，该报道一方面关注政府正面表态和应对措施，体现了媒体的社会责任感，另一方面以法国为例说明马肉丑闻正得到缓解，有利于正面引导舆论，避免消费者恐慌，恢复市场秩序；此外，媒体作为第三方力量，保持对马肉丑闻的关注能够激励和督促相关措施的落实。

报道 2

报道标题：营养不良在印度加剧——为什么？

原文标题：*Malnutrition is rising across India - why?*

报道媒体：英国广播公司

报道日期：2021 年 2 月 18 日

报道简介：政府数据显示，印度（尤其儿童群体）的营养不良状况正呈现出令人担忧的加剧趋势。印度遏制营养不良的进程发生了逆转，这种逆转归因于多种因素，包括新冠疫情、政府政策等。

报道中提到了 37 岁的移民工人南达·巴里亚（Nanda Bariya），她怀有 7 个月的身孕，但依然需要在建筑工地上工作，而她每天的主要一餐——午餐，通常只包括玉米面饼和一些蔬菜（晚上她常常因为工作过于疲劳而无法做一顿正餐）。此外她也无法获得营养补充品或定期的医疗检查。当她于一月份回村时，她去了当地的妇幼保健中心，但发现它已关闭。巴里亚表示自己在怀孕三个月时曾在该处登记，但至今尚未收到该邦政策的产前补贴。

报道认为，乡村干部工作人员被安排疫情相关的任务导致了偏远地区（如巴里亚所在的古吉拉特邦）的妇幼保健中心不得不关闭。最新的国家家庭健康调查显示，印度多邦的儿童营养不良率出现上升，例如达霍德地区五岁以下儿童的发育迟缓率从 44% 上升到 55%，严重体重不足的儿童比例从 7.8% 上升到 13.4%。

专家指出，"排斥"是一个重要因素。"排斥"包括政府计划中的地理性排斥（外来人口被排除在当地福利计划之外）、社会和经济排斥（例如官僚主义的文书要求）。社会工作者席拉（Sheela）表示，如果 Aadhar 卡（印度的一种身份证明系统）没有更新，或者妇女在银行账户中的名字没有随夫姓，那么即使她急需营养也会被拒绝获得政府福利。但 Aadhar 卡的信息更新手续较为复杂，很多穷人无法承担多次前往政府办公厅的花销。无法获得营养福利加剧了营养不良的循环，营养不良的母亲生下因营养不良早夭或发育迟缓的婴儿，则又进一步恶化了当地的营养状况。

尽管当局承认在减少营养不良方面表现欠佳，但也认为单靠政府无法改变这种状况。

报道点评： 印度的营养问题十分复杂，BBC 走访当地居民后得出结论：印度妇女和儿童的营养不良问题是结合在一起的。大多数印度贫困妇女都患有贫血，很多营养不良的母亲生下了的婴儿同样罹患营养不良。自新冠疫情暴发以来，这些问题更加严重。该报道聚焦印度营养不良不断恶化的原因，兼顾疫情的不利影响和印度本身存在的问题，视角全面，给出具体人物事例，可读性强。

该报道重点关注了孕妇巴利亚的遭遇，怀孕 7 个月的她不得不前往离家上百公里的工地干活，没有足够的钱维持一日三餐，更无法承担定期的健康检查费用，而政府承诺的补贴却迟迟未到，甚至发放补贴的保育中心都已关闭。巴利亚的生活是印度贫穷妇女生活的缩影：她们从农村迁移到城市以谋求更好的生活，但由于新冠疫情带来的财政压力，即使当地的援助机构依然运行，外出务工的妇女也很难得到补贴，因为有限的资金会优先供给本地居民。

印度人民日渐恶化的营养情况不仅仅是因为新冠疫情。该报道认为印度民众营养不良的主因是"排斥",而这种"排斥"是长期存在的,因此专家也称印度民众恶化的营养形势"不足为奇"(unsurprising)。农村向城市的迁移带来了对外来人口的"地理排斥",因为补贴政策很难在不同地区互通;官僚主义对文件的烦琐要求导致了"社会和经济排斥",繁复且相对落后的文件要求让福利分配法案《阿德哈法案》"不是一项为穷人服务的法案",[29] BBC称这个"旨在服务穷人"的系统辜负了他们。报道中便提到妇女必须改为夫姓才能领取补贴、身份证更新手续复杂等问题,而这些问题都是长期存在的。报道以跑了5趟保育中心却没能得到哪怕1卢比生育津贴的纳亚克为例,体现了印度存在的官僚主义痼疾。值得注意的是,尽管印度有一半儿童营养不良,每天大约3500万人饿着肚子入睡,然而印度政府却面临着超过5300万吨的小麦过剩问题,《纽约时报》认为这是因为印度政府在几个大国以高价收购粮食,而同时又因国际债主的要求限制食物补贴,才出现营养不良和粮食过剩共存的情景。[30] 可以说,印度不断恶化的营养状况很大程度上与政府行为有关,不仅仅是"天灾",也有"人祸"。该报道针对"人祸"进行了深入剖析,有利于政府了解现状、督促相关政策的改进和落实,体现了媒体参与食品安全社会共治的责任感。

该报道从孕妇、社区工作者等个体切入,素材丰富,反映了正在遭受营养不良威胁的印度人民的现状,可信度强。得到重点关注的孕妇群体是营养不良问题的关键人群,代表性强。一方面,怀孕期间孕妇往往有更高的营养需求;另一方面,孕妇的营养不良可能导致新生儿的营养不良,进而导致营养问题的不断恶化。此外,在新冠疫情流行的背景下,该选题还具有话题性,相较营养不良,新冠疫情的涉及范围更广,可以引起读者共鸣。

(二)国内

《中国居民营养与慢性病状况报告(2020年)》显示,我国城乡各年龄组居民超重肥胖率均继续上升,超重肥胖问题不断凸显,有超过一半的成年居民超重或肥胖,6~17岁青少年、6岁以下儿童超重肥胖率也分别达到19%和10.4%。[20] 在肥胖与超重问题大规模流行、波及全人群和人们追求形体健康的背景下,"代餐"① 作为一种高纤维、低热量、易饱腹的食物日渐成为减肥圈的新宠。代餐食品往往利用水果、谷物等天然原料进行生产,尽管代餐能够作为卡路里替代餐使用,但代餐的营养价值有多大、代餐减肥是否健康等问题长期以来一直饱受争议,[31] 代餐减肥是"馅饼"还是"陷阱"困扰着许多人。

与近些年崛起的代餐不同,食盐摄入量超标是中国长期面对的难题,被认为是国人心血管疾病的重要诱因之一。中国人摄入的食盐近八成来自家庭烹饪,[32] 腌卤、制腊、盐渍等烹饪在带来美味的同时一定程度上也促进了中国"好盐"的习惯。世界卫生组织建议的

---

① 指取代部分或全部正餐的食物。

每天食盐摄入量为不超过 5 克，而据估计，中国城市居民 2010 年的人均每天食盐摄入量为 9.1 克，农村居民甚至达每天 11.5 克。国家心血管病中心 2020 年的调查同样显示，我国家庭人均每日烹调用盐量仍远高于推荐值，在外就餐的食盐摄入量超标更为严重。控盐长期以来都是中国面临的营养难题。但有研究指出，钠摄入量和预期寿命存在相关性。[33]

以下分别选取人民网、南方周末关于代餐、控盐的两篇报道作为案例。

报道 1

报道标题：代餐减肥，减掉的很可能是健康

报道媒体：科技日报

报道日期：2020 年 8 月 20 日

报道简介：本则报道介绍了某品牌的代餐奶昔，其卖点包括含有 30 种营养元素、可饱腹 5 小时、有效减肥不反弹以及 6 种口味可选等。卖家宣称该产品是风靡全球的身体管理利器，月销量在电商平台达到 3.9 万瓶。然而，过度依赖代餐可能影响健康，特别是大多数代餐产品未能满足安全减重所需的热量和营养要求。

该品牌代餐奶昔的蛋白质含量存在差异，卖家宣传每瓶奶昔可提供 200 克生蚝的蛋白质（约 22 克蛋白质），但其成分表却显示，100 克代餐奶昔只有 8.6 克蛋白质，那么，一瓶（75 克）只能提供 6.45 克蛋白质。此外，长期食用代餐可能导致营养不良，因为代餐未必能提供人体所需的各种营养成分。此外，代餐通过极低热量进行减肥的方式并不科学，容易导致体重反弹。

饱腹感是代餐的另一个宣传卖点，主要通过高膳食纤维含量实现。然而，文章指出代餐产品提供的膳食纤维量可能不足以产生充分的饱腹感，而且代餐在生产过程中可能使天然食物中的一些有益物质流失。

最后，牛津大学的一项研究显示，长期摄入代餐可能对心脏功能产生影响，特别是对于患有心脏病的人群存在潜在风险。

报道点评：该报道针对让减肥人士趋之若鹜的代餐食品，主要从体重反弹、营养风险、夸大宣传三方面指出了代餐食品在减肥方面的不足，有理有据，视野全面。

该报道专业性较强，有参阅文献、引用数据的意识，说服力强。报道详细列举了热量摄入、营养素配比等营养标准数据，同时以销量较高的网红代餐奶昔系列为例解读代餐食品与营养指标的匹配程度，亲和性较好，便于读者理解。报道列举能量需求等数据时按照成年男性、女性分类，并以安全减重要求辅助换算，考虑到了不同人群的需求差异，再结合具体代餐食品热量（一瓶 Smeal-MOTO 奶昔约 275 大卡）商家建议用量（每天两瓶，

500 大卡），直观且有理有据地说明了仅仅依靠代餐食品很难满足正常热量要求。代餐食品带来的饱腹感让人的实际摄取热量低于所需热量，从而实现减肥效果，但这种减肥方式并不科学。

报道还针对商家的夸大宣传和公众对于代餐食品的误解作了说明，尤其是针对 Smeal-MOTO 品牌（未匿名）的"打假"，体现了媒体在食品安全社会共治中的责任感。该品牌声称代餐奶昔一瓶"可提供 200 克生蚝的蛋白质""1000 克蔬菜的膳食纤维量"，存在着误导和夸大。没有营养学知识背景的消费者很容易被迷惑，《科技日报》对其进行报道曝光有利于规范市场秩序，也能为消费者提供重新审视代餐减肥的专业权威视角。

报道 2

报道标题： 让人焦虑的盐：多好还是少好？

报道媒体： 南方周末

报道日期： 2021 年 1 月 17 日

报道简介： 近期一项在《欧洲心脏杂志》上发表的研究，得出结论认为钠摄入量与预期寿命呈正相关性，与全球范围及高收入国家的全因死亡率（一定时期内各种原因导致的总死亡人数与该人群同期平均人口数之比）成反比。这与以往普遍认为食盐过高与心脑血管疾病风险增加相关的研究恰好相反。

这项研究仍属于观察性研究，其结果尚不能作为制定营养指导原则的充分依据。但在随机试验存在困难的情况下，一些卫生专家承认难以得出更符合实际情况的科学结论。有专家认为，高盐和低盐饮食都可能对健康产生不利影响，吃盐的多与少与健康的关系可能呈现为 U 形曲线，即盐摄入量过低或过高都可能增加高血压的风险。因此，建议每天的盐摄入量保持在 5.6 克到 12.5 克之间，以维持健康。

从另一个角度看，限盐也是有充分理由的。人类在演化中形成了"节俭基因"和"贮盐基因"，因而人们每日摄取的盐约是机体消耗和新陈代谢所需的 2~5 倍。此外，由于现代食品加工中盐的使用，人们可能在不自觉中摄入更多的盐。因此，国家在《国民营养计划（2017—2030 年）》中提出降低全国人均每日食盐摄入量 20% 的目标，强调在饮食中减少盐的含量的重要性。

报道点评： 该报道的选题具有话题性，中国民众的高盐饮食和减盐难题正越发受到相关部门和媒体的关注。2013 年世界卫生组织推荐钠摄入量为每日不超过 2 克（约相当于 5 克盐[①]），《中国居民膳食指南（2016）》同样建议每日食盐摄入量不超过 6 克，然而 2019

---

① 1 克盐约含 0.4 克钠，1 克钠换算为 2.5 克盐。

年英国伦敦玛丽女王大学的研究显示，中国仍然是世界上食盐摄入量最高的国家之一。长期以来，高盐被认为是危害国人营养健康的主要因素之一。该报道针对《欧洲心脏杂志》发表的与通常结论相反的国际研究，即钠摄入量与预期寿命呈正相关性，进行探讨，有助于帮助读者更全面地认识盐在膳食营养中应占的比例，同时选题也与居民生活息息相关，具有传播潜力。

从结构上看，该报道逐层深入，推进自然。报道以《欧洲心脏杂志》多盐有益的研究开头，这一与日常认知相反的研究结果能很好地吸引读者的注意力；随后针对两种结论的矛盾进行对比分析，指出高盐和低盐都不利于人体营养健康，每天的盐摄入量少于 5.6 克或超过 12.5 克都会对健康产生负面影响；最终对这种"多盐"还是"少盐"的无所适从做出回应，限盐有充分理由且有必要执行。

本报道学术气息很浓，但作者通过文字处理将原本晦涩的研究结论很好地用通俗语言进行了表达，符合新闻受众的身份。《欧洲心脏杂志》的这项研究目前只是观察性研究，结果尚不足以作为营养指导原则，报道也对此做出了强调，体现出其严谨性。同时，报道大量援引了相关数据和研究方法，能明显增加内容可信度，近年民众对"专家表示""专家建议"的信任度明显下降，甚至相当一部分民众对此反感，而这种有理有据的报道更能令人信服。

案例撰写：孙皓逸　清华大学工业工程系
点评专家：郭浩岩　中国疾控中心营养所党委副书记、研究员

参考文献

[1] 衡冬芹, 谷贝贝, 王冬玲. 我国食品安全现状与食品质量管理问题研究 [J]. 食品安全导刊, 2021(28): 5, 7.

[2] 苏丹萍, 吴云凤. 食源性致病菌风险评估研究进展 [J]. 食品安全质量检测学报, 2020, 11(18): 6511-6517.

[3] 王峥, 邓小玲. 食源性致病菌微生物风险评估的概况及进展 [J]. 国外医学 (卫生学分册), 2009, 36(5): 276-280.

[4] 刘雷. 食品安全监管视角下 HACCP 体系在食品行业中的应用研究 [D]. 上海：上海海洋大学, 2021.

[5] 赵学刚. 统一食品安全监管：国际比较与我国的选择 [J]. 中国行政管理, 2009(3): 103-107.

[6] 杨振涛. 从食品安全现状浅析我国公共卫生管理 [J]. 食品界, 2021(2): 115.

[7] 全球食品安全指数排名，中国上升 11 位 [J]. 中国生殖健康, 2020(1): 45.

[8] 李雅, 郝桂娟, 黄程, 等. 2018~2020 年国家食品安全监督抽检不合格数据分析 [J]. 食品与药品, 2022, 24(3): 256-261.

[9] 韩世鹤, 高媛, 刘斯琪, 等. 2019年国家食品安全监督抽检不合格结果分析[J]. 食品安全质量检测学报, 2020, 11(14): 4886-4893.

[10] 宋宝娥. 食品供应链质量安全保障体系研究[D]. 西安: 长安大学, 2015.

[11] 刘春卉. 食品安全国家标准体系建设进展[J]. 大众标准化, 2019(5): 37-41.

[12] 王春艳, 韩冰, 李晶, 等. 综述我国食品安全标准体系建设现状[J]. 中国食品学报, 2021, 21(10): 359-364.

[13] 佘硕. 新媒体环境下的食品安全风险交流——理论探讨与实践研究[M]. 武汉: 武汉大学出版社, 2017.

[14] 孙静. 质量管理学[M]. 3版. 北京: 高等教育出版社, 2011.

[15] 郑风田. 媒体参与食品安全社会共治的作用研究[M]. 上海: 华东理工大学出版社, 2017.

[16] 刘树萍. 食品营养与健康[M]. 北京: 化学工业出版社, 2016.

[17] 龚花兰. 食品营养卫生与健康[M]. 上海: 复旦大学出版社, 2018.

[18] 陈仁惇. 世界三大膳食结构模式的比较[J]. 中国食物与营养, 2002(3): 51-52.

[19] 刘越, 耿延敏, 朱亚成. 中国《居民膳食指南》演变及启示[J]. 四川体育科学, 2017, 36(4): 21-25.

[20] 中国居民营养与慢性病状况报告（2020年）[J]. 营养学报, 2020, 42(6): 521.

[21] 孙桂菊. 护理营养学[M]. 南京: 东南大学出版社, 2013.

[22] 叶心明. 营养与健康促进[M]. 上海: 华东理工大学出版社, 2021.

[23] 周洁. 食品营养与安全[M]. 北京: 北京理工大学出版社, 2017.

[24] World Health Organization (WHO). The Double Burden of Malnutrition: A Policy Brief[M]. Geneva: World Health Organization (WHO), 2017.

[25] BRANCA F. Malnutrition: It's about more than hunger[N]. World Health Organization (WHO), 2017-10-25.

[26] BEAL T, WHITE J M, ARSENAULT J E, et al. Micronutrient gaps during the complementary feeding period in South Asia: A Comprehensive Nutrient Gap Assessment[J]. Nutrition reviews, 2021, 79(Suppl 1): 26-34.

[27] 高荣伟. 国外如何进行食品安全监管[J]. 检察风云, 2021(22): 20-21.

[28] 姚虹聿. 印度: 妇女儿童营养不良加剧[J]. 检察风云, 2021(23): 56-57.

[29] 解卉, 李军民. 从欧洲"马肉丑闻"看全球形势下食品安全监管[J]. 食品研究与开发, 2013, 34(22): 122-125.

[30] 楚全. 印度: 饥荒与粮食过剩为何并存?[J]. 国外理论动态, 2003(4): 49.

[31] 常晓. "代餐"减重之感[J]. 人人健康, 2015(15): 16-17.

[32] Chinese Center for Disease Control and Prevention. Report on Chronic Disease Risk Factor Surveillance in China 2010[M]. Beijing: Military Medical Science Press, 2012.

[33] MESSERLI F H, HOFSTETTER L, SYROGIANNOULI L, et al. Sodium intake, life expectancy, and all-cause mortality[J]. European heart journal, 2021, 42(21): 2103-2112.

后 记

作为一名高校女教师，我时常觉得写书就像是妇女怀孕，怀胎十月——写作的过程——固然费尽心力，但培育自己的"孩子"成长成熟，则更为艰苦辛勤。书籍的出版并不是写作的终点，恰恰相反，一本书是不是能够有活力、有后劲，学者能否在这一领域继续深耕、发展，则更考验年轻学者的定力与坚持。

我编著这本手册的初心并不复杂。2021年春季学期开始，我在清华大学新闻学院为硕士研究生开设"健康与公共卫生新闻采写"一课。虽然自从新型冠状病毒感染疫情暴发以来，健康与公共卫生的概念于每个普通人而言并不遥远，但我依然惊讶地发现，国内几百所新闻院系居然没有同类的课程。尽管这几年国内很多头部新闻院系都开设了健康传播的专业硕士项目，但往往更多的是加强健康传播的学术训练，而很大程度上忽视了这一领域的新闻业务训练。实践层面也是如此，长期以来，我们国家的医药卫生跑口记者关注的是医疗、医药、医保，即便在"健康中国2030"规划纲要已经明确提出从以治病医疗为中心转向以人民健康为中心的背景下，大健康领域专注公共卫生与健康的专职记者也依然是凤毛麟角，更不要说具备一定的全球视野和知识储备，能够积极关注全球公共卫生与健康事业动态的记者了。

国内国际形势的变化，呼唤着教育界和新闻业界的变革。为此，我充满使命感。我的专业背景是新闻传播，在青葱岁月时曾在新华社、北京电视台、《新京报》《法制晚报》等媒体或长或短地实习，还曾经是一名比较活跃的新闻评论作者。同时，我有幸在清华大学医学院工作了5年，主要从事公共健康领域下的健康传播实践与研究。与一直生长在新闻传播领域的健康传播学者多有不同的是，一方面我的互动圈子大都是国家和各地疾控中心，以及各个高校公共卫生体系的专家，另一方面在医学院从事健康传播研究属于边缘中的边缘，不存在内卷式的竞争，研究的关键是被看见，因此大都比较务实和实践导向。

基于这一复合型的学科经历，我讲授的"健康与公共卫生采写课程"分成三个版块：第一个版块是关于全球卫生的历史、理念与知识，这一几乎与新闻传播知识体系不沾边的内容占据了我课程讲授的将近1/2，原因很简单，这一领域的媒体报道是高门槛的，而我坚信未来更有竞争力的记者一定是复合背景的，且对某一专业领域知识和信息的了解并不是碎片化的、被动式的，而是能够在掌握系统性知识的前提下拥有不断学习和自我提升的能力。第二个版块是专业领域新闻采写的必备技能，我的预设前提是修习我的课程的同学已经完成了初级新闻采写之类比较初阶的学习课程，因此课程讲授的重点是专业文献阅读、数据库使用、新闻写作如何从学术写作中借鉴等高阶内容。第三个版块是全球卫生主要领域的实践进展，如控烟、疫苗与预防接种、食品安全与营养、气候变化等。

《健康与公共卫生的科学传播：全球卫生媒体手册》脱胎于"健康与公共卫生新闻采写"的课程方案。全书大致分成两个部分：第一部分，包括全球卫生的基本知识、理念原则与发展历程，以及健康与公共卫生新闻采写所要求的专业技能；第二部分，包括十二个全球卫生下值得媒体关注的领域，每个领域涵盖了记者和准记者们需要知道的基本概念、知识体系、前沿发展、参考资源以及国内外典型报道的案例点评。很幸运的是，经过一段时间的探索，2023年春季学期"健康与公共卫生新闻采写"课程获得了学生评教的全校前5%，意味着准记者们对这门课堂以及我的教育教学理念的认可。希望这本手册问世后，不仅能够继续推动教学相长，也能够获得目前大健康领域新闻从业者的喜欢与认可，成为一本随时可以翻看的工具书、枕边书。希望我的初心——随着中国走向世界舞台的中央，更多记者有志于从事全球健康与发展层面的报道与实践，会在不远的未来清晰可见。

《健康与公共卫生的科学传播：全球卫生媒体手册》的撰写经费来自于"清华大学万科公共卫生与健康学院科研基金"的资助；其出版经费来自于"清华大学全球发展与健康传播研究中心科研基金"的支持。因此，本书的编写团队包括我，以及万科公共卫生学院的唐昆老师还有比尔及梅琳达·盖茨基金会高级新闻官李光老师。能够同时囊括公共卫生专家、新闻传播专家以及资深媒体人，编纂团队也精准地反映了本书的编写旨趣。我还要特别感谢清华大学大学生研究训练SRT项目的支持，我得以在全校各个专业中招募感兴趣参与本书编写的同学们。全球健康本身就是多元学科交叉的领域，同学们各自的专业背景、认真负责的投入以及巨大的参与热情，在本书艰辛的编纂过程中，给了我很多的治愈与希望，我也因此荣获清华大学2023年大学生研究训练计划优秀指导教师一等奖。为了充分体现新闻采写的对话感，我还邀请了每个案例所涉及领域的疾控、公卫和基础医学专家，对入选的国内外典型报道进行点评，为此手册都一一署名，此处一并表示感谢。此外，我是国家社科基金一般项目"'健康中国2030'战略下我国社交媒体平台虚假信息传播与治理研究"（编号：22BXW069）的主持人，我坚信，驱逐社交媒体平台虚假信息的最好方案就是让更优质的内容主导舆论场，因此，这本手册也是国家社科基金的阶段性成果之一。

感谢清华大学新闻学院院长、清华大学全球发展与健康传播中心主任周庆安教授一直以来对我的关怀与指导，感谢比尔及梅琳达·盖茨基金会北京代表处首席代表郑志杰教授，两位大咖的序言让这本手册熠熠生光。感谢比尔及梅琳达·盖茨基金会高级新闻官张璟女士，希望这本手册不辜负你始终如一对我的支持，以及对我所从事事业的关怀。感谢清华大学出版社科学传播方向的编辑老师们，这已经是我们的第三次合作，希望这本书能够代表我们共同的初心，期待科学传播的领域未来更加风清气朗、百花齐放。

2024 年 2 月 4 日